KSATI 학교미술치료 지침서 　5편

아동청소년의 부적응 예방을 위한

미술치료 프로그램 매뉴얼

Σ 시그마프레스

아동청소년의 부적응 예방을 위한
미술치료 프로그램 매뉴얼

발행일 | 2015년 6월 20일 1쇄 발행
　　　　2016년 9월 1일 2쇄 발행

저　자 | 옥금자
발행인 | 강학경
발행처 | (주)시그마프레스
디자인 | 이미수
편　집 | 류미숙

등록번호 | 제10−2642호
주소 | 서울특별시 영등포구 양평로 22길 21 선유도코오롱디지털타워 A401~403호
전자우편 | sigma@spress.co.kr
홈페이지 | http://www.sigmapress.co.kr
전화 | (02)323−4845, (02)2062−5184~8
팩스 | (02)323−4197

ISBN | 978−89−6866−416−8

이 도서의 국립중앙도서관 출판시도서목록(CIP)은 서지정보유통지원시스템 홈페이지(http://seoji.nl.go.kr)와 국가자료공동목록시스템(http://www.nl.go.kr/kolisnet)에서 이용하실 수 있습니다.(CIP제어번호: CIP2015015838)

머리말

이 책은 KSATI 학교미술치료 지침서 4편까지의 기본적인 이해를 근거로 아동·청소년의 부적응 예방에 초점을 두었다. 이 책에 소개되고 있는 모든 프로그램은 (사)마음등대/한국 학교미술치료연구회 회원과 Lighthouse Counseling Center 아동·청소년 정신건강상담사들의 공식적인 프로그램으로 제공하고자 한다. 그뿐만 아니라 아직 프로그램 계획에 익숙하지 않은 아동·청소년 관련 치료사들이 어디에 초점을 두고 치료계획을 세우고 적용해야 하는지 안내하기 위한 지침서로 제공하기 위해 구성되었다.

이 책의 내용은 크게 세 영역으로 구성되었으며 제1부에서는 아동·청소년 부적응 예방접근의 학교미술치료 프로그램 경향을 다루고, 제2부에서는 아동·청소년의 발달적 특성에 접근한 부적응 예방 프로그램, 제3부에서는 아동·청소년의 주요 체계 지원과 변화를 위한 프로그램을 다루고 있다. 제1장은 아동·청소년 치료 프로그램에서 가장 흔히 접할 수 있는 단기 프로그램으로 일회성의 경험 프로그램부터 학급단위 프로그램이 학기별로 어떻게 구성될 수 있는지 안내하고 있다. 제2장에서는 초등학교 입학을 앞둔 6~7세경의 유치원 아동의 부적응 예방 프로그램을 4분기로 나누고 각 분기는 10회기 프로그램으로 아동의 단계별 성장과 학교적응을 위한 준비에 초점을 두었다. 그러나 이 프로그램은 반드시 유치원생에게만 해당하는 것이 아니며 초등학교 초기에 있는 아동에게도 의미 있는 경험이 될 수 있고, 어떠한 목표로 사용하느냐에 따라 다양한 대상으로 확대 적용이 가능한 프로그램이다. 제3장은 학교생활 부적응 예방 프로그램을 다뤄 아동·청소년의 학교생활에서 흔히 경험할 수 있는 갈등이나 문제요소에 초점을 두고 극복을 위한 프로그램을 특성별 유형으로 4회기 최단기 프로그램으로 구성하였다. 제4장에서는 아동·청소년의 중요한 주요 체계로서 부모교육을 두려워하는 치료사를 돕기 위해 부모교육 프로그램을 제시하고 일반적인 환경의 부모들에게 대상관계의 중요성을 강조한 프로그램과 교회가정의 부모교육 프로그램을 제시하였으며, 제5장에서는 아동 · 청소년의 위기가정 특성에 접근한 프로그램을 제시하였고, 마지막으로 제6장에 2015년 G 복지재단의 '가족 융합 프로그램'을 위해 제공한 Rogers 접근의 48회기 부모-자녀관계를 위한 프로그램 지침을 추가하였다.

이 책에 소개되는 모든 프로그램의 구성은 나의 경험을 토대로 하였으며, 특히 유치원의 1년 프로그램은 그동안 저술한 아동 · 청소년 임상미술치료방법론(2005), 집단미술치료방법론 I-이론과 기법(2006), 미술치료의 발달적 심리학적 미술매체 선택과 적용(2010), 모든 연령의 아동을 위한 미술치료-치료사들을 위한 요리책(역서, 2010), 위기의 아동 · 청소년을 위한 학교미술치료 지침서(2010), 표현예술치료로 만나는 정신건강이야기(2009) 등의 책에서 부분별로 소개되고 있는 기법을 인용하거나 변형하여 사용하였다. 그러므로 다른 방식의 접근기법을 이해하기 위해서는 인용문헌을 참조함으로써 이해를 확장하고 보완할 수 있을 것이며, 이보다 더 적절하고 의미 있는 프로그램이 많이 있으리라 본다. 그럼에도 이러한 프로그램을 제시하는 이유는 앞에서 언급했듯이 (사)마음등대/한국 학교미술치료연구회 회원들과 아동 · 청소년 임상가들의 안정적인 임상을 위해 쓰였다는 것을 밝힌다. 보다 중요하고 더 큰 이유는 신체의 흥분과 인지발달이 왕성한 아동 · 청소년기 학생의 정신건강을 위해서다. 창작활동을 사용한 프로그램은 어떠한 사유로든 충동적이 될 수 있는 학생의 신체적 흥분효과를 점진적으로 이완시키고, 인지적으로도 기억 속의 부정적 이미지를 관리하고, 자기의 잠재적인 능력을 발견하게 하여 자신의 경험을 통합적으로 조절하고 재구조화하게 한다. 그러한 점에서 나는 이 프로그램을 통해 학생들에게 더욱 의미 있고 전문적인 치료사의 서비스가 제공되기를 바라는 마음이다.

아무쪼록 아동 · 청소년을 만나는 학교미술치료사들이 전문가로서의 성장과 통합적인 서비스를 제공할 수 있기를 바라는 마음으로 이 책을 마무리하며, 전국의 아동 · 청소년 임상가들과 KSATI의 학교미술치료사 및 아동 · 청소년 정신건강상담사들의 전문성을 위해 기도한다. 여기에 포함된 다양한 프로그램이 학교미술치료사뿐 아니라 미술치료사 및 표현예술치료사와 관련 전문인들의 임상에 적절하게 사용되길 바라며, 이 책의 프로그램을 사용함에 있어서는 사전에 준비하고 이해하고 있어야 할 내용과 프로그램에 포함하고 있는 요소들에 대한 의미를 다음에 제시하고 있으므로 반드시 확인하고 사용하길 바란다.

마지막으로 이 책이 나올 수 있도록 도움을 주신 편집부의 모든 분께 감사드리며 마친다.

2015년 3월
옥금자

이 책의 프로그램 사용에 앞서

프로그램 사용자가 갖추어야 하는 필요요소와 주의사항

1. 아동·청소년기 발달을 관계론 맥락에서 이해하고 있어야 한다.
2. 개별과 집단 및 가족접근의 임상방법을 알아야 한다.
3. 예술매체의 발달심리학적 이해가 필요하다.
4. 위기개입에 대한 이해를 필요로 한다.
5. 학교환경의 이해를 우선 필요로 한다.
6. 학교미술치료의 기초이론을 이해하고 있어야 한다.
7. 생태체계학적 접근이론과 방법을 이해할 필요가 있다.
8. 학생과 주요 체계와의 관계와 중요성을 이해하고 접근방법과 기술을 익혀야 한다.
9. 인간의 잠재적인 가능성에 대한 신뢰를 토대로 하며, 특히 아동·청소년기의 모든 가능성을 수용하는 태도로 접근한다.
10. 프로그램 과정에서 나타나는 모든 행동과 반응은 무엇이든 의미와 이유가 있다는 것을 배제하지 않고 돌봄의 자세로 안내한다.
11. 부모교육 프로그램을 진행하기 위해서는 대상관계 정신분석(특히 위니캇이론)을 이해하고 있어야 프로그램을 사용할 수 있을 것이다.

프로그램을 사용하는 방법

이 책은 학교미술치료사뿐만 아니라 아동·청소년을 만나는 모든 치료사에게 경험과 지식, 기술을 요하는 프로그램 구성에 효율적인 방향성을 제시하기 위해 개발되었으며, 이를 통해 보다

목표지향적인 단기 프로그램의 치료계획을 세울 수 있으리라 본다. 프로그램의 기본적인 이론 배경은 관계이론과 인지행동이론을 복합적으로 수용하고, 아동·청소년의 부적응 예방을 위한 사회성 발달에 초점을 두고 있다. 프로그램을 선택하기 위해서는 다음의 순서를 따를 필요가 있다.

1. 아동·청소년의 지금 현재의 호소문제가 무엇인지 평가한다.
2. 개입기간을 확인한다.
3. 목표를 설정한다.
4. 최단기간에 도움을 제공해야 한다면 핵심초점에 해당하는 주제별 프로그램을 선택할 수 있다.
5. 장기간 개입이 가능하다면 개입 시작의 초점은 학생의 호소를 근거로 시작하되, 부모와 교사의 호소문제와 관련한 개인력과 가족력을 종합하여 인지, 정서, 사회적, 가족환경 등 서너 가지의 하위목표와 전체 목적을 계획하고, 학생의 선호와 발달과정을 따르면서 치료자의 경험을 근거로 프로그램을 선택적으로 조합하여 구성할 수 있다.
6. 4회기 프로그램을 주된 목표로 10회기 이내의 개입기간에 적용하려면 초점 목표에 해당하는 프로그램을 선택하고 전후의 의례과정을 도입하여 확장하고 기타 다른 경험적 기법을 양립하여 사용할 수 있다.
7. 부모교육 프로그램은 내가 경험한 30여 년간의 임상경험을 토대로 하였고, 그 효과성 또한 반복적으로 확인된 것이므로 그대로 사용하거나, 각자의 방법과 대상 및 상황에 적합하도록 변형시키거나 보완하여 구성할 수 있다.
8. 부모-자녀 프로그램은 구체적인 과정을 제시하지 않았으나 일차적으로는 인간 중심 이론을 이해할 필요가 있으며 진행은 기본 주제와 목표에 따라 기법을 달리 구성할 수 있을 것이다.

프로그램 구성에 포함된 요소

1. **필요성 인식하기** : 프로그램이 함축하고 있는 의미와 목표를 제시하여 그 시점에서 왜 그러한 내용을 다루고자 했는지 안내자의 이해를 돕고자 했다. 그러므로 프로그램을 사용하고자 하는 독자는 자신의 이론적 관점과 대상의 특성 및 욕구에 따라 수정할 수 있을 것이다.
2. **프로그램 시작하기** : 안내자로 하여금 프로그램을 시작할 때 어디에 초점을 두고 안내해야 하는지를 제시하였고, 안내하는 과정에서 특히 유의해야 할 사항을 제시하고 있다. 독자는 자신

이 만나는 대상의 특성과 이해수준 및 발달 연령에 따라 더욱 적절한 표현으로 수정하여 안내할 필요가 있다.

3. **진행과정**: 프로그램의 진행과정을 순서대로 제시했을 뿐 아니라 확장하여 접근할 수 있는 방법을 제시하고 있다. 이 또한 사용자의 개성과 대상의 특성에 적절하게 변형할 수 있을 것이다.

4. **다루어야 할 내용**: 각 회기의 프로그램에서 경험의 효과성을 위해 과정과 결과물에 의미를 부여하고 참여자의 경험을 구체화하여 효과성을 더욱 강화하기 위해 안내자가 염두에 두어야 하는 내용을 담고 있다. 그러므로 독자의 욕구에 따라 프로그램과 목표가 변형되었다면 그에 적합한 근거와 효과성을 고려하여 다룰 필요가 있을 것이다.

5. **자기보고식 현장기록에 포함할 수 있는 내용**: 창작 후의 기록은 경험을 재구조화하는 과정으로 경험의 이미지를 관리하고 재구조화하여 조절하도록 돕는 역할을 한다. 기록의 내용은 평이하게 결과물의 느낌을 확인하는 것뿐 아니라 앞으로의 성장을 위해 스스로 할 수 있는 일을 생각하고 계획하도록 돕는 데 의미가 있다. 이 역시 프로그램의 변형과 목표에 따라 자기보고식 현장기록의 질문은 달라질 것이다.

자기보고식 현장기록 예시('좋은 친구 되기'에 초점을 둔 중재 프로그램의 4회기)

자기보고식 현장기록의 의미와 방법에 대해서는 위기의 아동·청소년을 위한 학교미술치료 지침서(2010) 42~56쪽을 참조하기 바란다.

자기보고식 현장기록

4회기(진주가 된 가리비)

날짜 :

이름 :

오늘의 경험에 대해 다음의 질문에 대해 생각해 보고 기록해 보세요.

1. 가리비의 성장과정에서 자기와 유사한 점과 차이점은 무엇이라고 생각합니까?

2. 이 작업을 통해 자기에 대해 특별히 더 알게 된 것이 있다면 그것은 무엇입니까?

3. 친구의 마음을 이해하게 된 것이 있다면 그것은 무엇입니까?

4. 좋은 친구가 되기 위해 중요하다고 생각하거나, 필요하다고 생각하는 것이 있습니까?

5. 이 외에 하고 싶은 이야기가 있으면 무엇이든 기록해 보세요.

차례

| 제1부 | 아동·청소년 부적응 예방접근의 학교미술치료 프로그램 경향 |

제1장 아동·청소년의 단기 프로그램 3

단기치료의 특성 4

최단기치료의 특성 8

단기 프로그램의 예시 11

일회성으로 진행되는 프로그램 11

| 제2부 | 아동·청소년의 발달적 특성에 접근한 부적응 예방 프로그램 |

제2장 초등학교 입학을 앞둔 유치원 아동(및 초등학생)의 부적응 예방 프로그램 27

분기별 1년 프로그램 27

분기별 초점 28

제3장 아동·청소년의 학교생활 부적응 예방 프로그램 85

부부적응 예방 프로그램의 공통목표와 효과성 86

프로그램의 기본원리 86

원하지 않는 외부요구와 문제 상황에 대처하기 86

어려움에 직면했을 때의 감정 다루기 93

실패경험을 극복의 기회로 삼기 99

긍정적인 자아개념 형성 강화하기 105

좋은 친구 되고 우정 유지하기 111

학습습관과 학업 스트레스 관리하기 117

진로탐색하고 내 삶의 창조적 주인으로서 선택하기 123

제3부   아동·청소년의 주요 체계 지원과 변화를 위한 프로그램

제4장   부모교육 프로그램 133

프로그램의 기본내용과 절차 133

Winnicott의 대상관계 정신분석 접근의 부모교육 프로그램 135

대상관계 접근의 교회학교 부모교육 프로그램 149

제5장   아동·청소년의 위기가정 특성에 접근한 프로그램 지침 165

폭력가정의 아동·청소년 중재지침 166

이혼가정의 아동·청소년 중재지침 169

재혼과 혼합가정의 아동·청소년 중재지침 172

부모의 죽음(사고, 질병)과 관련한 상실에 대한 아동·청소년 중재지침 175

다문화 위기가정의 아동·청소년 중재지침 187

제6장   부모 자녀 관계를 위한 프로그램 지침 201

프로그램의 기본내용과 절차 202

프로그램 구성 202

찾아보기 211

제1부

아동 · 청소년 부적응 예방접근의
학교미술치료 프로그램 경향

이 책의 시작은 우선 아동 · 청소년 프로그램에서 가장 흔히 접할 수 있는 단기 프로그램의 기본지침으로부터 유용성과 치료사가 유의해야 할 기초적인 내용을 담고 있다. 프로그램은 단기개입의 이해를 근거로 일반적인 학교 상황 및 요구와 경향을 고려하여 학교미술치료사들이 적용 가능한 일회성 프로그램, 단기 프로그램, 학급단위 프로그램이 어떻게 구성되고 진행될 수 있는지 방법을 제시하고 있다.

제1장

아동 · 청소년의 단기 프로그램

우리가 흔히 만나는 아동 · 청소년의 치료적 접근은 단기간의 중재 또는 최단기 프로그램이라는 것을 임상경험이 있는 치료사들 대부분은 공감할 것이다. 특히 학교에서의 임상적 접근은 1~2회 또는 4회기 프로그램으로 주로 이루어지며, 그 이유는 주된 표적 대상이 학생으로서, 학습이 우선되고 있는 교육체계의 현상과 그로 인해 학교체계에서 제공하는 치료적 서비스의 대부분이 시간과 자원이 한정되어 있다는 점 때문이다. 이러한 학교의 특성적 조건과 관련하여 학생문제를 들여다보면 대부분의 요인이 주요 체계인 대상과의 관계 또는 환경문제와 연관된다는 것을 볼 수 있다. 그러므로 치료에서 이들에 대한 관계론적 이해와 생태체계론적 접근방법을 대입해야 한다고 생각하는 치료사들의 갈등을 어떻게 도울 수 있을지가 나의 우선 관심사다.

반드시 학교라는 체계에서 이루어진 프로그램이 아니더라도 관계론적 사고를 단기치료의 다양한 형태로 발전시켜 온 여러 학자가 있다. 그중 한 곳이 런던의 '타비스톡 클리닉'으로 타비스톡 청소년 센터에서는 단기개입 프로그램을 개발하고 4회기 상담 프로그램을 제공해 왔다(이재훈 역, 2006, p. 10). 이미 나는 위기의 아동 · 청소년을 위한 학교미술치료 지침서(2010)에서 인지적 접근의 단기간 프로그램을 위기개입 관점이라는 맥락으로 제시했는데, 이 또한 접근적 맥락의 잠재된 핵심은 관계에 초점을 두고 있다. 학생이 보이는 문제가 단순히 현재 드러난 환경 때문이 아니라 문제의 핵심에는 이미 경험되어 자리 잡고 있는 무의식의 기억이 연결되어 있다고 보는 관점에서 접근하고 있다. 그럼에도 여러 제한적인 학교의 특성을 고려하여 그것을 구체적으로 개입하지 않으면서 일차적으로는 지금 문제에 초점을 맞추고, 긍정적 방향으로 인지의 변화를 유도하고, 학생으로 하여금 이전에 사용하지 못했던 문제해결에 대한 적극적 사고기능을 강화하도록 안내한다. 결과적으로 대처행동을 변화시켜 다음 단계로 나아가도록 구성되어 있다. 따라서 나의 기대는 학생 개인의 능력에 따라 스스로 나아가도록 돕는 지지 프로그램과 구체적인 도움이 필요하고 더불어 지원체계의 상황이 지속될 수 있는 조건이라면 다음 단계의 관계적 접근의 치료로 연결하여 주요 체계의 변화까지 유도해야 한다.

이러한 기대는 나의 바람이자 관계론적 접근을 강조하는 모든 치료사의 바람이라고 생각한다. 그러나 현실적으로는 국가와 학교의 관리체계가 그리고 사회의 빠른 효과성에 대한 요구가 치료영역에도 그대로 적용되고 있다. 이와 관련하여 사회적 요구와 제한적인 서비스를 감당하는 데 있어서, 우리 임상가들은 어떻게 하면 아동·청소년 및 학생들에게 더욱 의미 있는 경험을 제공할 수 있을지 연구하고 책임성을 가지고 프로그램을 개발해야 할 것이다.

단기치료의 특성

단기치료라 함은 대개 1년 정도의 기간 내에 이뤄지는 치료형식을 의미하며, 일차적으로는 치료 대상의 특성과 효율성에 근거하여 특정 문제를 감소시키고 사회적 적응기능을 긍정적으로 변화시키는 데에 초점을 둔다. 그러므로 단기개입의 개념이 비용이나 상황적 문제로 인해 적정목표를 성취하지 못한 상태에서 종료된다는 의미는 아니다. 그럼에도 최근 우리 사회에서 시행되고 있는 대부분의 아동·청소년 치료에서 일정 기간 약속된 개입이라 해도 학교 상황이나 개인적인 이유로 치료가 진행되지 못하는 경우가 있는데, 이것을 단기치료라고 칭하는 경우가 흔히 있다.

이와 관련하여 우리는 단기치료의 접근방법을 사용하여 아동·청소년의 환경적 요소와 사회적 추세를 받아들이면서 최대한의 도움을 제공하는 대안적 프로그램을 구성해야 한다. 체계적으로 계획된 단기 프로그램을 통해 장기치료에서 성취할 수 있는 수준의 도움을 제공할 수 있다면 그 이상의 의미는 없을 것이다. 단기치료가 갖는 제한에도 불구하고 나는 이 장에서 2~3회기에서 10회기 또는 20회기 정도의 회기가 주류를 이루고 있는 현재 우리 사회의 아동·청소년 개입경향을 받아들이고 최선의 도움을 제공하는 방법을 제시하고자 하였다. 실제로 최단기치료에서도 극적인 변화를 가능하게 했던 나의 실제 사례에서 단기치료가 어떻게 계획되느냐에 따라 결과는 부분적인 측면에서는 장기치료 못지않은 기대를 가능하게 한다는 것을 확인할 수 있었다. 여기에서는 그러한 나의 경험을 토대로 필요와 대안을 제시할 것이다.

아동 · 청소년 및 학교임상에서 단기개입의 유용성

- 비용과 시간이 줄어든다.
- 치료자와 학생 모두가 시간의 한계를 가지고 들어가므로 빠르게 치료에 적응한다.
- 적절한 개입은 단기접근에서도 지속적인 변화를 끌어낼 수 있다.
- 단기간에 갖게 되는 변화의 시도는 성격의 변화까지도 가능하다.

단기개입에서 유의할 점

- 치료자의 역전이 문제가 중요한 장애요인이 될 수 있다.
- 치료자의 수용능력이 중요하다.
- 치료자가 흥분시키는 대상이 될 가능성이 있다.
- 압축된 안아 주기와 담아 주기 제공에 유의해야 한다.
- 심각한 정신신체장애와 심리정서적으로 붕괴된 문제는 단기개입을 배제한다.
- 반복적 · 발달적 단기치료를 통해 장기개입의 요구를 채울 수 있다.

학교임상의 단기개입 종결에서 고려해야 할 점

- 치료경험이 극복의 기회가 되었다 해도 다시 되돌아갈 수 있는 가능성이 단기개입의 한계이므로 사후관리를 계획한다.
- 학교의 단기개입은 또 다른 치료로의 연결통로가 될 수 있다.
- 단기개입 후 구체적인 2차 개입연결은 준비되지 않은 상태에서는 무의미할 수 있으므로 무리한 계획을 세우지 않는다.
- 경험은 단기간에 처리될 수 있는 것이 아니다.
- 단기개입은 평생을 거쳐 이뤄질 수 있는 접근방법이라는 점에서 가능성을 제시할 필요가 있다.

단기개입의 대상 선택을 위한 지침

- 단기 심리치료가 도움이 될지 평가되어야 한다.
- 참여 대상은 문제의 초점을 정의할 수 있어야 한다.
- 치료관계를 빠르게 발달시킬 수 있어야 한다.
- 단기간의 직접적인 접근을 견딜 수 있어야 한다.

- 치료과정에 적절하고 긍정적으로 반응할 수 있어야 한다.

단기개입의 기본적인 기간

- 회기에 대한 결정은 어려움의 정도에 따라 달라질 수 있다.
- 가지고 온 문제가 초기발달의 문제가 아니고 문제해결에 대한 기대와 동기가 충분히 있는 경우라면 개인의 상황에 따라 일회성이나 필요에 따라 방문하도록 하거나 또는 10회기 정도로 진행할 수 있다.
- 치료에 대한 저항과 불신이 있지만 지금 문제에 초점을 두고 의식의 변화를 기대한다면 20회기 이내에서도 도움이 가능하다.
- 만성적인 갈등과 신경증적인 문제를 가진 경우는 최소한 30회기 이상이 필요할 수 있다.
- 심각하지 않더라도 정신병리를 가지고 있으며 저항적인 경우는 최소 40~50회기로도 어려울 수 있으며 그 이상의 장기간이 필요할 수 있다.
- 치료에서의 종결을 위한 회기는 기간의 길이에 따라 다르며 대부분 전체 길이의 1/4선에서 준비를 하게 되며, 최단기치료에서는 시작이 곧 종결인 경우도 있다. 나의 경우 참여자의 특성에 따라서는 1년 정도의 단기치료에서 3~4개월을 종결 준비 기간으로 사용하기도 한다.

단기개입의 발달단계별 초점

초기단계

- 관계를 발달시키고 함께 작업할 초점(증상초점, 역동초점, 다중적 초점)을 확인한다.
- 정신과적 경력, 개인력, 대인관계, 현재 환경과 상황, 치료사와의 관계반응, 투사 검사 및 투사적 그림 검사 등을 통해 공통주제를 찾아 치료의 초점적 갈등을 확인한다.
- 3~4회기의 최단기치료에서도 기본적인 개인의 특성 평가는 중요하며, 개인특성은 치료과정의 주제로 함께 발견해 가는 과정으로도 가능하다.
- 초기면담과정 자체가 치료가 될 수 있다.

치료의 중 · 초기단계

- 초점을 따라 아동 · 청소년과 협력한다.
- 초점은 치료를 위한 균형을 위해 필요한 것이나, 지나칠 경우 대상자가 부분 대상으로 취급된다고 느낄 수 있으므로 유의한다.
- 초점은 치료가 어디에 있는지 알기 위한 항해의 지표 같은 것으로 무시될 수 없는 부분이다.

치료의 중 · 후기단계

- 과제기법을 사용할 수 있다.
- 긴장완화와 분노조절 및 인지적 접근을 포함한다.
- 후기에는 종결을 위한 준비를 포함한다.

종결단계

- 치료의 결과를 공고히 하는 것이다.
- 상실과 관련한 정서적 종결경험을 탐구하고 극복한다.
- 가능성을 방해하는 어떠한 장애요인이 있는지 확인하고, 그것을 다루는 것에 대해 논의한다.
- 치료과정의 내재화를 강화한다.
- 다시 되돌아올 수 있는 문제에 대해 언급하고 탐색하며 성장을 촉진한다.
- 작별인사를 한다.

관계론 중심의 치료종결 기준

- 치료적 경험의 내재화로 안정된 자기돌봄 능력이 형성되었다.
- 투사적 동일시를 인식하고, 소유와 회수능력이 가능하다.
- 가족 또는 주요 체계와 함께 교류할 수 있는 능력이 가능하다.
- 만족한 관계를 즐길 수 있는 능력이 있다.
- 주요 체계에 대한 관심의 능력이 가능하다.
- 미래의 삶을 설계할 수 있는 능력이 가능하다.
- 관계론 관점의 치료에서 심리 내적인 변화가 증상완화 이상의 치료기능을 강조하듯, 단기개입의 관계와 환경을 강조하는 치료 역시 새로운 관계경험의 내재화에 초점을 두므로, 지지적 기능 이상의 기능을 가진다.

종결단계에서 치료자의 의미

- 치료자는 중간 대상으로서의 의미를 갖는다.
- 중간 대상인 치료자는 애도되지 않으므로, 치료대상은 심각한 상실을 느끼지 않고 고통 없이 종결이 가능해진다.
- 치료자는 살아 있는 대상으로서 마음속에 유지된다.

사후관리의 의미와 필요성

- 종결 후의 젖 떼기 과정에 도움이 된다.
- 자신의 문제를 치료실 밖에서 작업해 낼 수 있는 추가적 시간을 허용하기 위해 필요한 과정이다.
- 실제로 현존하는 외부대상 관계에서 오는 충격을 다루는 데 사용된다.
- 흥분시키는 대상의 역할로서의 사후관리는 배제되어야 한다.

단기치료를 고집하는 치료자의 태도와 경향

- 강한 친밀감을 감당하기 불편한 문제를 안고 있을 수 있다.
- 관계문제의 방어적인 태도와 수동성 문제와 관련이 있을 수 있다.
- 치료관계에서 형성된 애착을 부인하는 경향이 있을 수 있다.
- 지지적이며 피상적인 치료관계만을 유지함으로써 편안감을 느끼는 경향일 수 있다.

최단기치료의 특성

1년 미만의 개입을 단기치료라고 하는 반면에 최단기치료는 짧게는 1회기에서 길게는 10여 회기 수준의 기간을 사용하는 접근방법을 의미한다고 볼 수 있다. 우리 사회에서 흔히 진행되고 있는 최단기치료는 3~4회기 정도의 치료접근이 가장 많으며 일회성으로 끝나는 경우도 흔히 있다. 주 1회씩 하는 개입 방법은 매주 진행함으로써 한 주 동안 자기 탐색의 기회를 기대할 수 있다는 장점이 있지만, 나의 경험에 의하면 4회기 정도의 최단기 개입인 경우 특정 문제에 집중하기 위해서는 주 1회씩 4회기를 진행하는 것보다 1주에 2회 또는 매일 진행하거나 대상에 따라서는 종일 하루에 3~4회기를 진행하는 압축된 접근방법이 오히려 효과적일 수 있다.

나의 사례에서는 종일 또는 1박 2일 또는 2박 3일 동안에 이뤄지는 집중적인 개입이 많이 있다. 가족의 경우는 보편적으로 3박 4일 또는 가족 상황에 따라 2박 3일 동안 진행하는 집중적인 최단기 접근을 한다. 집중적인 최단기치료에 들어온 개별 또는 집단과 가족에서 수년간 잠재되어 온 문제를 이 짧은 기간에 터트리고 곪은 부분을 도려내며 새로운 살을 채우는 힘을 발휘하는 경우를 수없이 보아 왔다. 그들은 상상했던 기대 이상의 효과성을 경험하였고 실제로도 그 결과의 힘으로 현재에 적응하고 있다. 지금도 간간이 그들이 얼마나 힘 있게 살아가고 있는지 소식을 전해 듣곤 한다. 그러한 결과의 근원적 토대에는 그들의 잠재적인 능력이 존재하며, 나의 중재는 다만 그들의 능력을 자극하고 무엇이 문제인지 탐색하게 하고 확인하게 함으로써 스스로의 신뢰를 발견하도록 지지하고 방향을 안내했을 뿐이다. 그럼에도 그 안내는 그들이 지금까지 살아오면서 가장 힘 있는 자기를 발견하고 수용하게 하는 기회였다는 사실이 많은 사례를 통해 검증되었다.

이것이 최단기 접근 미술치료의 힘이다. 여기에서는 그러한 결과를 유도해 내는 최단기치료의 가능성을 강화하기 위해 필요한 내용에 대해 살펴보기로 하자.

아동 · 청소년 및 학교임상에서 최단기개입의 유용성

- 비용과 시간이 줄어든다.
- 전체 학생에게 서비스를 제공하고자 하는 욕구를 채울 수 있다.
- 최단기간의 치유적 경험에서도 변화를 시도할 준비가 가능하다.
- 단시간에 갖게 된 자기인식과 자존감은 미래를 계획하고자 하는 욕구를 불러일으키고 더불어 성격의 변화까지도 가능하게 하는 기회의 길목이 될 수 있다.

최단기치료에서 배제되어야 하는 대상

- 잠재된 초기문제인 경우
- 저항적이고 만성적인 신경증적 및 정신병리가 있는 경우
- 자살시도 또는 자살과 관련된 심각한 문제가 있는 경우
- 정신과적 장기입원 경력이 있고 현재도 치료 중인 경우
- 정신신체증상이 심각한 경우
- 심각한 정서장애가 있는 경우

최단기개입에서 유의할 점

- 단기치료의 주요 특성인 초점질문은 자료탐색의 기회를 줄이고, 치료관계의 수용능력을 약화시킬 수 있으므로 주의해야 하지만, 치료기간이 짧을수록 초점을 좁히는 것은 필수적이고 배제할 수 없는 부분이다.
- 빠른 치료동맹이 형성되지 못하면 치료는 불가능하다.
- 초기부터 전 과정을 통해 자아강도를 평가하고, 개인의 능력수준에 따른다.
- 지지, 격려, 문제해결을 제공한다.
- 초기에 자기문제를 충분히 보도록 돕는다.
- 상황을 개선할 수 있는 가능성에 대해 지지하고 잠재력을 자극한다.
- 치료는 사전에 충분히 계획되어야 한다.

- 치료기대에 대한 실망감은 어느 정도 보편적인 과정이다.
- 경청하고 서두르지 않음으로써 단기치료의 치유적 힘을 발휘할 수 있다.
- 최단기임에도 불구하고 개인의 수준에 따라 외부갈등뿐만 아니라 어느 정도의 내적인 갈등도 보도록 돕는다.

최단기치료의 목표

- 무의식을 의식화하는 것이 아니다.
- 왜곡된 인지의 범위와 명료화를 돕는다.
- 자존감을 저하하는 요인을 확인하고 명료화한다.
- 부정적인 자기 이미지를 감소시키는 것이다.
- 긍정적인 자기인식과 강화에 초점을 둔다.
- 종결 후에도 계속적인 성장을 돕는 방안을 찾는 기회가 된다.

최단기개입에서 발달단계별 초점 잡기(3회기 사례 예시)

1회기의 초점

- 최근에 불편감을 느끼는 문제를 평가한다.
- 지금 왜 여기에 왔는지에 대한 개인의 이해를 확인한다.
- 지금 이 상황이 무엇을 의미하는지 이해를 돕는다.
- 치료계약에 대한 기본사항과 조건에 대해 협의한다.
- 개인치료의 첫 면담은 90분 정도를 필요로 할 수 있으며, 시간이 허락한다면 간략한 핵심 개인력에 대해서도 확인한다.
- 종료 시점에서는 다음 회기부터는 1시간이 사용된다는 것을 안내하고 제한된 남은 시간 동안에 무엇을 다루고 싶은지 질문하고 합의한다.

2회기의 초점

- 초점문제의 배경에 대한 더 많은 정보를 위해 질문하고 치료의 초점을 분명히 정의한다.
- 핵심적인 탐구 문제를 언어화하고 다룬다.
- 가능할 때마다 재현되는 내적 역동전이에 관심을 갖도록 격려한다.
- 다음 회기가 마지막임을 상기시키고 회기를 어떻게 사용하고 싶은지 확인한다.

3회기의 초점

- 특별히 다루고 싶은 내용이 있는지 질문한다.
- 2회기 동안 해왔던 작업과 초점(증상초점, 역동초점)에 대해 탐색한다.
- 이후에 스스로 할 수 있는 부가적인 작업에 대해 논의한다.
- 추후회기를 연장하여 약속했다면 종결 주제와 관련해 부분적인 해석도 가능하다.

단기 프로그램의 예시

여기에서 제공되는 프로그램은 초등학교부터 중·고등학교까지 누구에게나 적용될 수 있도록 쉽고 그리고 받아들이는 개인에 따라 더 많은 의미를 느낄 수 있도록 구성되어 있다. 다만 학생의 나이가 어릴수록 그리고 수용 정도에 따라서 지시와 표현이 달라짐으로써 효과성 또한 다를 수 있다는 점을 염두에 두고 안내자는 적절한 중재를 위한 필요요소에 대해 고려하고 배려해야 할 것이다.

일회성으로 진행되는 프로그램

일회성 프로그램은 대부분 박람회에서 미술치료를 소개하는 차원의 프로그램이거나, 기관에서 6개월에 1회 또는 연 1회 진행하는 직원 워크숍이나 부모교육에서 또는 치료기관의 연중행사로 진행하는 워크숍 등이 있다. 가장 흔한 경우는 기관에서 진행하는 특정 프로그램 가운데 일부분으로 참여하는 형식의 1~2회 프로그램일 경우가 많다. 이러한 일회성 프로그램에서는 구체적인 치료를 안내하기에는 제한적이므로 대상의 특성에 따라 경험의 수준과 범위를 고려해야 한다. 이 외에도 의료기관이나 요양시설 등에서도 일회성 프로그램이 진행되고 있으며, 특히 산부인과 산모들이나 산모부부를 위해 월 1회 제공되는 프로그램에서 유익하고 의미 있는 경험의 결과를 많이 확인해 왔다.

특히 학교에서 교사나 학부모 또는 학생들을 위한 체험 프로그램으로 진행할 경우 일회성 프로그램의 경험은 미술치료의 가능성을 경험하고 관심을 유도하는 데 매우 의미 있는 기회가 될 수 있다. 또한 연말에 미술치료에 참여한 학생들의 작품을 교내 또는 교외에 전시할 경우 체험 부스를 만들고 1회적으로 미술치료를 경험하도록 안내하는 것은 미술치료의 보편성과 도움체계로서의 범위를 확장하는 데 매우 유익하다. 따라서 아동·청소년을 만나는 치료사는 일회성 프로그램이 갖는 제한성에도 불구하고 치유적 의미를 경험할 수 있도록 안내할 책임성을 갖고 체계적인 계획을 세울 수 있어야 한다.

일회성 프로그램의 초점

- 일회성 개입에서는 2시간 정도의 시간을 사용할 필요가 있다.
- 적절한 치료적 환경전이가 요구된다.
- 개인이 지닌 독특한 능력을 수용하는 것으로부터 시작한다.
- 누구나 변화할 수 있는 능력을 가지고 있으며 변화는 자기통제로부터 가능하다는 것을 빠르게 인식하도록 돕는다.
- 상호관계에서 발견되는 요소를 수용하고 지지한다.

일회성 프로그램에서 유의할 사항

- 심리 내적인 개인문제를 구체화하지 않는다.
- 현상적 관점에 초점을 두고 접근한다.
- 자기존중과 잠재능력 확인에 초점을 맞춘다.
- "지금-여기"에서 시작한다.
- 인지적 관점과 인간중심의 맥락에서 이해할 필요가 있다.
- 경험에 대한 담아내기를 반드시 거쳐야 한다.

일회성 프로그램의 기본지침

- 한두 가지의 문제에만 초점을 맞추어 단순화시킨다.
- 현재 감정을 표현할 수 있도록 지지한다.
- 상호작용에서 탐색된 의미에 대해 긍정적이거나 수용 가능한 해석을 제공한다.
- 문제에 대한 질문은 최소화한다.
- 치료자는 초점을 유지하되, 우회적인 질문을 배제한다.
- 존중하는 태도를 유지하고 개인이 알고 있는 것을 과소평가하지 않는다.
- 자원에 대한 정보가 제한적이라면 적절한 사회자원을 활용하도록 안내한다.
- 문제해결을 위한 흐름에 주목하고, 해결을 위한 면담에 초점을 둔다.

학급단위의 일회성 프로그램

역동적 맥락에서 중재하고자 하는 치료사는 학교에서 아동 · 청소년을 만날 때 그들이 학교를 떠나기 전까지 장기적으로 도움을 연결하고자 하는 바람을 가지고 있다. 학교미술치료 자체가 갖는 중요한 특성 또한 그러한 연결성의 특성에 기대를 갖는다. 그럼에도 임상현장에서는 문제 중심의 치료접근을 기대하고 있기 때문에 전체 중심이라는 예방적 접근을 기대하는 우리로서는 늘 실망감을 느끼곤 한다. 이러한 환경에서 문제 중심의 접근을 수용하면서 전체 학생에게 제공할 수 있는 예방적 중재로서 일회성 또는 최단기 접근의 대안에 대해 제안할 수 있어야 한다.

여기에서는 앞에서 제시한 일회성 프로그램의 조건을 함축하고 학급단위의 1회기 프로그램을 제공함으로써 각각의 학급이 지속적인 도움을 스스로 찾아갈 수 있도록 돕고자 하며, 학기 초 또는 1학기 중에 하는 것을 기본으로 한다. 일회성 프로그램은 다양한 방법을 사용할 수 있으며 어느 시점에서 무엇을 목표로 하느냐에 따라 다른 방법을 적용할 수 있고 그러한 방법 또한 다양하다. 그러나 여기에서는 내가 사용해 왔던 효과적인 여러 다양한 방법을 모두 소개하기에는 지면의 사용이 너무 방대해질 수 있으므로, 그중에 세 가지 기본방법만을 제시하였다. 이에 대한 접근은 청소년임상미술치료방법론(2007), 집단미술치료방법론 I(2006), 모든 연령의 아동을 위한 미술치료(2010), 발달적 심리학적 미술치료의 매체 선택과 적용(2013) 등에서 목표별 특성별 기법이 소개되어 있으므로 참조하기 바란다. 다음에서 제시하고자 하는 이 세 가지 방법에 대한 변형과 의미는 학교미술치료 지침서 3편(2013) 제10장, 표현예술치료로 만나는 정신건강야기(2009) 제6장과 제8장, 발달적 심리학적 미술치료의 매체 선택과 적용(2013)을 참조하기 바란다.

일회성 학급단위 프로그램의 공통목표

- 학급의 응집성과 상호관심을 강화하도록 돕는다.
- 학생 개인의 적극적인 학교생활을 돕는다.
- 학생 개인의 잠재능력을 개발하도록 돕는다.
- 학교의 기대인 학습 효과성을 높이는 분위기를 창출한다.
- 학생 개인의 성장과 자기존중을 강화한다.

세 가지 방법의 하위목표와 준비물

방법	목표와 효과성	준비물
방법 1	• 긴장을 풀고 놀이에 합류함으로써 정서적 안정을 돕는다. • 각자의 개성을 수용하고 존중한다. • 좋고 나쁨, 실수나 판단의 수준이 아닌 있는 그대로의 서로가 인정된다. • 서로가 개인이 가진 각자의 창조적인 에너지를 발견하는 기회가 된다. • 제한 없는 개인의 정서적 배출뿐 아니라 '함께'라는 협력적 자극을 끌어 내고 학습 분위기를 순화시켜 준다.	• 16절지 5장, 8절지 2장, 4절지 2장, 2절지 1장, 전지 6명당 1장 • 풀, 가위 • 24색 크레파스와 파스텔, 물감, 색종이, 몇 가지 오브제
방법 2	• 학습문제, 개인적 상황, 관계 등에 관련한 심신의 이완을 돕는다. • 공격적 충동욕구를 자극하나 결과적으로는 스스로 자기통제능력을 발휘하도록 돕는다. • 형태를 갖추어 가는 결과는 응집적 자기감을 갖도록 자극하고 돕는다. • 함께하는 놀이는 교육적인 치유이며 관심의 능력을 발휘하는 기회가 된다. • 집단 속에서의 개인적 특성을 이해하는 기회가 된다. • 자기에 대해 긍정적 경향으로 수정하고 싶은 욕구를 갖는 기회가 된다.	• 찰흙이나 지점토 • 10명당 전지 2장을 이어 만든 원형
방법 3	• 서로가 개인의 정서적 특성을 이해하고 지지받는 기회가 된다. • 환경적, 관계적 경향성과 적응 정도를 이해하도록 도우므로 서로가 지지자가 되어 협조하고 싶은 욕구를 불러일으킨다. • 교사의 입장에서는 학생들의 어떠한 부분을 도울 것인지 계획할 근거를 제공받게 된다.	• 4절지(흰색과 검은색 중 택) 1장 • 풀, 가위 • 잡지책의 사진(긍정과 부정으로 느껴지는 자연환경, 다양한 감정의 인물사진, 음식물 사진)

시간

세 가지 방법 중 무엇을 선택하든 일회성의 프로그램에서는 2시간 정도의 시간을 필요로 한다.

방법 1의 진행과정

1. 6명씩 조를 이루도록 좌석을 배치하고 원하는 색의 크레파스를 선택하도록 지시한다.

2. 5장 정도의 16절지를 제공하고, 자주 사용하는 손, 자주 사용하지 않는 손, 눈을 감고, 눈을 뜨고 등의 지시에 따라 낙서를 한다. 이 과정은 교대로 이뤄지며 이때 주의할 점은 선이 끊어지지 않도록 지속하고 적절하다고 느낄 때 중단하고 손을 떼도록 한다. 원하는 만큼 낙서한 후에는 360도로 회전하여 돌려 보면서 연상되는 것을 찾아, 다른 색의 크레파스를 사용하여 형태를 표기하고 연상된 주제를 기록한다.

3. 8절지를 제공하고 두 사람이 짝을 지어 한 사람이 리더가 되고 한 사람은 따라가며 낙서한다. 이때 자신이 리더가 되어 낙서했던 것을 자신의 소유로 한다. 이것은 교대로 리더가 되어 진

행한 후 2와 같은 방법으로 연상작업을 하도록 안내한다.

4. 4절지를 제공하고 3명이 짝을 이뤄 3과 같은 방법으로 진행한다.

5. 2절지를 제공하여 6명 모두가 교대로 리더가 되는 경험을 하면서 역시 4와 같은 방법으로 진행한다.

6. 각자의 낙서를 살펴보고 마음에 드는 것을 3개 정도 선택하고 집단에 소개하는 시간을 갖는다.

7. 소개한 각자의 내용이 하나의 이야기로 구성되도록 논의하고 합의된 이야기에 적절하도록 각자의 낙서를 오려 내어 배치하고 붙인 후 배경작업을 한다. 이때 전체 내용을 위해 필요한 부분에서는 개인의 작품에 변화가 일어날 수 있으며 이것은 반드시 합의하에 이뤄지도록 안내한다.

8. 협동 작업이 완성되면 각 구성원은 작업에 대한 느낌을 나누고 그 느낌을 모아 제목을 만들고 기록한다. 나눔에서 중요한 것은 이 작업에서 알게 된 서로에 대한 고유한 개별성의 이해와 그 내용에 대한 지지적 경험이다.

9. 이러한 전체 과정이 모두 끝나면 조별로 소개하는 시간을 가지며, 서로에 대한 긍정적 이해를 끌어내도록 지지한다.

안내자로서 치료사는 이 경험을 통해 '우리'와 '함께'라는 경험에 초점을 둘 필요가 있다. 그 배경에는 각자가 독특성을 가진 소중한 개인으로서의 친구가 있다는 것과 그 각자가 가진 고유성을 수용하고 존중을 일깨우는 데 초점을 두고 중재해야 하며, 그러한 인정과 존중이 미래의 개인에게 얼마나 소중하고 든든한 위로와 지원의 토대가 되는지를 강조할 필요가 있다. 또한 이러한 서로에 대한 인정과 존중이 함께할 때 이번 학기 또는 이번 학년의 우리 반 각자는 더욱 성장하고 다음을 향한 목표를 향해 더욱더 의미 있게 성취해 갈 수 있을 것이라는 기대를 강조한다.

방법 2의 진행과정

1. 10명씩 나누어 조를 편성하여 둥글게 앉도록 지시하고, 원하는 찰흙을 선택하여 탐색하고 마음 가는 대로 만지면서 자연스럽게 이야기를 나누도록 한다. 이때 무언가를 만들려는 시도를 자제하고 흙 자체를 느껴보도록 안내한다.

2. 적절한 시기에 만지는 것을 중단하도록 하고 현재 그 상태에서 보이는 형상이 있는지, 무엇을 떠오르게 하는지 질문하여 그것을 구체화하여 형상을 완성하도록 안내한다.

3. 모두가 이미지를 완성하면, 각 조에 이미 2장의 전지를 붙여 오려 낸 큰 원형을 제공하고, 안내자의 지시에 따라 동시에 원하는 위치에 자신의 작품을 놓도록 한다.

4. 놀이를 위한 규칙과 주의사항을 설명한 후 놀이를 진행하도록 안내한다. 이때 기본적인 조건은 언어를 사용하지 않고, 타인의 작품을 옮기거나 타인의 작품을 수정하거나, 자신의 작품을 타인의 작품 가까이에 가져갈 경우 무언의 허락을 받아야 하는 등의 규칙에 대한 설명을 구체화한다.

5. 충분히 놀이가 끝나고 각자의 작품이 어느 정도 조화로운 공간을 차지하고 배치되었을 때 중단하도록 한다. 놀이를 중단하면 규칙을 해지하고 방향을 바꿔 자신의 작품을 중심으로 하여 주변 작품과의 관계와 거리 등이 마음에 드는지 살펴보고 위치를 수정하고 싶으면 협의하여 위치를 변경한다.

6. 손을 씻고 둘러앉도록 하여 서로의 느낌을 교류하는 시간을 갖도록 한다. 이때 자신의 작품이 처음에 원하는 위치에 놓였는지, 아니라면 불편한 점이 있었는지, 언어를 사용하지 않는 것에 대한 불편감은 없었는지, 수용과 거절에 대한 느낌은 어떠했는지, 놀이과정에서 어떠한 경험이 있었는지, 과거의 어떠한 경험과 관련하여 심리적인 반응이 있었는지 등에 대해 나눔의 시간을 갖는다.

교육적 치유 경험을 강화하기 위해 안내자는 대인관계에서의 어떠한 경험과 놀이과정에서 경험된 것에 관련성이 있는지 찾도록 지지하고 좌절적인 경험을 안고 돌아가지 않도록 유의해야 한다. 개인은 누구나 자신을 돌보고자 하며 타인에 대한 관심 욕구가 있으나 관심을 받고 싶은 욕구와 주고 싶은 욕구를 적절하게 표현하는 데 익숙하지 않을 수 있으며, 이러한 놀이과정에서 그 방법을 배울 수 있다는 것에 초점을 둔다. 개인이 필요로 하는 무엇이든 좋고 나쁨이라기보다는 개인의 필요이며 욕구라는 것을 이해할 수 있도록 지지하고, 다만 더욱 긍정적인 방법으로 표현할 수 있는 대안을 찾기 위해 서로가 도울 필요가 있다는 것을 강조한다.

따라서 놀이의 마지막에 서로 협의하여 원하는 위치로 변경하도록 하는 부분은 우리 반의 한 학기 또는 1년 과정에서 서로의 긍정적인 요소를 닮고 서로가 채워 주면서 '함께' 갈 것이라는 은유적인 지지를 위한 과정이었다는 점을 설명하는 것도 도움이 된다. 그럼으로써 서로에 대한 개별성을 존중하고 서로가 지지자로서 협력관계를 유지하는 더욱 힘 있는 의미전달이 될 수 있으며 응집적인 학급의 지름길을 안내하는 방법이 될 수 있다. 안내자가 유의해야 하는 또 다른 핵심 부분은 이 외에도 개인의 장점을 찾아갈 수 있도록 돕는 것이다. 누구나 잠재적인 능력과 장점이 있으며 '우리'가 그것을 도울 수 있다는 강한 '우리 의식'을 안겨 주는 것이 중요하며 결과적으로 그것은 나를 성장시킬 것이라는 표현을 사용하는 것이다.

방법 3의 진행과정

1. 6명 정도의 팀을 구성하여 자리를 배치하고, 검은색과 흰색의 도화지 중 원하는 도화지와 사용할 풀과 가위 및 재료를 선택하도록 한다.

2. 다양한 잡지 사진을 제공하고, 마음을 끄는 무엇이든 찾아 붙이도록 한다. 이때 사진을 자르는 도구로 가위를 사용할 수 있으며 손으로 자를 수도 있다는 설명을 덧붙인다.

3. 붙인 사진의 느낌을 강화하기 위해 크레파스와 색종이 및 다양한 오브제를 사용하여 보완할 수 있도록 지지한다.

4. 작업이 끝나면 붙인 사진들의 각각에 무엇이 마음을 끌었는지, 각 그림의 상황은 무엇인지, 그것이 인물이라면 사진 속 인물의 현재 상황과 감정 및 말을 한다면 무엇이라고 할 것 같은지 또는 무엇이 현재 필요한지 등에 대해 기록하도록 안내한다. 이때 기록은 반드시 그림의 뒤쪽이나 다른 종이가 아닌 붙인 사진의 주변 어딘가에 기록하도록 한다.

5. 모든 기록과정이 끝나면 이 작업이 자신에게 주는 어떠한 느낌이 있는지, 현재의 자신과 어떠한 연관성을 느끼는지, 지금의 감정은 어떤지 등에 대해 생각해 보거나 다른 종이에 기록해 보도록 지지하고, 소개하는 시간을 가진 후 서로의 유사성이 있는지 어떻게 다른지 살펴보도록 한다.

6. 유사함과 다름에 대한 내용에 대해 서로의 느낌을 구체화하기 위한 작업으로, 그 유사성과 차이에 대한 주제를 어떻게 성장으로 이끌 수 있을지에 대한 논의를 하도록 지지한다. 이 작업은 앞의 두 작업과는 달리 학급에서의 개인 작업으로 이루어지므로 소집단에서 나온 유사성에 대한 논의가 동일시 반응을 이끌어 내고, 차이점을 고유한 개성으로 인정하고 수용하는 능력을 향상시키며, 서로의 이해를 도우며 협력관계를 위해 '우리 함께'라는 성장의 유용성을 자극할 수 있다.

잡지 사진을 사용한 방법은 실제 사진이라는 점에서 우리의 현실에 가까이 있는 환경과 상황 및 감정을 다루는 데 도움이 된다. 따라서 이 방법은 학급에서 일어날 수 있는 개인들의 다양한 정서와 역동을 이해하고 응집적 학급 분위기를 방해할 수 있는 요소를 예방할 수 있는 주제가 될 수 있으며 학기 또는 학년 초에 학생들의 개인적 상황을 이해하는 데 도움이 된다. 다만 이 작업을 진행한 학급의 학생들이 어린 학생이든 나이 든 학생이든 사진을 붙이는 과정에서 등장하는 감정의 반응이 수용되지 못하면 이후에 어려움으로 남을 수 있다는 점에도 유의해야 한다. 따라서 안내자는 과정 중의 정서변화에 민감하고 해석적 태도를 배제하며, 학생이 무엇을 붙이든 수용적 자세로 일관적인 태도를 보여야 한다.

소집단에서의 상호작용에서 특히 유의하여 중재해야 하는 부분은 학생 개인의 반응은 자신의 솔직한 표현이므로 그러한 솔직한 정서를 느끼고 표현할 수 있는 자신의 능력을 각자가 수용하도록 지지한다. 또한 개인적 특성을 서로가 인정하고 존중하며, 개인의 독특성을 적응적이고 더욱 의미 있는 과정의 성장으로 가기 위해 서로가 협조하고 지지할 수 있다는 것에 초점을 둔다. 함께 공유하고 대안을 찾는 과정으로 마무리하는 논의과정이 또 다른 의미 있는 담아내기로 갈 수 있도록 지지하는 것이 중요한 핵심이다.

학기 초와 학기 말에 제공하는 학급 중심 프로그램(초등학교 3학년 이상에 적용)

새 학년이 되면서 학급 단위로 제공되는 미술치료 프로그램은 학생들로 하여금 친구와 선생님 그리고 교실환경의 변화와 새로운 학습 분위기에 적응하도록 도우며, 새 학년의 1학기 말에 제공되는 프로그램은 한 학기 동안의 경험을 정리하고 다음 학기를 준비하기 위해 방학을 어떻게 보낼 것인지 계획할 수 있게 한다. 더불어 2학기 초에 제공되는 프로그램을 통해 학생들은 1학기에 부족했던 부분을 채우기 위한 방학 동안의 준비를 구체화하도록 도운다. 학년 말에 하는 프로그램은 그동안 어떤 일이 있었는지 돌아보고 1년을 잘 보낸 자신에게 위안을 주고 스스로에게 선물을 주는 기회가 된다. 또한 더욱 가능한 다음 계획을 세우도록 돕게 된다.

학기 초와 학기 말에 제공되는 이러한 프로그램은 일반적으로 1학기에 2회, 2학기에 2회씩 4회기를 제공하는 것이 적절하다. 그러한 4회기 학급 중심 프로그램은 단편적인 4회기가 아니라 저널을 사용하도록 함으로써, 치료사가 개입된 프로그램은 4회기이지만 학급에서 이뤄지는 과정은 학생들이 동의한다면 자발적으로 1년 내내 후속작업이 적용될 수 있다. 그럼으로써 학급의 응집성을 돕고 관심을 가질 수 있는 능력을 활성화하며, 그 결과는 학생들로 하여금 최근의 사회문제로 등장하고 있는 학교폭력과 집단 따돌림 문제를 예방하는 지름길이 될 수 있다. 그뿐만 아니라 이러한 작업 중심의 활동은 성적 우선의 학습 분위기에 억압된 학생 개인의 창조성을 활성화하도록 도우며 적응적인 사람으로 살아갈 수 있도록 성장을 지원하는 대안으로서의 의미를 함축하고 있다. 이 또한 방법은 다양할 수 있으나 여기에서는 1년 동안 학기 초와 학기 말에 할 수 있는 기초적인 방법으로 4회기의 내용만을 제공하고자 한다.

4회기 학급 중심 프로그램의 목표와 준비물

학기	목표와 효과성	준비물
1학기 초	• 서로가 학급의 일원이 된 것에 대한 환영의 상징적 의례과정이다. • 1학기 동안의 수호천사가 되어 줄 친구를 만든다. • 긍정적인 자기수용과 자기존중의 기회가 된다. • 새 학년의 변화를 수용하고 적응을 위한 지지체계를 형성한다. • 새 학년의 시작에 대한 기대와 1학기 동안의 개인목표를 설정할 수 있는 동기를 부여한다.	둥글게 감은 무명실, 가위, 8절 도화지(흰색, 검은색 중 선택), 크레파스, 풀
1학기 말	• 1학기 동안의 과정을 돌아보는 자기평가의 기회가 된다. • 자신의 적응과정을 객관화시킨다. • 자기위로와 돌봄의 시간이 된다. • 다음 단계의 계획을 준비할 수 있는 자기능력을 재확인하는 기회가 되므로 자존감이 향상된다.	가로 15cm와 세로 20cm 정도의 빵 봉투(흰색) 1개, 다양한 오브제(실, 스티커, 꽃, 반짝이 등), 다양한 색지 또는 색종이, 풀 가위, 수호천사에게 줄 선물(감사의 편지)
2학기 초	• 방학 동안의 소식을 공유한다. • 1학기에 성취하지 못한 부족감을 채우기 위한 준비와 계획을 가능하게 한다. • 또 한 명의 수호천사를 만난다. • 유사한 성향과 다른 성향의 친구를 이해하고 수용하는 통합적 관계능력을 발휘하도록 돕는다. • 자신의 고유한 특성을 수용하고 조화로운 성장을 유도한다. • 학급의 조화로운 분위기와 개인의 수용능력을 강화한다. • 집단참여 수준을 관찰함으로써 2학기 동안의 필요요소에 대해 계획할 수 있다.	붉은색 계열과 파란색 계열의 색종이를 2개씩 짝을 이루도록 비율을 맞추어 준비(학급 인원수), 각 조(10여 명)에 전지 1장, 풀, 가위, 크레파스, 간단한 오브제
2학기 말	• 지지체계를 강화한다. • 서로에 대한 관심능력을 구체화한다. • 수호천사와 학급친구들에게 감사하고 화해한다. • 특별하고 의미 있는 존재로서 자기수용을 돕는다. • 자존감을 가지고 응집적 자기로서 힘 있게 다음을 향하도록 지지한다.	4절지 1장(다양한 색상지 선택), 크레파스, 마커펜, 네임펜, 색볼펜(금색, 은색)
학기 중	• 스스로의 자기관찰을 돕는다. • 서로에 대한 관심능력을 활성화한다. • 학급 내 문제예방의 지름길이 된다.	저널 노트, 색연필 또는 연필

1학기 초의 프로그램 진행과정

1. 전체 학생은 서로를 바라볼 수 있게 둥글게 자리를 배치하고, 안내자로부터 시작하여 시계 방향으로 실이 돌아갈 것이며, 우리 모두는 이 공간에서 소중한 개인으로서 환영받는 시간이 될 것이라고 충분한 설명을 한 후 시작한다.

2. 실을 전달받은 사람은 원하는 길이만큼 실을 풀어 가위로 자른 후, 가위와 실을 자신의 왼쪽에 있는 사람에게 전달한다. 이 과정에서 모두는 자신이 실을 받았을 때를 제외하고는 실을 받은 각각의 사람에게 집중하도록 지지한다.

3. 실이 마지막 사람에게까지 전달된 후에는 안내자에게 전달된다.

4. 모두가 일어서서 자신의 실과 유사한 길이를 가진 사람을 찾는다. 이때 실이 너무 긴 경우는 몇 겹으로 접어서 유사한 길이를 가진 사람을 찾기 위해 노력할 필요가 있다는 설명을 덧붙인다. 유사한 길이의 짝을 찾으면 두 사람은 이 과정의 느낌, 서로에 대한 소개, 이번 학기를 어떻게 보내고 싶은지, 어떻게 진행될 것 같은지 등의 생각에 대해 서로 이야기한다.

5. 이야기가 끝나면 안내자는 두 사람이 하나의 종이에 함께 작업할 것이라고 전달하고 그에 대한 설명을 한다. 이번 학기에 대한 기대와 예측에 대해 상상한 것의 지금 시작과 학기 말이라고 생각되는 지점에 점을 찍고 시작점으로부터 학기 말이라고 상상한 지점을 향해 자기가 가진 끈을 사용하여 형태를 만들고 표현할 끈을 풀로 붙이도록 한다. 이때 짝의 끈과 자신의 끈이 교차할 수 있으며 피해 가거나 전혀 다른 방향일 수도 있다.

6. 도화지에 구성한 끈을 본드로 붙인 후에는 크레파스를 사용하여 한 학기과정이라고 상상한 끈의 흐름을 따라 주변에 기대와 상상한 내용을 형태로 표현한다.

7. 완성이 되면 두 사람은 이번 학기에 대해 어떠한 기대를 표현했는지 소개하고 서로의 느낌을 공유한다. 이때 긍정적인 기대뿐만이 아니라 염려, 불편감 등이 있다면 표현할 수 있도록 지지한다.

같은 반이 된 것에 대한 환영과 반가움, 새 학년에 대한 기대와 부담을 다루면서 긍정적인 목표를 설정할 수 있도록 돕는 이 과정은 개인적으로도 급우들로부터 수용되고 존중되는 기회로 사용될 수 있도록 안내자는 반응을 관찰하고 충분히 지지적인 태도로 임해야 한다. 나눔과정의 마무리에서 각자의 짝은 1학기 동안 눈에 보이지 않아도 늘 자신을 지켜 주는 수호천사가 되어 줄 것이라는 기대를 강화시켜 줌으로써 학생들 개개인은 보다 더 자존감을 가질 수 있고, 관심의 능력을 발휘하려는 용기를 갖게 될 것이다. 이러한 학급의 시작 분위기는 당연히 그 어느 때보다 더 희망적이고 생생한 분위기로 시작할 것이며, 개인은 적응적이고 학급의 분위기는 응집적이며 따라서 각자가 가진 잠재능력을 최대한 발휘할 용기를 드러낼 것이다.

1학기 말의 프로그램 진행과정

1. 수호천사와 함께 앉도록 자리 배치를 하고 원하는 재료를 가져가도록 안내한다.

2. 1학기 동안을 회상하고 자기에게 어떠한 일이 있었는지, 그 일에는 누가 있고, 어떤 상황이었는지, 감정, 상처와 아픔, 감사함, 좌절과 극복 등을 생각해 보도록 안내한다.

3. 봉투의 표면에 1학기 동안의 과정이 어떻게 시작하여 흘러왔고, 지금은 어떻게 변형되었는지 경험의 과정을 다양한 재료를 사용하여 표현하도록 충분히 설명하고 지지한다.

4. 표면작업이 끝나면 표현한 내용과 관련하여, 오브제를 상징적으로 사용할 수도 있고 특정 색의 종이에 글로 기록하여 봉투에 넣을 수도 있다. 이때 상징물과 기록은 스스로에 대한 위로일 수도 있고, 상처의 조각 또는 감사일 수도 있다.

5. 봉투의 표지와 내용물 작업이 완성되면 수호천사와 충분히 이 과정에 대한 느낌과 방학계획에 대해 나누도록 지지한다.

6. 나눔이 끝나면 수호천사와 감사의 마음을 전하는 선물을 나누고 지속적인 지지자로서 함께할 것을 약속하고 서로가 깊이 안음으로써 마무리한다.

학기 말에 하는 이 작업의 핵심은 한 학기를 돌아보고 스스로에 대한 위로와 친구에 대한 감사의 능력을 발휘하도록 돕는 것이며, 더불어 다음 학기를 위해 방학을 어떻게 보낼 것인지에 대한 계획을 포함하고 있다. 가장 중요한 것은 자신의 능력을 확인하고 재충전하는 것이므로 안내자는 이에 초점을 맞출 필요가 있다. 문제 요소보다는 가능한 것에 초점을 맞추고 자기를 위로할 수 있는 능력과 타인에 대한 관심과 감사할 수 있는 능력을 발휘하도록 도와야 한다.

2학기 초의 프로그램 진행과정

1. 두 집단으로 나누어 앉도록 자리를 배치하고, 붉은색 계열과 파란색 계열의 두 집단으로 나누어 같은 색의 색종이를 선택한 사람 옆에 앉도록 한다.

2. 같은 색을 선택한 두 사람은 서로에게 왜 그 색을 선택하게 되었는지 공유하고, 그 색에 대한 경험이나 사연, 짝이 된 것에 대한 소감, 방학을 어떻게 보냈는지, 2학기에 대한 생각 등에 대해 소개하고 나눈다.

3. 두 사람이 나눈 이야기 가운데 소집단에서 공유하고 싶은 것에 대해 이야기하고 공통성과 차이점 등에 대해서도 교류한다.

4. 소집단에서 나눈 이야기를 중심으로 '우리 집단'의 특성을 하나의 스토리로 구성할 수 있을지 의논하여 가지고 온 색종이와 크레파스를 사용하여 협동화를 만든다.

5. 완성이 되면 협동작업의 경험에 대한 느낌을 서로 공유한다. 이때 안내자는 자신의 역할이 무엇이었는지, 만족감의 정도, 자기와 타인의 성향에 대한 이해, 성장 가능성, 조화와 성장을 위

해 필요로 하는 도움 요소 등에 대해 나눌 수 있도록 지지한다.

6. 조별 나눔이 끝나면 다른 조에게 협동작품을 소개하고, 서로의 차이점과 유사점 등에 대해 공유한다. 이때 안내자는 학생이 자기와 다른 요소에 대해 편견을 갖지 않고 수용하고 인정하는 능력을 발휘할 수 있도록 지지하고 안내할 수 있어야 하며, 새로운 수호천사로서 짝의 의미를 마음에 담도록 안내하고 지지한다.

이 작업은 1년의 과정을 더욱 의미 있게 보완해 갈 수 있는 중요한 시작 시점의 의미를 함축하므로 학생들이 이 과정을 특별하게 의미 부여할 수 있도록 지지해야 한다. 이 내용에 포함해야 하는 것은 학생 스스로가 자기 자신의 소중함을 인정하고 자신이 얼마나 가치 있고 특별한 존재인지 수용할 수 있도록 하며 그러한 자신을 돌보고 존중해야 하는 책임 또한 자기에게 있음을 인식하도록 돕는 것이 필요하다. 수호천사와 친구들은 그러한 자신의 과정을 지지하고 돕는 유일한 사람이라는 것 또한 인식하는 것이 중요하다. 만약 학생 중에 누군가가 자기를 지나치게 비하하거나 좌절된 표현이 주요 내용이라면 은유적인 수용보다는 구체적인 강점을 찾아 확인하고 인정하도록 지지해야 한다.

2학기 말의 프로그램 진행과정

1. 둥글게 둘러앉을 수 있도록 자리를 배치하고, 수호천사 옆자리에 앉도록 안내한다. 한 해 동안의 경험을 되돌아보고 지금의 자기 모습이 어떠한지 생각해 본 후, 도화지에 색채와 형태를 사용하여 지금의 자기를 어떠한 형식으로든 표현하도록 한다.

2. 오른쪽 위에 자신의 이름을 기록하고 시계 방향의 옆사람에게 자신의 작품을 전달하도록 한다. 작품을 받은 사람은 그 사람의 긍정적인 요소에 대해 그림을 그리거나 기록하고 또는 지지적인 내용을 담아 다음 사람에게 전달한다. 이 과정은 자신의 작품이 자기에게로 돌아올 때까지 진행된다. 이때 중요한 것은 경우에 따라서는 장난스럽게 표현한 학생이 있을 수 있으므로 안내자는 학생을 충분히 지지하여 부적절한 상황이 유도되는 것을 예방해야 한다.

3. 자신의 작품이 자기에게로 돌아오면 작품을 살펴보고 전체적인 조화와 자기 마음에 드는 방향으로 보완하여 그림을 완성한 후, 전체에 어울리는 제목을 붙인다.

4. 그림을 살펴보고 이해할 수 없거나 마음에 걸리는 부분이 있으면 전체에 소개하는 과정에서 그것을 표현해 준 사람의 설명을 들어 이해하는 시간을 갖도록 한다. 시간이 제한되어 있을 경우는 수호천사와 전반적인 느낌을 공유하고 그동안의 고마움을 전달하는 것으로 마무리할 수도 있다.

1년 과정의 마무리에서 더욱 의미 있는 경험이 되도록 안내하기 위해서는 학생 개인과 학급의 전반적인 분위기에 대해 안내자의 이해가 있어야 하며, 따라서 사전에 담임교사의 도움을 받아 예측되는 상황에 대한 대처가 가능하리라 본다. 만약 소통에 문제가 생길 경우 학생이 단적으로 공격당하는 감정이 들지 않도록 양쪽을 고려해야 한다. 대부분의 경우 3회기까지의 과정이 무리 없었고 학기 중 매일 진행하는 난화 저널이 잘 이루어졌다면 이때쯤은 충분히 서로에 대한 존중과 조화로운 학급 분위기로 무르익어 있을 때이다. 그러므로 특별히 우려할 일은 없을 것이나 만약에 예측될 만한 우려가 있는 학급 분위기라면 이 방법을 전체로 가져가지 않고 6명 정도의 소집단으로 진행하는 것도 하나의 방법이 될 수 있다.

학기 중의 자발적 프로그램 진행과정

매일 진행하는 학급 중심의 개인 저널 작업은 단일성 프로그램의 효과성을 최대한 높여 주고 단편적인 경험을 지속적이고 구체화하는 의미 있는 방법이다. 이것은 안내자 없이 자발적으로 이뤄지며 교사와 학생이 상호작용할 수 있는 근거를 마련해 주는 장점 또한 있다.

모든 학생은 각자의 저널을 위한 노트를 준비하며, 이 노트는 학교 등교 직후와 수업 마지막에 사용된다. 등교 직후 학교에 오는 길에 오늘의 일과에 대해 생각하게 된 것을 기록하거나 색연필 등으로 오늘의 계획이나 생각을 그림으로 표현할 수도 있다.

마지막 수업시간이 끝나고 노트에 오늘 하루 학교생활에서 있었던 일과 특히 기억에 남는 일을 기록하거나 그림으로 표현한다. 이 저널은 일주일에 한 번 또는 매일 언제라도 자연스럽게 서로 공유되고 피드백을 남길 수 있다. 이때 자신을 위해 개방하고 싶은 것만을 공유할 수 있다는 것을 전달할 필요가 있다(개방하고 싶지 않은 부분에 스티커나 종이를 붙이도록 안내하고, 그러한 마음을 존중하도록 지지함).

제2부

아동·청소년의 발달적 특성에 접근한 부적응 예방 프로그램

부적응 예방을 위한 프로그램에서 우선되는 것은 아동·청소년의 발달적 특성에 초점을 두고 부적응을 이해하는 접근이다. 발달단계마다 성취해야 하는 과업이 다르고 수준도 다르므로 여기에서 제공하는 프로그램은 학교 미술치료의 주요 대상인 초등학생 및 중·고등학생 이외에도 대학생과 유치원 시기의 아동까지 포함하여 체계적인 접근을 돕고자 구성되었다. 교육체계에 있는 아동과 청소년의 보편적인 발달 특성을 고려한 부적응 예방 프로그램이 어떻게 구성되어야 하는지에 대해 다루고 있으며 요구되는 학교체계의 특성상 집단에 초점을 두고 있으나, 개별적인 접근에서도 활용할 수 있도록 하였다.

제 2 장

초등학교 입학을 앞둔 유치원 아동(및 초등학생)의 부적응 예방 프로그램

초등학교 입학을 앞둔 발달단계에 있는 유치원 시기의 아동은 대부분의 운동기술이 숙달되고 자신의 목적을 달성하기 위해 신체적 기술을 사용할 수 있으며, 인지적으로도 관계개념을 이해하기 시작하고 세상의 모든 물리적 사회적 정보를 흡수하기 시작한다. 학령기 준비기에 접어들기 시작하는 6~7세경의 유치원생 대부분이 특별한 장애가 없는 한 거의 완전한 언어를 사용하며 자신의 욕구를 표현할 수 있고, 경험을 공유하기 위해 상호작용하며 적절한 행동과 규칙에 적응할 수 있다. 반면에 이 시기의 이러한 복합적인 발달은 아동 개인의 경험이 내부에서 어떻게 상호작용되느냐에 따라 능력은 급속도로 개인의 성향이라는 모습으로 드러내게 된다.

이러한 측면에서 보면 미술치료가 이 시기의 아동에게 적응적 경험을 강화하고 긍정적인 측면에서 성격 형성에 도움이 되어야 그 필요성의 의미가 적용될 수 있다. 따라서 다음에서는 유치원 시기의 적응적 개념을 함축한 미술치료의 구성이 어떻게 설정되어야 하는지에 초점을 두고 부적응 예방에 도움이 되는 프로그램을 제시하고자 한다.

분기별 1년 프로그램

여기에서 제시되는 프로그램은 초등학교 입학을 앞둔 7세경의 아동에 초점을 두고 1년간 4분기로 분류하여 구성되었으나, 초등학교 저학년에도 상황에 적절하게 변형시켜 적용할 수 있다. 각 분기는 미술치료의 기본적인 단계별 특성을 따르며 1분기는 재료탐색으로부터 시작하여 아동의 특성을 관찰하고 다음 단계를 위한 준비를 하게 된다. 2분기와 3분기는 구체적인 개인의 특성별 적응을 위한 사회적 기술에 초점을 두게 되며, 마지막 4분기는 초등학교 입학에 대한 준비를 돕게 된다. 각 단계별 프로그램에 함축되어 있는 내용은 취학 전 아동의 성장과 관련하여, 여전히 유지되고 있는 사건에서 벗어나지 못하는 전 조작적 단계의 인지발달을 확장하고 실험하도록 도우며, 보호영역에서 공식적인 사회적 상호작용으로 확장해 가는 과정에서 성공적인 해결을 격려하는 데 미술치료가 적용된다.

3단계까지의 과정을 거치면서 개인별 특성이 두드러지게 되므로 필요에 따라서는 개인별 가족접근을 구체화해야 할 경우도 있다. 그럼으로써 구조화된 정규교육에 적응할 힘을 키우고 부적응 문제를 예방할 수 있는 준비가 가능해질 것이다. 다음의 프로그램은 기본적인 형식을 제공하고 있으므로 개인과 집단 특성에 따라 다른 요소가 포함될 필요가 있다는 점에 유의해야 한다. 더불어 각 회기의 지시문이나 질문은 받아들이는 이해수준에 적절한 표현으로 바꾸어 사용해야 한다는 점 또한 유의하기 바란다.

분기별 초점

1분기 : 다양한 매체경험과 안전한 환경에 초점을 두고 정서표출과 이완을 돕는다.
2분기 : 개별적인 특성에 초점을 두고, 자기수용과 타인수용을 포함한 사회적 기술을 돕는다.
3분기 : 함께 공유하고, 대처능력과 자존감에 초점을 둔 사회적 기술을 강화한다.
4분기 : 공교육체계로의 진입을 준비하기 위한 구체화와 지지체계 형성에 초점을 둔다.

1분기 : 다양한 매체경험과 안전한 환경 만들기

- 안전한 심리적 공간을 제공한다.
- 충분한 재료의 느낌을 경험한다.
- 재료의 느낌에서 반응하는 감정을 탐구한다.
- 다양함 속에서 각자가 가진 특성과 역할을 발견하고 수용한다.

1분기 프로그램 목표와 주제

회기	하위목표	주제 및 내용	준비물
1	환영하고 안전한 공간 만들기	이름 꾸미고 자기소개하기	24색 이하의 크레파스와 파스텔, 8절 도화지(흰색과 검은색 중 선택) 1장, 색종이
2		교실 풍경	24색 이하의 크레파스와 파스텔, 8절 도화지(흰색과 검은색 중 선택) 1장
3		생활 속 자연재료 탐색	곡식류, 다양한 씨앗, 8절 도화지 1장, 풀, 24색 이하의 크레파스
4	감정표현하고 주변 탐색하기	채색재료를 사용한 감정 탐색	24색 이하의(크레파스, 물감, 마커펜), 물, 붓, 8절 도화지 5장
5		다양한 오브제 탐색과 아픔	다양한 오브제, 8절 도화지 1장(마분지 또는 두꺼운 광목천), 풀, 가위, 흰색 빵 봉투 또는 주머니(가로 10cm, 세로 20cm 정도의 크기), 다양한 형태의 스티커
6		흙, 돌, 모래 탐색과 나만의 동산	진흙, 모래, 자갈, 작은 돌, 16~8절 크기의 나무판(또는 플라스틱 쟁반), 황토색 핸디코트, 정원에서 흔히 볼 수 있는 내용물
7		종이류 탐색과 자유	다양한 종이류(신문, 잡지, 다양한 두께의 도화지, 한지, 색종이 등), 8절 도화지 1장, 풀
8		철재류 탐색과 사계절	다양한 두께의 철사, 못, 다양한 철재 오브제
9	세상의 다양함 속에서 각자의 소중함 알기	잡동사니 속의 보석	8절 마분지(또는 플라스틱 판), 아크릴 물감, 붓 다양한 오브제, 잡동사니(깨진 그릇, 버려진 물건, 내용물을 사용하고 남은 용기 등), 오공본드,
10		함께 참여하고 독특함 발견하기	위의 다양한 재료들, 2절지(또는 전지 1~2장), 오공본드, 풀, 가위, 크레파스, 물감, 참여 인원수의 접시

1회기 : 이름 꾸미고 자기소개하기(청소년 임상미술치료방법론, 기법 48~50 참조)

필요성 인식하기

아동이 자신의 이름을 자신감 있게 드러낼 수 있다는 것은 자존감이 있다는 것을 말해 준다. 따라서 개입의 첫 경험에서 별명이 아닌 이름으로 불리고 자신의 이름에 대해 탐구하는 시간은, 자기감을 인식하게 하며 자기존재가 이곳에서 환영받는 소중한 사람이라는 것을 인식하게 하기 때문이다. 따라서 자기인식이 아직 구조화되지 않은 시기에 아동 프로그램의 시작은 그렇게 환영받고 존중되는 경험으로부터 시작할 필요가 있다.

프로그램 시작하기

시작하기 전에 안내자는 이렇게 전달하고 시작할 수 있다.

"우리 모두는 부모님이 지어 주신 이름을 가지고 있지요? 오늘 우리는 자신의 이름이 어떻게 지어졌는지 생각해 보고 내가 얼마나 소중한 사람인지 생각하는 시간을 가질 거예요. 지금부터 자신의 이름을 누가 지었는지, 어떠한 뜻으로 그렇게 이름을 짓게 되었는지 부모님으로부터 들은 이야기를 말해 보기로 해요. (또는 혹시 나의 이름에 대해서 들은 적이 없다면 지금 생각해 보기로 해요. 나는 나의 이름을 어떻게 생각하는지, 마음에 드는지, 안 드는지, 만약 마음에 들지 않는다면 무엇 때문인지 말해 보겠어요?) 나의 이름을 색으로 생각한다면 무슨 색일까요(이해를 잘하지 못한다면, 무슨 색이 마음에 드는지)? 여기에 있는 색종이 중에 한 장을 선택해 보세요."

유의사항

안내자는 사전에 반드시 아동의 가족관계를 이해하고 있어야 하며, 별명으로 불리고 놀림을 받은 적이 있는지 등에 대한 정보를 미리 알아둘 필요가 있다. 또한 사전 부모상담을 통해 프로그램 전에 아동의 이름 배경에 대해 가족이 이야기하는 시간을 갖도록 안내할 필요가 있다.

작업과정

도화지는 흰색과 검은색 중 자유롭게 선택하도록 한다.

- 도화지에 자신의 이름을 기록한다면 어디에 하고 싶은지 정하도록 안내하고, 선택한 색종이를 원하는 크기와 형태로 잘라 붙이고, 이름을 기록한다(글을 모르는 경우 안내자가 도울 수 있다).
- 부모님으로부터 들었던 이름의 의미를 떠올리며 이름 주변에 형태와 색으로 표현하도록 한다.
- 무엇을 표현했는지 소개하는 시간을 가진다.
- 그림 뒷면에 날짜와 이름을 표기한다.
- 이름 그림을 공간의 벽면 중 원하는 위치에 붙이도록 한다(이 경우 반드시 다음 회기에 아동이 자신의 작품을 붙인 그곳에 붙여져 있도록 안내자는 유의해야 한다).

다루어야 할 내용

- 정서적 어려움이 있는지 관찰한다.
- 낮은 자존감 문제가 있는지 유의하여 관찰하고 지지한다.
- 개별성의 소중함을 다룬다.
- 자아인식을 돕는다.
- 환영받는 지지적 분위기가 되도록 돕는다.

2회기 : 교실 풍경(청소년 임상미술치료방법론, 기법 63 변형)

필요성 인식하기

아동이 생활하는 교실은 안전한 곳이어야 한다. 안전한 환경에서 아동은 사회와 인간에 대한 신뢰를 형성하고 안정된 성격을 형성할 수 있게 된다. 간혹 가정환경이 불안정한 경우 아동은, 유치원에 와서 위축되거나 산만하고 충동적인 행동을 하여 자기과시를 함으로써 보상받고자 하며 스스로 고립되는 모습을 보이기도 한다. 이 프로그램의 필요성은 모든 치유 프로그램의 시작이 안전한 공간을 창조하는 것으로부터 시작한다는 의미를 함축하고 있으며, 불안한 아동에게는 안전감에 대한 신뢰와 안정된 아동에게는 더욱 자신감을 갖도록 지지한다는 점이다.

프로그램 시작하기

시작하기 전에 안내자는 이렇게 전달하고 시작할 수 있다.

"오늘 우리는 교실이 나에게 어떤 곳인지 생각해 보고 교실 풍경을 그릴 거예요. 아침에 유치원에 올 때부터 시작해 교실에 들어와서 있었던 무슨 일이든지 말할 수 있어요. 누가 말해 보겠어요? 나는 어디에 있나요? 친구들은 무엇을 하나요? 선생님은 무엇을 하나요? '~ 했을 때' 어떤 생각이 드나요? 어떤 교실이길 바라나요?"

유의사항

추적하듯 질문하지 않아야 하며 자유롭게 이야기할 수 있도록 지지한다.

작업과정

도화지는 흰색과 검은색 중 자유롭게 선택하도록 한다.

- 도화지에 8개의 칸을 만들도록 한다. 사전에 8개의 칸을 그려 놓은 도화지를 제공하거나 또는 접어서 사용할 수 있다.
- 지금부터 이 도화지의 8칸에 그림을 그릴 거라고 설명하고 유치원에 와서 집으로 돌아갈 때까지 교실에서 있었던 일을 순서대로 그리도록 한다.
- 어떠한 내용을 표현했는지 소개한다.
- 그림 뒷면에 날짜와 이름을 표기한다.

- 교실상황의 갈등에 대해 다룬다.
- 스트레스를 야기하는 상황이 있는지 관찰한다.
- 아동의 장점에 대해 탐색하고 긍정적인 경험에 초점을 맞춘다.
- 의뢰가 필요한 문제가 노출된다면 교사와 부모가 함께 의논한다.
- 안전한 보호와 위로 환경으로서 프로그램의 의미를 강조한다.

3회기 : 생활 속 자연재료 탐색(청소년 임상미술치료방법론, 기법 58~59 변형)

필요성 인식하기

이 프로그램에서 제공되는 다양한 씨앗과 곡식을 사용한 자연재료 탐색은 아동으로 하여금 각 재료의 특성별 감각적 경험이 정서를 자극하고 소근육을 발달시키는 것 외에 생애 초기 작업의 의미를 담은 중요한 탄생의 시작을 함축하고 있다. 그뿐만 아니라 모든 식물의 본질이 되는 씨앗은 감각적 경험 이외에도 재료 자체가 갖는 특성이 아동으로 하여금 무언가를 시작하고자 하는 욕구를 자극하므로 동기부여로서의 의미 또한 포함하고 있다. 그러한 맥락에서 이 프로그램은 아직 온전히 완성되지 않은 아동의 가능성에 긍정적인 의미를 부여하는 동시에 강점을 활성화하고 스스로 자기존중의 의미를 강화한다는 점에서 필요성이 강조될 수 있다.

프로그램 시작하기

시작하기 전에 안내자는 이렇게 전달하고 시작할 수 있다.

"우리는 부모로부터 생명을 받아 이 세상에 태어났고 지금까지 살아왔지요? 그동안 살아오면서 행복한 일도 있었고 속상한 일도 있었지요. 아마도 다른 사람들도 대부분 유사한 경험을 하면서 살아왔을 거예요. 유사한 상황에서도 어떤 사람은 더 많이 슬퍼하고 화내고 투정부리지만 어떤 사람은 그보다 더 부족한 환경에서도 용기를 잃지 않고 힘 있게 살아온 사람도 있어요. 그동안 내가 어떠한 사람이었든 이제 이 순간부터 나는 다시 태어나고 앞으로 희망을 향해 살아갈 거라는 생각을 해 보세요(이와 유사한 내용을 담은 동화를 사용할 수도 있다)."

유의사항

어떠한 환경에 있든 개인은 모두가 존중받아야 하는 소중한 존재임을 인식하도록 안내하며 누구나 자신만의 가능한 능력을 가지고 있다는 점을 강조한다.

작업과정

도화지는 흰색과 검은색 중 자유롭게 선택하도록 한다.

- 다양한 씨앗을 만져 보고 느낌을 공유한다.
- 가장 마음에 드는 씨앗 1개를 선택한다.
- 도화지의 한 면을 땅으로 상상하고 실제로 씨앗을 심는다고 상상하면서 원하는 위치에 풀로 붙인다.
- 씨앗이 자라서 싹을 틔우는 과정을 표현한다.
- 나는 어떤 모습으로 자라길 원하는지 다양한 재료를 사용하여 배경과 보완적인 표현으로 완성한다.
- 싹을 틔우기 위해 어떠한 과정이 있었는지, 싹을 틔우는 데 방해요인은 없는지 등 느낌과 표현한 것에 대해 소개하고 공유한다.
- 그림 뒷면에 날짜와 이름을 표기한다.

다루어야 할 내용

- 극복의 가능성과 희망에 초점을 둔다.
- 생활의 어떠한 부분이 장애요인으로 작용하는지 관찰하고 말할 수 있도록 지지한다.
- 긍정적인 자기인식을 돕는다.
- 개인의 독특성을 수용하도록 지지한다.

4회기: 채색재료를 사용한 감정 탐색(청소년 임상미술치료방법론, 기법 1~6 참조)

필요성 인식하기

색채는 우리의 삶에서 가장 가까이에 있으며 개인의 경험과 기억을 대변해 주며 잠재의식을 반영한다. 우리는 색과 함께 호흡하며 살아가고 있으며 색을 사용한 표현은 인류의 역사를 거슬러 이미 오래전에 문자를 사용하기 이전의 문자이자 언어표현이었다. 이러한 맥락에서 색채의 다양한 경험은 아동으로 하여금 자신의 감정과 경험에 대한 표현의 제한을 넘어서 정서를 전달하며 억압된 감정을 표출하도록 돕는다. 이러한 점에서 이 시기의 아동에게 색채의 다양한 경험은 매우 의미 있는 경험이 될 수 있다. 즉, 유치원 시기의 아동은 그동안의 경험을 토대로 사회적 기술을 발달시키면서 적응해 가야 하는 시기이므로, 이 프로그램은 아동이 자신의 잠재능력을 억압하지 않으면서 자기 모습을 드러내는 힘을 사용하는 경험을 제공할 것이다.

프로그램 시작하기

시작하기 전에 안내자는 이렇게 전달하고 시작한다.

"이 시간에는 여러 가지 색을 사용하여 놀이를 할 거예요. 내가 좋아하는 색이 있을 수도 있고 싫어하는 색이 있을 수도 있습니다. 또한 마음에 드는 재료도 있고 마음에 들지 않는 재료도 있겠지요. 좋아하는 것도 싫어하는 것도 경험하면서 어떠한 느낌을 갖게 하는지, 무엇을 생각하게 하는지 떠오르는 대로 경험해 보면 됩니다."

유의사항

의도성을 배제하고 자유롭게 낙서하듯 놀이하듯 즐길 수 있도록 안내한다. 이 프로그램은 충분한 시간이 필요할 수 있으므로 아동의 흥미에 따라 2~3회에 걸쳐 진행할 수도 있고, 한 가지 재료를 선택적으로 사용할 수도 있다.

작업과정

도화지의 색은 선택의 기회를 주지 않고 모두에게 흰색을 제공한다.

- 마커펜, 크레파스, 파스텔이나 물감 순서로 통제성이 높은 것부터 사용하도록 안내한다.
- 마커펜의 색에서 싫어하는 색과 좋아하는 색을 선택하도록 한 후, 첫 번째 도화지에 선택한 마커펜 중 어떠한 색으로든 동그라미, 세모, 네모, 점, 직선, 곡선, 나선형 등의 선을 순서대로 또는 겹치도록 그려 본다.
- 두 번째 도화지에 크레파스를 사용하여 같은 방법으로 한다.
- 물감 역시 좋아하는 색과 싫어하는 색을 선택한 후, 충분히 물을 섞은 물감을 세 번째 도화지에 뿌리고, 흘리고, 불기 등의 방법으로 표현한다.
- 네 번째 도화지에는 위의 네 가지 방법을 모두 사용하여 표현한다.
- 그림 뒷면에 날짜와 이름을 표기한다.

다루어야 할 내용

- 정서적으로 불안감이 노출되는지 관찰한다.
- 좋고 싫음의 조화가 삶의 적응과정과 관련성이 있음에 초점을 둔다.
- 작업태도의 관찰을 통해 사회적응 수준평가에 접근한다.
- 자기감정을 인식하도록 돕는다.

5회기 : 다양한 오브제 탐색과 아픔(미술치료의 발달적 심리학적 매체 선택과 적용, pp. 185~186 변형)

필요성 인식하기

다양한 오브제의 탐색은 아동의 흥미를 자극하는 것 외에 관찰력과 집중력, 시지각 운동능력, 인지능력, 사물에 대한 이해력을 강화한다(미술치료의 발달적 심리학적 매체 선택과 적용, 2013, p. 99~104 참조). 또한 이 프로그램의 과정은 다양한 매체에 투사된 감정과 경험이 반영된 아동의 상처를 자극하지만 놀이적인 재료를 통해 자연스러운 치유경험 또한 가능하게 한다. 즉, 아동으로 하여금 자기와 환경과의 관계에서 경험하는 슬픔과 마주하고 대면하는 용기를 갖게 하며 자기 돌봄의 힘을 갖게 하므로 사회적응을 돕는 중요한 경험이 될 수 있다. 따라서 활동에 참여하는 아동의 과정과 경험의 반응 그 자체가 감정의 지표가 되므로 안내자의 입장에서는 개인의 특성적 이해뿐만 아니라 치유 방향을 구체화하고 안내할 수 있는 지표를 제공받게 된다.

프로그램 시작하기

시작하기 전에 안내자는 이렇게 전달하고 시작할 수 있다.

"여기에는 재미있는 재료가 많이 있습니다. 마음에 드는 무엇이든 사용할 수 있답니다. 그리고 여기에 있는 어떤 재료는 내가 원하는 것을 표현하는 데 사용되고 어떤 재료는 힘든 감정이나 상황에 사용되기도 할 거예요(나이 든 아동이라면 "자신이 살면서 몸이 아프거나, 화나거나, 슬프거나, 불안하거나, 상처가 된 일들이 있었을 것이며 그럼에도 자기 모습으로 그 상황을 이겨 온 과정들이 있었을 거예요. 오늘 우리는 여기 있는 재료들을 사용하여 그 상황들을 표현해 볼 거예요."라고 말할 수도 있다). 몸에 상처가 났을 때 치료하지 않고 그대로 두면 곪고 상처가 더 커지고 매우 아프듯이, 우리가 경험하는 불만족한 일이 아주 작은 일이라 해도 표현하지 못하고 마음속에 남아 있으면 몸의 상처처럼 우리 마음도 나중에 더 아프고 생활에 나쁜 영향을 주게 됩니다. 그래서 오늘 우리는 이 재료를 사용하여 내가 가지고 있는 마음의 상처를 살펴보고 감정을 표현하고 그것에서 벗어나는 경험을 할 거예요."

유의사항

아동의 이해수준에 따라 전달하는 언어표현을 다르게 사용할 필요가 있다. 아동이 충분히 이해했는지 확인하고 순서대로 한 과정이 끝날 때마다 설명을 추가하여 전달함으로써 진행하는 데 이해 부족으로 오는 어려움이 없도록 한다.

작업과정

도화지는 흰색과 검은색 중 자유롭게 선택하도록 한다(마분지나 두꺼운 광목천을 제공할 수도 있다).

- 충분히 재료를 탐색하는 시간을 가진 후 재료 중에 마음에 드는 재료를 무엇이든 원하는 만큼 선택하도록 한다.
- 자신이 경험한 일을 생각하는 시간을 안내하고, 무엇이 가장 속상하고 힘든 일이었는지 생각한 후, 그것에 대해 말하도록 한다.
- 이야기한 속상하거나 힘든 일과 관련하여 선택한 재료를 사용하여 도화지에 표현한다.
- 그 일이 어떻게 진행되어 왔는지 표현하고 나면, 지금은 어디까지 왔는지, 앞으로 어떻게 될 것 같은지 표현하도록 지지한다.
- 지금 마음이 어떠한지 소개하도록 한다.
- 두 번째 작업으로 주머니 또는 봉투를 제공하고 마음에 드는 것 한 개를 선택한다. 현재의 마음이라고 볼 수 있는 색과 형태 또는 스티커를 선택한 주머니나 봉투 표면에 붙이도록 한다.
- 자신을 칭찬하고 속상함을 위로하는 마음으로 상상한 상징물을 주머니에 넣도록 한다.
- 자기 위로가 끝난 후에는 구성원들이 서로에게 위로의 지지 글이나 선물로 의미부여한 상징물을 주머니에 넣어 주도록 한다.
- 주머니를 완성한 결과에 대해 느낌을 나누고, 서로에게 무엇을 선물했는지, 선물을 받은 느낌은 어떤지 소개하고 공유한다.
- 주머니 작업 전에 했던 그림을 다시 살펴보고 마지막 느낌을 보완하여 표현하도록 안내한다 (이때 보완 그림을 원하지 않을 경우 그대로 마무리하며, 또는 그림이 아닌 스티커나 기타 오브제를 사용할 수 있다).
- 그림 뒷면에 날짜와 이름을 표기한다.

변형작업

상처를 다루기에 어려운 더 어린 아동이라면 놀이 자체로만 적용할 수 있다.

- 충분히 재료를 탐색하는 시간을 가진 후 마음에 드는 재료를 무엇이든 원하는 만큼 선택하도록 한다.
- 도화지에 표현하고 싶은 만큼 마음대로 재료를 붙인다. 완성되면 이 작업에서 어떤 느낌을 가졌는지 나눈다.
- 그림 뒷면에 날짜와 이름을 표기한다.
- 변형작업에서 유의하여 관찰할 점은 지나치게 산만하게 붙이는가? 공간이 너무 많은가? 공간

이 전혀 없이 붙이는가? 자주 뗐다 붙이는가? 어느 부분에서 더 많이 집중하는가? 특정의 정서변화가 어느 지점에서 어떻게 나타나는가? 등이다.

다루어야 할 내용

- 좋았던 경험과 힘든 부분 및 특별한 느낌을 다룬다.
- 상처의 변형작업이 안정적인지 관찰하고 극복 경험을 말할 수 있도록 지지한다.
- 정서적 어려움이 있는지 관찰한다.
- 지나치게 불안이 노출된다면 필요시에는 구체적인 개입을 결정해야 할 수도 있다.
- 개별성의 소중함을 강조한다.
- 낮은 자존감 문제가 있는지 유의하여 관찰하고 지지한다.

6회기 : 흙, 돌, 모래 탐색과 나만의 동산(미술치료의 발달적 심리학적 매체선택과 적용 2013, p.175 참조)

필요성 인식하기

흙, 돌, 모래는 인간에게 가장 익숙하고 친숙하여 유아에서 성인까지 누구든 흙과 관련된 매체를 대하면 경직된 마음이 이완되고 본질적인 자기로 돌아가려는 욕구를 드러내게 된다. 특히 흙은 아동에게 익숙한 초기 감각을 자극하여 잠재된 감각을 일깨우며 타고난 창조성을 활성화하도록 자극하는 특성이 있다. 자유자재로 쌓고 무너뜨리고 수정이 가능한 이러한 매체를 사용한 프로그램은 아동의 즐거움과 재미를 더해 주며 촉각을 자극하고 눈과 손의 협응을 도울 뿐만 아니라 자기돌봄의 과정 또한 가능하게 한다. 무언가를 구체화하는 과정에서 자기통제와 자기능력의 확인과정이 반복되므로 사회적응을 위한 기초를 준비하고 극복하도록 구체화해 주는 과정으로서 의미를 지닌다.

프로그램 시작하기

시작하기 전에 안내자는 이렇게 전달하고 시작할 수 있다.

"우리의 생활 주변에 있는 자연물에는 무엇이 있는지 함께 이야기해 볼까요? 나무가 있고, 풀이 있고, 물이 있고, 식물이 있고, 돌이 있고, 모래와 흙이 있고(등을 표현하도록 안내한다), 세상에 있는 많은 자연이 어디에서 자라고 생활하나요? 우리가 필요한 대부분의 많은 것이 흙과 관련이 되어 있어요(산, 동굴, 길……. 아동이 표현하도록 지지한다). 오늘 우리는 이렇게 중요한 흙과 돌과 모래를 만지고 느끼고 놀이하면서 자신이 생각하는 세상을 만들어 보기로 해요."

유의사항

재료를 탐색하는 충분한 경험에 우선 초점을 두고 즐거움을 갖도록 안내하며 아동의 자연에 대한 인식과 스스로의 탐구과정을 돕는다. 종이화판은 젖은 내용물이 닿으면 들뜨게 되므로 반드시 나무화판이나 플라스틱 재료를 사용해야 한다. 핸디코트는 단단하고 접착성이 좋으나 만졌을 때 느낌이 그리 좋지 않으며, 아동의 피부에 닿았을 때 개인에 따라서는 발진이 일어날 수도 있으므로 주걱을 사용하는 것도 한 방법일 수 있다. 반드시 황토색을 사용하지 않아도 되며 흰색 핸디코트에 물감을 섞어 사용할 수도 있고, 진흙으로 대체할 수도 있다.

작업과정

화면으로 사용할 나무판과 쟁반은 다양한 형태를 준비한다.

- 다양한 흙과 돌 그리고 모래를 충분히 만지고 탐색하며 느낌을 공유하는 시간을 갖는다.
- 나만의 세상을 어떻게 표현할 것인지 생각하는 시간을 가진 후 언어로 표현한다.
- 자신이 표현하고자 하는 것을 담을 만한 크기의 화판을 선택한다.
- 핸디코트 또는 진흙으로 땅이 될 기초 표면을 준비하도록 한다.
- 모래와 흙과 돌 등을 사용하여 구체적으로 땅을 표현한다.
- 필요한 내용물을 어떻게 배치할 것인지 구상하고 필요한 것을 만들어 표현한다.
- 내가 생각하는 세상에 이름을 붙인 후 소개하고 공유한다.
- 원하는 어딘가에 날짜와 이름을 표기한다.

다루어야 할 내용

- 재료 탐색에서의 행위, 집중 정도, 도구 사용 등을 관찰한다.
- 특정 행동이나 감정이 표출되는지 관찰한다.
- 금기시해 왔던 정서표출이 가능하므로 필요시 적절한 대처기술을 제공하고 지지한다.
- 다양한 개별성의 소중함과 존중을 다룬다.
- 어떠한 표현도, 실수도, 옳고 그른 것도 없다는 것을 강조하고 충분히 경험할 수 있도록 지지한다.

7회기 : 종이류 탐색과 자유(청소년 임상미술치료방법론, 기법 71 변형, 미술치료의 발달적 심리학적 매체 선택과 적용, pp. 105~112 참조)

필요성 인식하기

다양한 색과 다양한 재질의 종이를 탐색하고 찢고 날리는 놀이 경험은 아동으로 하여금 소근육과 대근육의 활성화를 돕는다. 또한 놀이과정에서 자연스럽게 학습되는 자기표현과 통제능력 및 인지력, 그리고 놀이 후의 종이를 붙이고 뜯는 과정은 일상에서의 자발성과 상호관계의 이해와 통찰을 돕는다. 이러한 경험을 통해 아동은 감정을 풀어내고 상상하고 자기수용과 보다 구체적인 사회체계로의 진입에 적응적인 대안을 찾아가는 힘을 발휘하게 된다.

프로그램 시작하기

시작하기 전에 안내자는 이렇게 전달하고 시작할 수 있다.

"여기에 있는 종이는 느낌이나 무게가 각각 다르고, 생활에서 쓰이는 용도도 어떻게 사용하느냐에 따라 달라요. 어떻게 다를까요? 각 종이를 찢으면서 드는 느낌이 무엇인지 말해 볼까요? 이 시간에는 여기에 있는 종이를 가지고 놀이를 할 거예요. 자유롭게 각각의 종이를 찢어 보고 날려도 봐요."라고 전달하거나 시범을 보여 흥미를 유발시킨다.

유의사항

가위를 사용하지 않고 오로지 손만을 사용하도록 지지하고, 놀이가 끝난 후에는 반드시 큰 대야에 종이를 모으도록 한다.

작업과정

도화지는 흰색과 검은색 중 자유롭게 선택하도록 한다.

- 다양한 재질의 종이를 만져 보고 찢고 날리며 충분히 즐기는 시간을 갖는다.
- 놀이에 대한 느낌을 공유한다.
- 놀이한 종이를 대야에 모으고 따뜻한 물을 부어 종이죽을 만들면서 충분히 두 손으로 만지고 느낌을 가진 후 간략하게 그 느낌에 대해 이야기한다.
- 느낌을 공유한 후 그것을 건져 내어 떠오르는 것을 만든다.
- 완성된 종이 조형물을 도화지의 두고 싶은 어느 위치에 올리고 생각나는 배경을 색과 형태로 표현한다.
- 무엇을 표현했는지에 대해 나누고 공유한다.
- 그림 뒷면에 날짜와 이름을 표기한다.

다루어야 할 내용

- 적극적 상상을 활성화하도록 지지한다.
- 놀이에서 특정 감정이 노출되는지 관찰한다.
- 과격한 행동이나 지나친 퇴행이 있는지 관찰하고 필요시 중재한다.
- 충분한 놀이 경험이 되도록 지지한다.
- 개인이 지닌 독특성과 개별성의 차이를 수용하고 서로에 대한 존중감을 촉진한다.

8회기 : 철재류 탐색과 사계절(청소년 임상미술치료방법론, 기법 41 변형)

필요성 인식하기

다양한 재질과 철재가 가진 사용도와 특성 이외에도 철재의 강약의 차이를 경험하며, 강하든 약하든 그것 나름의 다양한 사용도가 있듯이 철재를 사용한 이 프로그램은 개인의 다름과 독특성과 존중의 가치를 이해하는 기회를 제공해 준다. 이러한 매체의 특성을 경험하는 일차적인 필요와 사계절의 주제를 사용한 이 프로그램은, 아동으로 하여금 현실 생활의 다양한 가능성에 따른 그 나름의 중요성과 순환성을 느끼게 하고, 누구든 다시 시작할 수 있다는 가능성을 경험하게 한다. 그러므로 아동은 이 프로그램 과정을 통해 자신의 가능한 잠재성을 발견할 수 있으며 좀 더 자신감을 향상하게 될 것이다.

프로그램 시작하기

시작하기 전에 안내자는 이렇게 전달하고 시작할 수 있다.

"우리가 살고 있는 세상의 1년은 어떤 계절로 변해 가나요? 오늘 우리는 해마다 반복적으로 경험하는 봄, 여름, 가을, 겨울 사계절의 변화와 그 계절마다의 경험에 대해 다룰 거예요. 어떠한 경험이 있었는지 기억나는 것을 이야기해 보겠어요?(각 계절에 대한 인식과 기억을 떠올리고 말할 수 있도록 지지하고 필요에 따라서는 모델 사용) 봄은 어떤 계절일까요? 무엇이 떠오르나요(여름, 가을, 겨울로 확장해 감)? 봄에 경험한 특별한 기억이 있는지 떠올려 보세요. 우리는 오늘 각각의 계절을 표현하는 작업을 할 거예요. 그것은 실제로 경험한 것일 수도 있고 상상의 계절을 표현할 수도 있어요(아동의 이해 정도에 따라 표현은 달라짐)."

유의사항

아동의 기억을 자극하고, 각 계절의 순환과정을 새로운 시작의 의미로 연결할 수 있도록 지지하고 안내해야 한다. 아동이 이해했는지 확인하고 필요에 따라 보충설명을 할 수도 있으며, 순차적으로 한 계절을 끝낸 후에 다음 계절 작업을 하도록 안내한다.

작업과정

계절을 표현할 기초인 조형물의 틀 준비를 위한 시범이 필요하다(기본 구조물을 제공할 수 있음).

- 철사와 다양한 철재류를 탐색하고 공유하는 시간을 먼저 가진다.
- 철사를 사용하여 4면을 가진 철 구조물을 구성한다(어린 아동의 경우는 미리 준비된 구조물을 제공할 필요가 있다).

- 계절별로 무엇을 사용할 것인지도 고려하여 분류할 수 있도록 안내한다.
- 계절에 대한 특성을 공유한 후, 한 계절을 한 면에 표현한 후 다음 계절로 옮겨 가며 사계절을 표현한다.
- 날짜와 이름이 적힌 상징물을 원하는 계절에 매단다.
- 사계절 모두 완성되면 작품을 소개하고 공유한다.

다루어야 할 내용

- 각자가 가진 가능성과 잠재능력을 다룬다.
- 개인의 기억과 경험의 소중함에 초점을 둔다.
- 자존감을 강화한다.
- 비현실감이 있는지 관찰한다.
- 긍정적이고 합리적인 사고를 활성화하도록 지지한다.

9회기 : 잡동사니 속의 보석(미술치료의 발달적 심리학적 매체 선택과 적용, pp. 99~102 변형)

필요성 인식하기

버려질 수 있는 다양한 잡동사니가 저마다의 역할을 하고 조화를 위해 협력하기도 하고 사용될 수 있다는 개념을 이해하도록 돕는 이 프로그램은, 이제 보다 더 확대되고 적극적인 사회적 관계로 진입해야 하는 아동으로 하여금 외부의 다양성을 수용하고 저마다의 가치를 존중하는 힘을 갖도록 돕는다. 더욱 중요한 것은 어떠한 상황에 있는 사람이든 쓸모없는 사람은 없으며 각기 다른 모두가 각자의 모습 자체로서 존중받아야 하는 가치 있는 존재라는 것을 인식하는 것이다. 다양한 조화 속에 포함된 자기감을 확립하도록 지지하며 자기존중과 타인존중의 관계 기능을 강화하는 것이 이 프로그램의 의미이다.

프로그램 시작하기

시작하기 전에 안내자는 이렇게 전달하고 시작할 수 있다.

"여기에 있는 물건들은 쓰레기통에서 볼 수 있거나 이제는 버려야 한다고 생각하는 물건일 수 있어요(아동에게 이것이 무엇으로 보이는지, 무엇을 할 수 있을지 질문할 수 있다). 그러나 쓸모없는 것이라고 무시했던 것도 생각하기에 따라 매우 중요한 역할로 사용될 수 있어요. 오늘 우리는 우리 주변의 이러한 것들이 가진 중요성을 찾아보려고 해요."

유의사항

깨진 조각이 아동을 다치게 할 수 있으므로 유의하여 안내해야 한다. 일상과 관계성의 가치에 대해 이해하기 어려울 수 있으므로 아동의 인지능력에 적절한 단어 사용과 설명으로 전달하고 이해 정도를 확인하여 적합한 보완 설명으로 안내한다.

작업과정

화면이 될 종이는 두꺼운 마분지나 플라스틱판을 준비한다.

- 다양한 잡동사니 물건을 탐색하는 시간을 갖고 느낌을 공유한다.
- 마음을 끄는 물건을 선택하고 화면 위에 평면이든 조형이든 무언가를 구성해 보도록 한다.
- 완성이 되면 무엇을 표현했는지 과정의 느낌을 교류한다.
- 뾰족하고 찌그러지고 또는 온전한 재료들의 관계성이 일상의 어떠한 관계로 연결되고 확장될 수 있다는 맥락에서 관계성을 다루고 충분히 경험될 수 있도록 돕는다.
- 날짜와 이름을 표기한다.

다루어야 할 내용

- 부조화와 조화의 관계성을 다룬다.
- 개별성과 자기가치감 강조에 초점을 둔다.
- 낮은 자존감으로 반응되는 어려움이 없는지 관찰한다.
- 자아인식을 돕는다.

10회기 : 함께 참여하고 독특함 발견하기(집단미술치료방법론 I — 이론과 기법, 기법 57 변형)

필요성 인식하기

이 프로그램은 그동안의 매체 탐색을 모아 아동 개인의 선호 주제를 확인하고, '함께' 의식을 강화함으로써, 더욱 확장되고 구조화된 집단에 진입해야 하는 과제를 성취하는 힘을 갖도록 도울 수 있다. 아동이 이러한 경험을 통해 사회성을 발달시키고 자기수용 능력을 갖는 것은 적응을 위한 중요한 기초가 되기 때문에 보다 의미 있는 경험이 될 수 있다.

프로그램 시작하기

시작하기 전에 안내자는 이렇게 전달하고 시작할 수 있다.

"우리가 사는 이 세상에서 자신이 혼자 남는다고 생각해 보면 어떤 느낌일까요?"라는 질문으로부터 시작할 수 있다. 함께하는 데 필요한 것이 무엇인지 표현하고 공유하는 것은 이 프로그램의 전조작업으로 중요한 토대가 된다.

유의사항

집단의 경우 옆 사람과 나의 작업이 겹치거나 연결될 필요가 있을 때 동의를 얻도록 충분히 설명한 후 시작한다.

작업과정

도화지는 흰색을 사용하며 인원수에 따라 2절지 또는 전지를 제공한다.

- 선호하는 몇 가지 색의 물감을 각각 손바닥 크기보다 다소 여유 있는 넓은 용기에 미리 물과 혼합해 둔다.
- 손에 물감을 묻혀 화면에 찍으며 자유롭게 놀이적 경험을 제공한다.
- 완성된 손바닥 그림에서 무엇이 떠오르는지 느낌을 공유하고, 이야기 속 내용을 모아 하나의 스토리를 구성한다.
- 구성된 이야기를 하나의 작품으로 완성하기 위해 크레파스와 다양한 오브제를 사용하여 보완한다.
- 그림이 완성되면 느낌을 공유한다.
- 그림 뒷면에 날짜와 참여한 아동들 각자가 자신의 이름을 표기한다.

> ### 다루어야 할 내용
> - 함께하는 과정에서 경험된 즐거움과 불편감에 대해 다룬다.
> - 고립된 아동이 있다면 반드시 그 감정과 역동을 다룬다.
> - 낮은 자존감 문제가 있는지 유의하여 관찰하고 지지한다.
> - 개별성의 차이와 소중한 존재로서의 개인 존중을 다룬다.
> - 자아인식과 수용능력을 강화한다.
> - 서로에 대한 관심능력과 사회성을 촉진한다.

2분기 : 개별적 특성에 초점을 두고, 자기수용과 타인수용을 포함한 사회적 기술

- 자기수용과 자기존중을 지지한다.
- 타인의 말을 경청하고 이해한다.
- 다양한 환경과 타인에 대한 관심능력을 확대한다.
- 체계 내 규칙의 중요성을 배우고 적용한다.

2분기 프로그램 목표와 주제

회기	하위목표	주제 및 내용	준비물
1	주의 깊게 경청하기	상상 속의 세상	4절 도화지 1장, 24색 이내의 크레파스, 잡지 사진, 풀, 가위
2	먼저 생각하고 행동하기	내 가방 속에는	가방을 만들 종이(다양한 색), 잡지 사진, 다양한 오브제, 크레파스, 마커펜, 풀, 가위
3	성향 드러내기	선호경향과 갈등	면도 크림, 핑거페인트, 8절 또는 4절 마분지 1장, 물휴지
4	독특성의 차이 알기	나만의 비밀	상자 1개, 다양한 오브제, 크레파스, 본드, 가위
5	자기 이미지 드러내기	신체 이미지	장지 1장, 다양한 스티커 및 오브제, 색종이, 크레파스, 물감, 큰 붓, 풀, 가위, 스프레이(물감을 담은)
6	갈등 이해하기	긍정과 부정	다양한 잡지 사진, 풀, 가위, 8~4절 도화지, 크레파스, 색종이
7	함께 공유하기	나, 너, 우리	흰색 4~2절지, 자연물, 사이즈가 큰 스티커, 물감, 크레파스, 파스텔
8	규칙 이해하고 따르기	익숙한 거리	흰색 전지 또는 100호 정도의 장지 1장, 물감, 크레파스, 파스텔, 마커펜, 본드, 작은 상자, 상점에 있을 법한 이미지가 표현된 스티커, 자연물과 다양한 오브제
9	스스로 통제하고 대처하기	무인도	전지 1장 또는 100호 정도의 장지 1장, 물감, 크레파스, 파스텔, 마커펜, 다양한 오브제, 풀, 오공본드
10	수용하고 함께하기	가면무도회	가면에 사용할 마분지 1장, 신체가면으로 사용할 한지나 천, 물감, 크레파스, 마커펜, 다양한 오브제, 끈, 송곳, 가위, 풀, 오공본드

1회기 : 상상 속의 세상(표현예술치료로 만나는 정신건강이야기, 그림 6-5 참조, 미술치료의 발달적 심리학적 매체 선택과 적용, pp. 95~104 변형, 청소년 임상미술치료방법론, 기법 22~26 참조)

필요성 인식하기

상상 속의 세상을 표현하는 것은 아동으로 하여금 자기만의 세상을 표현할 기회와 서로를 이해하는 기회가 된다. 그뿐만 아니라 아동이 학교라는 규칙적인 체계 속에 들어갔을 때 가장 어려움을 겪을 수 있는 것은 산만성으로 인한 기회의 박탈과 또래관계에서의 부적응문제이다. 또한 학교의 가장 기본적인 적응과제라고 볼 수 있는 학습에 집중하지 못하는 것과 관련이 있기 때문에 경청하고 주의를 집중하는 연습은 적응적 사회기술의 기초이자 중요한 요소이다.

프로그램 시작하기

시작하기 전에 안내자는 이렇게 전달하고 시작할 수 있다.

"누구나 자기가 좋아하고 관심 갖는 어떠한 것이나 일이 있지요? 이 시간에는 그것에 대해 생각해 보기로 해요."(경청에 초점을 두고, "우리는 유치원에서 친구들과 선생님이 함께 있고, 가정에서는 부모님과 형제자매와 함께 생활하지요? 내가 아무리 좋아하는 일이라 해도 그 일과 관련된 상황에서 다른 사람의 이야기를 듣지 못하게 되면 서로가 이해할 수 없어서 오해받을 수도 있고 나에게 불이익이 생길 수도 있어요. 혹시 그러한 경험이 있었는지 이야기할 수 있을까요?"라며 질문을 할 수도 있고, 스스로 생각해 보도록 할 수도 있다.)라는 표현으로 시작하며, 다른 사람의 이야기를 잘 들어주는 것에 대해 강조하고 나눔 시간을 시작한다.

유의사항

충분히 자기만의 관심을 표현할 수 있도록 지지한다. 이 프로그램의 초점은 경청에 있지만, 이 경험을 위한 전조는 아동으로 하여금 충분히 자기만의 표현을 유도하고 서로의 이해를 돕는 데에도 중요한 목표가 있으므로 자신감을 갖고 자기표현을 하도록 지지하는 안내자의 자세가 중요하다.

작업과정

도화지는 흰색과 검은색 중 자유롭게 선택하도록 한다.

- 사진을 선택하고 진행하는 과정의 규칙을 설명한다.
- 잡지의 다양한 사진을 탐색하는 시간을 충분히 갖는다.
- 마음에 드는 무엇이든 도화지에 붙인다.
- 사진을 모두 붙인 후에는 그 사진이 마음에 들었던 이유를 기록하고, 사진에서 느끼는 상황이 어떠한지, 인물이라면 감정과 현재 상황 및 사건과 말을 한다면 무슨 말을 하고 싶어 할 것 같은지 등에 대해 이야기하도록 지지한다. 초등학생의 경우 이 내용을 기록하고, 기록 작업까지 끝나면 특별히 느껴지는 단어를 3~4개 선택하도록 안내할 수 있으며, 선택한 단어를 가지고 동시를 쓴 후 작품과 시를 공유할 수 있다.
- 그림 뒷면에 날짜와 이름을 표기한다.

다루어야 할 내용

- 경청능력을 촉진한다.
- 지지적 분위기로 자신감을 북돋운다.
- 관심능력을 강화한다.
- 적극적인 자기표현을 지지하고 강화한다.

2회기 : 내 가방 속에는(모든 연령의 아동을 위한 미술치료 — 미술치료사를 위한 요리책, 52~53 변형)

필요성 인식하기

이 시기의 아동은 구체적인 대인관계와 사회관계에 들어가는 시기라는 점에서 이 프로그램은 내 아이 우선의 부모 양육태도가 아동의 자존감에 미치는 긍정적인 영향뿐만 아니라 경우에 따라서는 부적응문제의 요인이 될 수도 있다는 관점에서, 여러 환경적 요인 때문에 충동적이 될 수 있는 아동의 문제를 예방하고 적응적 행동을 유도하는 데 의미가 있다.

프로그램 시작하기

시작하기 전에 안내자는 이렇게 전달하고 시작할 수 있다.

"오늘 우리는 나만이 가질 수 있는 가방을 만들려고 해요. 그 가방 속에는 나에 대한 많은 것이 있을 수 있고 좋은 것도 보관하고 싫은 것을 숨겨 두기 위해 사용될 수도 있어요. 여기에 있는 모든 재료는 그러한 가방을 만들기 위해 무엇이든 사용할 수 있어요(이해를 돕기 위해 아동에게 자신이 좋아하는 것과 갖고 싶은 것 등에 대한 질문을 사용할 수도 있다)."

유의사항

불안정했던 경험과 관련하여 불안이 자극될 수 있으므로 유의하여 관찰한다.

작업과정

재료는 무엇이든 자유롭게 선택하도록 하며, 가방의 크기도 제한하지 않고 자유롭게 선택하도록 지지하고 수용한다.

- 원하는 종이와 재료를 선택한다.
- 원하는 재료와 크기로 가방을 만든다.
- 자신에 대해 생각나는 것은 무엇이든 기록하거나 그림을 그려 가방 속에 넣는다.
- 아동이 쉽게 시작하지 못하고 망설인다면 무엇이 필요한지 질문하고 돕는다.
- 자신의 가방 속에 있는 것의 목록을 작성한다(그것이 누군가에게 좋은 것인지 위험한 것인지에 대해서도 기록하도록 하고 필요에 따라서는 안내자가 도울 수도 있다).
- 가방 속에 있는 것을 소개하고 함께 공유한다.
- 나눔 후 가방 속에 더 넣고 싶은 것이 있다면 넣도록 한다.
- 가방 어딘가에 날짜와 이름을 표기한다.

- 타인에게 미칠 수 있는 상호관계의 영향을 다룬다.
- 부적응 행동에 대한 예방에 초점을 둔다.
- 타인이 자신에 대해 잘못 알고 있는 부분에 대해 이해시킬 수 있는 기회가 되도록 지지한다.
- 긍정적인 자신의 특성을 다룬다.
- 즉흥적인 욕구나 행동이 자신이나 주변사람에게 미치는 영향을 탐색하고 다룬다.
- 행동 전에 생각을 위해 무엇이 필요한지 탐색하고 대안을 찾는다.

3회기 : 선호경향과 갈등(청소년 임상미술치료방법론, 기법 7~8 변형)

필요성 인식하기

이 프로그램에서 사용되는 매체는 부드럽고 유연성 있는 특성으로 인해 정서적 이완을 경험하게 한다. 그뿐만 아니라 매체로부터 경험되는 대상의 투사적 반응은 학교체계에 진입하기 위한 준비를 하는 이 시기의 아동(또는 구조화된 공교육 체계에 있는 초기의 아동)에게 자신이 경험하고 있는 관계의 특성을 스스로 탐구하도록 유도하며 관계의 역동을 발견하고 현실적인 기대와 적응 대처를 돕는다. 또한 구조화된 체계에의 적응에 필수적인 자기통제 학습을 안내받게 된다.

프로그램 시작하기

시작하기 전에 안내자는 이렇게 전달하고 시작할 수 있다.

"오늘은 특별한 재료를 가지고 놀이를 할 거예요. 이 거품은 집에서 본 적이 있지요. 무엇에 사용하는 것일까요?"라고 물어봄으로써 현실인지와 대상에 대한 기억을 자극하는 경험이 될 수도 있고, 갈등 또한 이해할 수 있는 기회가 될 수 있다. "그리고 이것은 핑거페인트라고 해요. 이것은 매우 부드러워서 우리가 놀이를 할 때 즐겁기도 하고 편안하기도 하지만 손에 묻어서 주위의 다른 물건이나 옆 사람의 옷을 더럽힐 수도 있어요. 다른 사람에게 피해가 가지 않도록 몇 가지 주의사항을 지켜야 해요."(일부러 벽에 튀기거나 작업장소를 벗어나지 않기에 대한 주의를 줌으로써 공중도덕과 통제능력을 강화할 수 있으며, 안내자의 입장에서는 아동의 주의에 따르는 정도를 통해 개인의 성향을 이해할 수 있는 평가의 기회가 되기도 한다.)

유의사항

아동이 지나치게 주의를 기울이도록 통제한다면 자유로움과 자발적인 발견과 창조활동에 방해가 되므로 지나친 제한을 피하고 충분히 놀이할 수 있도록 비닐 패드나 넓은 트레이를 제공할 필요가 있다. 재료를 손에 묻혀야 하므로 알레르기가 있는지 사전에 파악해야 하며, 지나치게 충동적인 특성이 있는 아동 집단에서의 사용은 자제한다.

작업과정

도화지는 흰색과 검은색 중 자유롭게 선택하도록 한다.

- 작업대에 비닐을 붙이거나 넓은 트레이를 제공하고 그 위에 도화지를 두고 시작하도록 안내한다.
- 도화지 위에서 면도 크림과 핑거페인트를 사용하여 충분히 즐기도록 한다.
- 놀이과정에서 또는 놀이 후 떠오르는 대상이나 상황이 있는지 소개하고 공유한다.
- 이야기한 대상이나 상황을 핑거페인트로 그리도록 한다(면도 크림은 삼차원적인 표현에 도움이 되므로 그림에도 사용하도록 지지한다).
- 그림이 완성되면 즉시 사진을 찍도록 한다(이때 안내자가 사진을 찍는 것보다는 아동으로 하여금 원하는 위치에서 자신의 작품을 자유롭게 사진 찍도록 지지한다면 자기 경험의 탐색과 성취감을 느끼는 데 더욱 도움이 될 수 있다).
- 사진 찍기가 끝나면 무엇을 표현했는지에 대해 공유한다.
- 작품이 마르기 전에는 뒷면에 이름 기록이 어려우므로 스티커에 기록하여 붙이는 것도 하나의 방법이다.

다루어야 할 내용

- 놀이에 반영된 언어적, 비언어적 태도, 감정, 경험, 위기 등에 대해 유의하여 관찰하고 다룬다.
- 개인의 성향을 수용하고 개별성의 가치를 존중하도록 지지한다.
- 작품에 반영된 관계의 특징을 다룬다.
- 충분히 감정을 표현하고 갈등을 다룰 수 있도록 지지한다.
- 표현된 내용에 비현실적이거나 왜곡성이 있는지 유의하여 관찰한다.

4회기 : 나만의 비밀(모든 연령의 아동을 위한 미술치료 — 치료사를 위한 요리책, pp. 70~81 변형)

필요성 인식하기

많은 경우 아동은 자신의 감정을 드러내는 일이 나쁜 일이라고 생각하고 있어서 자신의 감정을 억압시키는 경우가 흔히 있다. 그러다가 창작활동을 통해 감정을 표현할 기회가 오면 평온해 보이던 아동도 예측하지 못했던 분노감정과 갈등을 표현하는 것을 볼 수 있다. 이 프로그램은 그러한 아동이 자연스럽게 자기감정을 드러내고 동일시된 감정을 공유하면서 미술 매체의 치유력을 경험하게 한다. 또한 안내자의 입장에서는 아동의 현재와 미래에 있을 수 있는 예측 문제의 신호를 발견하고 희망의 수준을 측정할 수 있는 기회를 갖게 된다.

프로그램 시작하기

시작하기 전에 안내자는 이렇게 전달하고 시작할 수 있다.

"우리 모두는 한 사람 한 사람 각기 다른 다양한 모습을 하고 있을 뿐 아니라 서로 다른 환경에서 살고 있고, 같은 상황에 대해서도 다르게 느끼고 생각하지만, 지금-여기에서 우리는 함께 지내고 있어요? 이것이 우리의 모습인데 그러한 우리는 각자가 가진 특성이 있고, 서로 다르지만 또 서로 통하기도 해요. 오늘은 유사성도 있지만 이렇게 서로 다른 우리의 모습을 함께 공유하고 차이점에 대해 나눌 수 있는 귀한 시간이 될 거예요."

유의사항

다양성의 독특성과 존중에 초점을 두며 어떠한 표현에도 의미를 부여하여 지지하는 자세가 필요하다. 아동의 연령에 따라 표현은 단순하고 쉬운 언어를 사용해야 한다는 것 또한 유의해야 한다.

작업과정

봉투의 크기가 다르고 색도 다양한 것 중에서 선호하는 것을 선택하도록 한다.

- 봉투의 한쪽은 현재의 자기 모습을 표현하도록 설명하고, 반대쪽은 미래에 자신이 어떤 사람이길 원하는지 또는 어떠한 사람이 되어 있을 것 같은지 상상하고 그 모습을 표현하도록 안내한다.
- 어떠한 모습을 표현했는지 공유한다.
- 가면의 이름을 결정하고 이름과 날짜를 기록한다.
- 봉투가면을 쓰고 역할극을 할 수 있도록 지지하고 느낌을 공유한다.

다루어야 할 내용

- 표현의 양면성을 다룬다.
- 서로 다름의 차이에 대해 탐색하고 수용능력을 촉진한다.
- 결과물과 아동의 현재 상황과의 관련성을 표현할 수 있도록 지지한다.
- 긍정적 이미지와 내재된 가능한 에너지에 초점을 둔다.

5회기 : 신체 이미지(표현예술치료로 만나는 정신건강이야기, 제9장 참조, 청소년 임상미술치료방법론 기법 69 변형)

필요성 인식하기

창작활동을 통한 신체 이미지는 그 자체가 완전한 자유공간으로서 마음의 공간을 발견하는 기회이며 창조활동이다. 아동은 자신의 실제 크기로 만들어 낸 신체 이미지를 대면하면서 현실감각을 자극받게 되며 자기인식의 기회로 사용하게 된다. 특히 신체장애가 있거나 신체건강과 관련하여 어려움을 겪고 있거나 자신의 신체 이미지가 부정적으로 형성된 경우 이 프로그램을 통해 아동은 소망이 담긴 변형적 신체 이미지로 회복할 수 있는 기회를 갖게 된다. 일반적인 경우에도 대부분 이 경험을 통해 더욱 긍정적이고 가치 있는 자기 이미지를 갖게 하는 데 도움이 된다.

프로그램 시작하기

시작하기 전에 안내자는 이렇게 전달하고 시작할 수 있다.

　"우리는 어떻게 하여 지금 이 자리에 이 모습으로 있을 수 있었을까요?"라고 질문을 던짐으로써 자기존재에 대해 생각해 보는 기회를 제공한다. "나는 누구이며 어떤 사람이라고 생각하는지 이야기해 볼 수 있을까요?"(이 질문을 통해 아동 자신이 누구인지 현실 속의 자기를 인정하고 드러낼 수 있도록 강화할 수 있다.) "자신을 귀한 사람이라고 생각하나요?"(이 질문을 통해 개별성을 강조하고 자기가치를 드러내도록 도울 수 있다.)

유의사항

누구든지 우리 모두는 귀하고 존중되어야 하는 가치 있는 사람이라는 점을 강조한다.

작업과정

아동의 신체를 충분히 담을 수 있을 정도 크기(나이 든 아동의 경우 100~120호 정도)의 장지를 제공한다.

- 두 명씩 짝을 이루어 서로 교대로 원하는 모습의 신체를 본뜨도록 지지한다.
- 자신의 신체 각각의 부분이 하는 역할을 이야기하는 시간을 제공한다(이때 이해가 가능한 연령이라면 내면의 욕구를 반영할 수 있도록 안내할 수 있을 것이다).
- 이야기한 신체 부분의 의미를 시각적으로 강조하기 위해 각 부위마다 재료를 사용하여 표현한다(큰 붓, 사전에 물감을 물에 섞어 담은 스프레이, 색종이, 스티커 등을 사용하여 완성과정을 최대한 쉽게 진행할 수 있도록 안내한다).
- 그림이 완성되면 신체 이미지에 제목을 붙이고 그림 뒷면에는 날짜와 이름을 표기한다.
- 벽에 그림을 붙이고 어떠한 의미로 표현했는지 소개하고 공유한다.

- 자기 신체의 소중함을 다룬다.
- 자존감을 북돋운다.
- 긍정적인 신체 이미지를 가질 수 있도록 의미를 구체화하고 지지한다.
- 자신의 독특성을 수용하고 자신감 있게 드러내도록 돕는다.
- 스스로의 자기 돌봄을 지지하고 강화한다.

6회기 : 긍정과 부정(표현예술치료로 만나는 정신건강이야기 그림 6-9 참조)

필요성 인식하기

사진을 사용한 이 프로그램은 실제 사진이 갖는 현실성과 정확성의 특성과 관련하여 아동으로 하여금 현실인지를 강화하며, 안내자의 입장에서는 아동 개인의 욕구와 의식 수준을 이해하고 감정을 이해하는 데 도움이 된다.

프로그램 시작하기

시작하기 전에 안내자는 이렇게 전달하고 시작할 수 있다.

"일상생활에서 우리는 누구나 반복적으로 좋은 것도 싫은 것도 경험하면서 살고 있어요. 자신에게는 어떠한 경험이 있었는지 함께 이야기해 보면 어떨까요?"(이렇게 제안해 봄으로써 아동이 생각하는 긍정과 부정, 부정에 대한 태도, 부정에 대한 극복의지 등에 직면하는 힘을 갖도록 자극할 수 있을 것이다.)라고 질문하고 그것에 대해 공유하는 시간으로부터 시작할 수 있다.

유의사항

자기와 다른 생각의 차이를 이해하고, 갈등을 표현할 수 있다면 그 갈등은 부정적인 것만이 아니라 긍정으로 변환되거나 해결의 기회가 될 수 있고 용기가 될 수 있다는 사실과 그리고 그 갈등을 통해 성장할 수 있다는 이해를 돕는다.

작업과정

도화지는 흰색과 검은색 중에 선택하도록 한다.

- 긍정적이라고 생각되는 사진과 부정적인 느낌이 드는 사진을 찾아 붙인다.
- 사진 속의 내용을 강화하기 위해 색과 오브제를 사용하여 보완적인 표현을 추가한다.
- 특별히 그 사진을 선택하게 된 이유와 느낌을 사진 주변에 기록하거나 이야기한다.
- 선택한 사진의 내용과 자신이 경험한 긍정적인 일과 부정적인 일과 어떠한 관련성이 있는지

에 대해서도 생각해 보고 공유한다.

- 그림 뒷면에 날짜와 이름을 표기한다.

> **다루어야 할 내용**
>
> - 긍정과 부정에 대한 왜곡사고가 있는지 관찰한다.
> - 자기와 타인의 인식 차이를 수용하고 생각을 표현할 수 있도록 지지한다.
> - 긍정적인 자기발견을 돕는다.
> - 현실관계와 자기욕구와의 관련성을 다루어 적응적 힘을 강화한다.

7회기 : 나, 너, 우리(집단미술치료방법론Ⅰ — 이론과 기법, 기법 59, 기법 61 변형)

필요성 인식하기

함께 그리는 작업은 나와 구성원 간의 상호작용을 구체적으로 드러내게 하므로 서로에 대한 특성을 이해하는 기회가 될 뿐 아니라 집단의 전체 역동을 인식하고 서로를 존중하고 협력하는 능력을 강화하는 기회로 삼을 수 있다. 이러한 가능성을 가진 이 프로그램은 학령기 아동의 사회적응에 중요한 자기인식과 집단소속에 대한 확인과 욕구의 충족을 제공하므로 자신감과 정체성형성에 도움이 된다.

프로그램 시작하기

시작하기 전에 안내자는 이렇게 전달하고 시작할 수 있다.

"우리는 늘 누군가와 함께 더불어 살지요? 집에서는 가족과 유치원에서는 선생님과 친구와 지내고, 가게에 가면 내가 필요한 것을 제공해 주는 분들이 있고, 어디에서 무엇을 하든 우리는 늘 다양한 사람들을 만나고 서로 도움을 받기도 하고 도움을 주기도 하면서 살지요. 그러한 우리는 자기만의 독특성이 있어요. 예를 들면 얼굴 모습도 다르고, 키도 체격도 다르고, 가족의 인원수도 성격도 다르고, 사는 곳도 다릅니다. 그렇게 다른 우리는 각자의 특성이 있어 서로에게 도움이 되기도 하고 때로는 실수를 하여 자기 스스로 상처를 입고 또는 타인에게 피해를 주게 되는 경우도 있어요. 우리가 그렇게 함께 살아가듯 오늘 우리는 함께 무엇을 할 것인지 의논하고 최대한 자신의 좋음을 함께 나누고 싫음 또한 서로가 위로받는 시간이 되길 바라요."

유의사항

주입식으로 전달하는 것보다는 긍정적인 개인의 특성을 함께 교류할 수 있도록 안내한다.

작업과정

4~6명 정도의 집단으로 진행하며 개별일 경우 안내자와 함께한다. 4~2절지 중에서 자유롭게 선택하도록 한다.

- 조별로 각자 최근에 생각하게 된 이야기를 공유하는 시간을 먼저 갖는다.
- 개인적인 생각이 드러나면 각각의 주제를 어떻게 하나의 이야기로 통합할지 충분히 의논하고 소통할 수 있도록 한다.
- 하나의 줄거리로 이야기가 만들어지면 그림과 자연물을 사용하여 함께 완성한다.
- 그림이 완성되면 제목을 어떻게 붙일지 의논하고 누가 제목을 기록할 것인지에 대해서도 협의하여 기록한다.
- 작업과정에서 어떤 느낌을 가졌는지 서로 공유한다(느낌을 공유하기 전에 내용을 연극화할 수도 있으며, 또는 느낌을 나눈 후 연극화할 수도 있다).
- 그림 뒷면에 날짜와 참여한 사람의 각자 이름을 본인이 표기한다.

다루어야 할 내용

- 개인의 독특성이 존중되는 경험이 되도록 지지한다.
- 협력이 개인의 삶에 미치는 중요성을 다룬다.
- 서로의 긍정적인 특성을 발견하고 수용할 수 있도록 돕는다.
- 타인의 장점을 발견하도록 지지한다.
- 개별성의 차이를 인식하고 협력과 관심의 욕구를 강화한다.

8회기 : 익숙한 거리(청소년 임상미술치료방법론, 기법 38~40 참조)

필요성 인식하기

인간이 살아가는 세상의 사회와 관계 속에는 서로가 지켜야 할 규칙이 있다. 특히 초등학교 입학을 앞두고 있는 아동이 가정에서 자유롭게 지내다가 더욱 구조화된 규칙체계에 들어가게 되므로 가정적으로 안정적이지 못하거나 지나치게 과보호된 경우 적응문제가 일어나는 경우가 흔히 있다. 초등학교 초기에 적응문제가 일어나게 되면 이후의 진행과정에 계속적인 어려움을 겪을 수 있으므로 이 프로그램이 갖는 의미는 익숙한 환경체계를 사용하여 거부반응 없이 자연스럽게 일상의 규칙체계를 이해하고 자율성을 자극함으로써 적응을 강화하는 데 초점을 둔다.

프로그램 시작하기

시작하기 전에 안내자는 이렇게 전달하고 시작할 수 있다.

"여러분은 집에서 부모님으로부터 또는 유치원(또는 학교)에서 선생님으로부터 지적을 받은 경험이 있나요?"라고 질문함으로써 아동이 행동규칙의 필요성을 생각해 볼 기회를 제공할 수 있다. 이렇게 질문으로부터 시작하여 "왜 지적을 받게 되었는지 말해 줄 수 있나요? 지적을 받은 후 어떠한 생각을 하게 되었나요?"라는 질문을 하여 아동의 규칙과 관련한 생각을 끌어낸다.

유의사항

아동이 대답하지 못하거나 기억하지 못한다면 다른 아동에게 이야기해 보도록 하거나 예시를 들어 상황을 인식하고 규칙의 의미를 전달하는 것이 필요하다. 왜곡사고는 없는지 정서반응은 어떠한지에 대해서도 관찰이 필요하다.

작업과정

100호 정도의 흰색과 검은색 장지 중에서 자유롭게 선택하도록 한다(인원이 적다면 종이의 크기를 줄일 수 있다).

- 어느 지역의 거리를 표현할 것인지 의논한다.
- 어떤 시기, 하루 중의 어느 시간대의 거리를 표현할 것인지 의논하고 각자가 맡을 영역을 정한다(거리에 있을 법한, 가령 건물, 자동차, 가게, 버려진 쓰레기, 신호등, 길을 건너는 사람, 골목길 등 모든 환경을 동원하도록 지지한다).
- 맡은 영역에 그림으로든 입체적으로든 원하는 대로 표현한다.
- 완성되면 의논하여 제목을 붙인다.
- 거리에 있는 각각의 역할과 의미 및 비합리적인 요소 등에 대해 이야기하고, 실제 경험에 대해서도 공유한다.
- 참여 구성원 각자가 자신의 이름을 기록한다.

다루어야 할 내용

- 특별히 관심 갖는 환경요소가 개인의 어떠한 특성적 요소와 관련되는지 탐색한다.
- 규칙의 중요성과 긍정적 결과를 학습한다.
- 긍정적인 자율 행위에 대해 자존감을 북돋운다.
- 협력하지 않거나 규칙을 어겼을 때 올 수 있는 부정적 개념을 학습한다.
- 합리적인 표현에는 적절한 칭찬을 하여 긍정적 행동을 강화한다.
- 협력을 위한 자기통제 능력을 촉진한다.

9회기 : 무인도

필요성 인식하기

삶에서 예측하지 않았던 어떤 일이 일어날 경우 그 일로 인해 당면하는 어려움이나 변화는 피할 수 없다. 그 일은 개인으로 하여금 슬프고 좌절하게 만들지만, 경우에 따라서는 그 일로 인해 성장의 기회가 될 수도 있다는 것을 배우는 것은 계속 학습하며 성장해 가는 아동들에게 필수적인 요소이다. 그러한 맥락에서 이 프로그램은 아동으로 하여금 갑자기 닥친 일에 대해 어떻게 대처하고 해결해 갈 것인지를 학습하는 기회가 될 수 있으며 변화를 도전으로 삼을 수 있는 힘을 갖게 한다.

프로그램 시작하기

시작하기 전에 안내자는 이렇게 전달하고 시작할 수 있다.

"우리는 바닷가로 소풍을 가서 뱃놀이를 하다가 심한 풍랑을 만났다고 상상해 보기로 해요. 가까스로 우리 모두는 알 수 없는 섬에 표류되었고 그곳에는 사람이 살고 있지 않아서 구조되기 전에는 우리 스스로가 먹을 것을 구하고 잠잘 곳을 찾아야 해요. 갑자기 닥친 이 변화를 어떻게 극복할 수 있을까요?"라는 질문을 통해 아동이 자발적인 문제해결을 찾을 수 있도록 자극할 수 있다. "표류기간은 한 달 정도 된다는 가정을 하고 생각해 보기로 해요."

유의사항

함께하면 극복의 길을 찾을 수 있다는 협동의 중요성과 희망에 초점을 두고 지지적인 태도를 취함으로써 아동의 변화에 대한 문제해결 능력을 강화할 수 있다.

작업과정

100호 정도의 흰색 장지를 제공한다(개별일 경우는 8~4절지 중에 선택하도록 한다).

- 표류된 섬에서 무엇부터 어떻게 할 것인지 의논한다(예 : 음식을 찾고, 잠잘 곳을 찾고, 구조를 위한 준비, 환경구성 등).
- 충분히 토의한 내용을 각자가 어떻게 맡아 해 갈 것인지 역할을 나누고 장지에 표현한다.
- 섬에서 어떻게 지내고, 구조과정 등에 대한 작품내용에 대해 공유한다.
- 마지막에는 구조되었을 때의 느낌과 무인도 생활에서 가지고 오고 싶은 것이 있는지에 대해서도 각자의 생각을 공유한다.
- 참여한 아동 각자의 이름을 자신이 기록한다.

- 변화에 대한 적극적인 대처인식을 강화한다.
- 현실인식과 최선을 다하는 능력을 발휘하도록 지지한다.
- 변화를 성장의 기회로 삼는 데 초점을 둔다.
- 세상은 고립되어 살 수 없으며 함께 협력하며 산다는 개념을 학습한다.

10회기 : 가면무도회(미술치료의 발달적 심리학적 매체 선택과 적용, 118~127 참조, 표현치료로 만나는 정신건강이야기 제10장 참조)

필요성 인식하기

대부분 무도회라고 하면 파티를 떠올리게 되며 내적인 자기보다는 외적인 자기를 최대한 화려하게 드러내는 모습이 연상된다. 그래서 오랜 역사 속에 전해지고 있는 가면무도회는 진정한 자기를 가리고 깊은 욕망을 서슴없이 드러내는 다양한 이야기들이 전해지고 있다. 아직은 계속 성장하는 단계에 있는 아동들에게 사용되는 이 프로그램에서는 얼굴가면과 신체가면을 사용하되 즐거운 파티의 맥락에서 자신감을 드러내고 2분기 과정을 마무리하는 축하의 의미에 초점을 둔다. 그럼에도 이 프로그램은 아동이 일상에서 사용하지 못했던 잠재능력을 발견하게 하고 더불어 내재된 억압감정을 표현할 기회가 되므로 개인에 따라서는 예측할 수 없는 충동성이 노출될 수도 있으므로 적절한 중재가 필요할 수도 있다. 중재 방법으로는 보조 치료사가 함께 동행해 주는 방법이 선택될 수 있다.

프로그램 시작하기

시작하기 전에 안내자는 이렇게 전달하고 시작할 수 있다.

"오늘은 그동안 우리가 함께했던 날을 축하하는 파티를 할 거예요. 파티에서 최고의 나를 보이기 위해 어떤 모습이 되고 싶은지 말해 볼 수 있을까요?(얼굴가면과 신체가면을 만들 거라는 이야기를 덧붙인다.)"

유의사항

쉽게 만들 수 있도록 스티커 등을 충분히 준비하고 최대한 자신의 장점을 드러내도록 지지하며 감정의 변화에 유의하여 관찰할 필요가 있다.

작업과정

원하는 색의 한지와 재료를 자유롭게 선택한다.

- 마분지를 사용하여 얼굴가면을 만들고 양쪽에 구멍을 뚫어 착용할 수 있게 한다.
- 한지 또는 천을 사용하여 신체가면을 만든다.
- 가면에 이름을 붙여 준다.
- 가면을 쓰면 무엇이든 원하는 사람이 될 수 있다고 설명하고 가면 쓴 느낌을 공유한다.
- 가면을 착용하고 무도회에 참석한 후 느낌을 공유한다.

다루어야 할 내용

- 개인의 잠재능력 발견에 초점을 두고 탐색하도록 지지한다.
- 즐거운 분위기로 자신감 있게 자기를 드러낼 수 있도록 수용적 분위기를 제공한다.
- 특정 감정을 다룰 수 있는 용기를 북돋운다.
- 사회적으로 용납될 수 없는 것일지라도 무엇이든 표현할 수 있다는 자신감을 북돋운다.
- 가면을 착용했을 때와 벗었을 때의 반응의 차이를 관찰한다.
- 억압감정은 필요시 사후중재에 고려한다.

3분기 : 함께 공유하고, 대처능력과 자존감에 초점을 둔 사회적 기술

- 자신의 감정을 인정하고 소중히 한다.
- 진정한 자기발견과 정체성을 확고히 한다.
- 타인의 감정에 공감하고 존중한다.
- 문제해결 능력을 향상시킨다.

3분기 프로그램 목표와 주제

회기	하위목표	주제 및 내용	준비물
1	주요감정 다시 살펴보고 표현하기	내 안의 자화상	다양한 감정의 가면모형, 비닐랩, 천사토, 다양한 오브제, 오공본드
2	자기감정 인정하고 돌보기	감정의 강약	도화지, 화선지, 물감, 스프레이, 사인펜, 가는 붓, 큰 붓, 스포이트
3	진정한 자기욕구 드러내기	회상과 발견	흡수력이 좋은 종이, 물감, 붓, 크레파스, 파스텔
4	타인감정 수용하고 관심 갖기	파장을 읽고	수채화용 도화지, 물감, 붓
5	문제해결 방법 찾기	틈새 메우고	수채화용 8~16절지, 고무찰흙, 색종이, 물감, 스프레이, 다양한 형태로 자른 조각 종이, 지우개, 종이접시

(계속)

6	함께 소통하고 대처하기	내 안의 우리	큰 덩어리 점토, 여분의 작은 점토, 나무 조각도, 회전판, 아크릴 물감, 붓
7	실패 수용하고 다시 시작하기	위로의 주머니	다양한 색의 천 주머니, 다양한 구슬과 오브제, 스티커, 글루건, 색종이, 펜, 크레파스
8	적절한 자기주장하기	동작 만다라	인원수의 2배가 되는 색의 긴 천, 8절지, 크레파스
9	스스로 선택하고 대처하기	나다운 내 모습	다양한 감정이 담긴 인물과 기타 사진, 8절지, 풀, 가위, 크레파스
10	서로의 차이 인정하고 존중감과 공감능력 강화하기	나, 너, 그리고 우리	

1회기 : 내 안의 자화상(집단미술치료방법론 I, 기법 46, 기법 51 변형)

필요성 인식하기

자신의 감정을 감지하고 적절하게 다루는 것은 모든 인간관계에서 중요한 기초이자 성장의 토대가 된다. 그동안 프로그램에 참여한 아동은 자신의 감정을 표현하고 수용하고 이해하는 연습과정을 거침으로써 타인을 이해하는 능력 또한 향상되었을 것이다. 3분기에서 감정을 다시 다루는 것은 더욱 구체적인 자기감정을 구별하고 확인하며 돌보는 자기방법을 갖는 것에 초점을 두며 이것은 더 큰 사회로의 적응적 진입을 구체화하기 위함이다.

프로그램 시작하기

시작하기 전에 안내자는 이렇게 전달하고 시작할 수 있다.

우리는 다른 사람에게 자신의 감정을 그대로 표현하기를 조심스러워하여 감추거나 자기가 느끼는 감정을 자신도 이해할 수 없는 경우도 있습니다. 또한 "나는 아무렇지 않아, 괜찮아."라고 말하는데 다른 사람이 나에게 "너 어디 아프니? 화났니?"라고 염려의 말을 하기도 합니다. 다른 예로는, 엄마가 동생 선물을 사 주고 나는 사 주지 않았을 때 무관심한 척 아무렇지 않은 척 섭섭한 마음을 표현하진 않지만, 나의 마음속에서는 이미 상처가 되었고, 그 감정이 많은 시간이 지났음에도 오래도록 상처로 남아 있는 경우도 있습니다. "여러분은 어떠한가요? 그러한 경험이 있나요?"라고 질문함으로써 자신의 감정을 되돌아보도록 한다. "누가 말해 볼 수 있을까요?(또는 자신이 자주 느끼는 감정에 대해 말해 볼 수 있을까요?)"라는 자극으로부터 시작할 수 있다.

유의사항

감정을 구체화하는 것이 쉬운 것만은 아니므로 누구나 힘든 감정의 기억이 있다는 보편성을 강조할 필요가 있다. 그 감정을 무시하게 되면 감정에 무감각해지고 자기욕구와는 다른 거짓감정을 만들어 살게 되므로, 자기감정을 표현하고 적절한 대처를 하는 것이 건강한 모습이라는 것을 전달하고 지지한다. 전달 메시지는 아동들의 이해수준에 따라 다르며 필요에 의해서는 역할극을 적용하는 것도 아동의 이해를 구체화하는 데 도움이 된다.

작업과정

다양한 표정의 가면 중 자유롭게 선택하도록 한다.

- 흔히 느끼는 감정은 어떠한 것이 있는지 공유한다.
- 가장 자주 느끼는 감정과 유사한 느낌을 주는 가면과 필요한 재료를 선택한다.
- 가면을 랩으로 싸고 그 위에 천사토를 붙여 본을 뜬다.
- 자신을 나타내는 색과 재료를 사용하여 가면을 꾸미고 완성한다.
- 모두 완성되면 순서대로 가면에 대해 소개하는 시간을 가진다. 이때 다른 사람이 느끼는 자기에 대한 이미지와 자신이 표현한 이미지가 유사한지, 다르다면 어떻게 다른지 서로의 느낌에 대한 차이를 나눈다.
- 가면 안쪽면에 날짜와 이름을 표기한다.

다루어야 할 내용

- 진정한 자기욕구를 살펴보는 데 초점을 둔다.
- 주된 감정에 대한 인식과 자기이해를 돕는다.
- 타인과 자기와의 차이점을 수용한다.

2회기 : 감정의 강약(집단미술치료방법론 I, 기법 44, 45 변형)

필요성 인식하기

자신의 감정을 구별할 수 있다는 것은 무언가 할 수 있는 시작이며, 대처할 수 있는 능력의 소유자라고 말할 수 있을 만큼 건강한 삶을 위한 중요한 요소로서, 자기 감정에 솔직하고 돌볼 수 있는 건강하고 행복한 삶의 시작이라고 말해도 과언이 아니다. 따라서 이 프로그램의 목표인 자기감정을 인정하고 돌보는 힘을 갖는 것은, 구조화되고 규칙적인 체계로 구성된 학교와 적응적 사회진입을 준비하는 아동에게 어떠한 학습요소보다 더 힘 있는 자기 이미지를 세워 가는 데 핵심토대가 될 수 있다.

프로그램 시작하기

시작하기 전에 안내자는 이렇게 전달하고 시작할 수 있다.

"지난주에 여러분은 자신의 감정을 살펴보는 시간을 가졌지요?"라고 말함으로써 감정이 무엇이고 감정을 표현하는 것이 왜 중요한지를 환기시킨다. "여러분은 언제 기쁨을 느끼나요? 한 사람씩 이야기해 볼 수 있을까요?"(어떠한 상황에서 슬픈지, 어떠한 경우에 화가 났는지, 한 가지씩 이야기해 보도록 안내하고, 한 번에 하나의 감정을 순차적으로 공감되는 부분에 대해 말하게 하여 각각의 아동들이 그 감정에 대해 서로 이야기하고 경청하고 느낌을 공유할 수 있도록 지지한다.)

유의사항

한 번에 하나의 감정만을 다루어 충분히 이해하고 공감할 수 있도록 지지한다.

작업과정

도화지와 화선지의 크기는 자유롭게 선택하도록 한다.

- 강함과 약함의 차이에 대한 개인의 생각과 느낌을 공유한다.
- 젖은 도화지에 물감 스프레이, 사인펜, 붓으로 색의 강도를 바꾸어 그리고 흘리기를 한다.
- 도화지가 마르면 가는 붓으로 형태를 따라 가필한다.
- 그림의 느낌으로 제목을 붙인다.
- 연상된 이미지의 느낌을 충분히 나누고, 자신의 어떠한 감정과 연관되는지 이야기한다.
- 감정의 강약이 일상에 미치는 영향이 무엇인지에 대해 공유한다.
- 그림 뒷면에 날짜와 이름을 표기한다.

다루어야 할 내용

- 주된 자기감정을 아는 데 초점을 둔다.
- 강하고 약함의 좋고 나쁨이 아니라 통합적 의미를 강조한다.
- 실제 생활에서의 경험적 정서를 다룬다.

3회기 : 회상과 발견(집단미술치료방법론 I, 기법 43 변형)

필요성 인식하기

감정과 그 감정 속에 함축된 자신의 욕구를 이해하게 되면 아동은 타인의 감정 또한 이해할 수 있는 능력을 발휘하게 된다. 따라서 이 프로그램은 진정한 자기욕구를 아는 데 초점을 두고, 그 배경을 계절이라는 자연의 변화를 사용하였다. 계절은 일상의 나날이며 그 일상에서 자신이 언제 어떠한 상황 속에서 상처를 받게 되었는지, 그 상처를 어떻게 표현해 왔는지 확인하고 인정함으로써 적절한 자기감을 갖도록 돕는 데 있다. 그뿐만 아니라 그 상처가 고착된 것이 아니라 계절의 변화처럼 점점 변화될 것이고 성장해 가는 과정이 될 수 있다는 의미를 함축하고 있다.

프로그램 시작하기

시작하기 전에 안내자는 이렇게 전달하고 시작할 수 있다.

"하루가 반복해서 돌아오며 밤낮이 바뀌고 계절이 바뀌듯 우리는 계속해서 바뀌는 변화 속에 살고 있어요."라는 표현을 사용하여 아동 자신이 시간의 흐름 속에 살고 있고 더불어 언제라도 변화할 수 있다는 가능성을 이해시킨다. "우리의 감정도 시간이 흐름에 따라 수시로 변하고 생각도 변하고 그래서 우리는 어느 날 자신이 누군가에게 실수했어도 또다시 새로운 시간이 오므로 다시 회복할 기회가 주어져요. 여러분은 유사한 경험을 한 적이 있나요?"라는 질문을 하여 누구에게나 회복의 기회가 있다는 이해를 돕는다.

유의사항

시간의 연속성 가운데 강조되는 것은 가능성에 초점을 둔다는 것이며, 그 가능성 때문에 자유로운 욕구를 드러낼 수 있다는 것이므로 이에 대한 지지적 태도가 보다 더 중요하다.

작업과정

도화지는 가능한 한 흡수력이 좋은 도화지나 두께감이 있는 한지를 제공한다.

- 현재의 계절에서부터 사계절을 떠올리도록 지지한다.
- 각 계절의 특성에 대한 느낌을 공유한다.
- 특정 계절의 어느 시점에서 어떠한 만족과 상처경험이 있었는지 특별히 기억나는 계절에 초점을 두어 그림으로 표현한다.
- 특정 계절에 경험한 일 중 누군가로부터 지지받거나 자신이 누군가를 지지한 경험 또는 상처받거나 상처를 준 경험이 있는지 나누고, 그 지지와 상처가 어떻게 변화되어 갔는지 공유한다.
- 변화의 느낌으로 제목을 붙인다.
- 그림 뒷면에 날짜와 이름을 표기한다.

- 경험을 드러내고 표현할 수 있도록 지지한다.
- 회복능력을 지지하고 강화한다.
- 자신의 내적 욕구를 발견하는 데 초점을 둔다.
- 최대한 지지적 환경을 유지한다.
- 상처와 욕구의 관련성을 다룬다.

4회기 : 파장을 읽고(집단미술치료방법론 I, 기법 47 변형)

필요성 인식하기

이 프로그램은 자기감정을 표현하고 이해하고 인정하는 3회기까지의 연습과정을 거쳐 이제는 타인의 감정을 이해하고 관계 맺을 수 있는 능력을 강화하는 데 초점을 둔다. 그러므로 아동이 자신으로 인해 다른 사람이 상처 입었을 가능성과 타인으로 인해 자기가 상처 입은 경험을 회상하고 공유함으로써 관계에서의 부적응적 요소를 제거하고 예방할 수 있는 힘을 갖도록 돕는 데 중요한 의미가 함축되어 있다.

프로그램 시작하기

시작하기 전에 안내자는 이렇게 전달하고 시작할 수 있다.

"우리는 지금까지 자신의 감정에 대해 많은 이야기를 해 왔지요? 오늘은 다른 사람의 감정에 대해 생각해 보는 시간을 가져 보면 어떨까요?"라고 의견을 물음으로써 자발성을 자극한다. "간혹 우리는 자신도 모르는 사이에 다른 사람에게 상처를 주는 경우가 있어요. 여러분은 어떠한 경험이 있나요?"라고 질문하는 것으로부터 시작할 수 있다.

유의사항

사람들은 누구나 자신도 모르는 사이에 실수하거나 갑자기 심술이 나서 다른 사람을 힘들게 하는 경우가 있다는 보편성을 강조할 필요가 있다. 작은 상처라도 깊이 자리 잡고 있어서 일상에 부정적인 영향을 미칠 수 있으므로 그것을 탐색하고 풀 수 있어야 한다는 데 초점을 둔다. 또한 그것이 서로를 이해하는 기회이며 자신이 존중받는 사람이 되기 위해서는 다른 사람을 존중할 줄 알아야 한다는 점을 자연스럽게 전달할 필요가 있다.

작업과정

크기가 다른 흰색 수채화용 도화지 중 자유롭게 선택하도록 한다.

- 잔잔한 호수에 작은 물고기들이 평화롭게 헤엄치고 있는 호수를 상상하도록 한다(유사한 장면의 사진을 보여주는 것도 상상을 끌어내는 적극적인 방법이 될 수 있다).
- 누군가가 호수에 돌을 던졌다고 상상하고, 호수에 무슨 일이 일어났을 것 같은지 생각을 공유하고, 호수에서 일어난 일이 평소의 자신과 어떤 연관성이 있는지 생각해 보도록 한다.
- 도화지의 어느 부분에 검은색으로 중심을 표기한다.
- 표기한 중심으로부터 색을 사용하여 물결의 파장을 그린다.(파장은 돌을 던졌을 때 잔잔했던 호수의 환경이 어떻게 변화되었을지 상상한 변화된 모습을 표현할 수 있도록 충분히 설명한다.)
- 그림의 느낌으로 제목을 붙인다.
- 표현한 그림에 대해 공유하고, 호수에 돌을 던졌을 때의 반응과 변화가 자신의 관계경험과 어떠한 관련성이 있는지 경험을 공유한다.
- 그림 뒷면에 날짜와 이름을 표기한다.

다루어야 할 내용

- 대인관계에서의 자기 모습을 관찰하는 방법을 학습한다.
- 부정적 감정노출이 있는지 관찰하고 보호한다.
- 관심능력을 지지한다.
- 건강한 죄책감을 자극하고 지지한다.
- 자기존중과 타인존중을 다룬다.

5회기 : 틈새 메우고(집단미술치료방법론 I, 기법 42 변형)

필요성 인식하기

갈등을 노출하도록 도움으로써 나만이 아니라 누구나 상처가 있다는 보편성을 이해하도록 돕는 이 프로그램은 아동으로 하여금 자신이 겪고 있는 문제를 말하도록 지지하는 데 일차적인 의미를 둔다. 그럼으로써 스스로 해결점을 찾아갈 수 있는 용기를 가지며 지금 할 수 있는 일이 무엇이며, 시도하기 위해 지금 필요한 것이 무엇인지 스스로 선택하고 알게 하는 것이 초점이다.

프로그램 시작하기

시작하기 전에 안내자는 이렇게 전달하고 시작할 수 있다.

　"최근에 여러분이 염려하는 일이 있는지 이야기해 볼 수 있을까요?"라고 질문함으로써 자신의 갈등을 개방하고 소통하도록 돕는다. "자신의 염려를 다른 사람들에게 이야기하다 보면 자신이 생각하지 못했던 해결방법에 대해 들을 수 있어서 더 적극적이고 적절한 방법을 알게 된답니다."라고 말함으로써 아동이 말할 용기를 자극할 수 있다.

유의사항

안내자는 답을 주고 싶은 태도를 배제하고, 인간정신의 상처와 상처로 인해 생긴 틈새가 갖는 의미에 대해 충분한 이해를 가지고 안내해야 한다. 아동이 스스로 생각해 보게 하고 갈등을 표현하고 더불어 다른 사람의 경험을 경청하고 공유할 수 있도록 지지한다.

작업과정

사전에 다양한 형태와 자국으로 찢긴 도화지에 고무찰흙으로 틈새를 메꿔 말린 도화지를 아동에게 제공한다(자국은 동일하지 않으므로 선택하도록 한다).

- 여기저기 찢겨지고 메꿀 자국이 있는 도화지를 보고 어떠한 느낌이 드는지 잠시 이야기하는 시간을 가진다.
- 원하는 다양한 형태의 조각 색지를 선택한다.
- 스프레이로 도화지 위에 물을 뿌리고, 선택한 조각 색지를 원하는 위치에 붙인다.
- 색종이를 다시 그 위에 올리거나 물감으로 원하는 색을 자유롭게 칠한다.
- 젖은 도화지가 마르도록 기다린다(기다리는 사이에 종이접시와 지우개 등을 제공하고 현재 느낌을 나눌 수 있다).
- 지우개로 고무찰흙을 지워 낸다.
- 틈새의 고무찰흙이 벗겨지고, 종잇조각이 떨어져 나가고, 여기저기 색이 묻어 어우러진 형태가 나타난 것을 보고 어떠한 느낌이 드는지 공유한다.
- 전체 느낌을 가지고 제목을 붙여 본다.

다루어야 할 내용

- 상처나 갈등을 말할 수 있는 용기를 갖도록 지지한다.
- 자신감을 강화한다.
- 갈등을 감소한다.
- 문제해결 능력은 누구나 가진 소중한 능력임을 강조한다.

6회기 : 내 안의 우리(집단미술치료방법론 I, 기법 53 변형)

필요성 인식하기

문제해결 능력을 학습하고 강화하는 것은 규칙을 따르고 적응적 사회생활을 위해 강력한 힘이며 자신의 욕구를 향해 성취해 가는 힘이 된다. 이 프로그램에서는 아동이 학교라는 규칙체계에서 경험할 수 있는 문제에 대해 구체적인 해결능력을 강화하고 학습하는 데 초점을 둔다.

프로그램 시작하기

시작하기 전에 안내자는 이렇게 전달하고 시작할 수 있다.

"지금까지 우리는 부모님과 선생님의 보호를 받으며 나름의 규칙을 따르며 지내 왔어요. 앞으로도 우리의 부모님과 선생님은 여전히 우리를 돌보아 주실 거예요. 그러나 유치원을 졸업하고 초등학교에 입학하게 되면(또는 학년이 올라갈수록 등의 아동의 참여 시기에 따라 표현) 지금보다 더 지켜야 하는 규칙도 많고 스스로 해야 하는 일도 많답니다. 그래서 우리가 앞으로도 계속 행복한 학교생활을 하기 위해서는 서로를 존중하고 규칙을 지키고 서로 협력함으로써 혹시라도 생길 수 있는 어려움을 예방하는 방법을 배울 필요가 있어요. 혹시 여러분은 어떠한 상황에서든 규칙을 지키지 않아서 어려움을 겪은 적은 없나요?"라는 질문을 통해 아동이 규칙의 중요성을 생각해 보는 기회를 제공할 수 있다.

유의사항

아동이 학교에 대한 두려움을 자극하는 표현을 자제하고 집단경험에 초점을 두어 소속감 강화와 관계맥락의 적응에 대한 아동의 이해수준을 끌어낼 필요가 있다.

작업과정

회전판 위의 커다란 점토 덩어리를 중심으로 둘러앉도록 자리를 배치한다.

- 점토 덩어리를 중심으로 앉은 상태에서의 느낌을 공유한다.
- 누군가가 조각도를 사용하여 점토에 무언가를 표현하는 것으로부터 시작한다(이때 언어를 사용하지 않으며 한 사람씩 교대로 앞 사람의 표현에 이어 자신의 느낌에 따라 변형하거나 추가하며 작업을 진행한다).
- 어느 정도 완성이 되었다고 느끼는 아동은 작업을 멈춘다.
- 모두가 멈추면 과정에서 어떠한 느낌과 경험이 있었는지 공유한다.
- 공유된 이야기의 내용을 모아 하나의 이야기를 만들 수 있으며, 만족하는지, 완성된 이미지와 개인의 의도 또는 스토리에 어떠한 차이가 있는지, 이 상태에서 무엇이 더 필요한지 의논한다

（이때 각 아동들이 할 수 있는 역할을 선택하도록 지지한다）.

- 필요요소를 위해 새로운 점토를 제공하고 각자 필요한 만큼의 점토를 선택하여 마무리 작업을 위한 시간을 제공한다. 이때 아동의 욕구에 따라 채색할 수 있다.
- 전체 느낌을 공유하고 제목을 붙인다.

> **다루어야 할 내용**
>
> - 규칙과 조화를 위한 방법을 학습한다.
> - 자발성과 독립성을 강화한다.
> - 구체적이고 합리적인 해결능력을 키운다.
> - 도움을 요청하는 용기를 자극하고 강화한다.

7회기 : 위로의 주머니(미술치료의 발달적 심리학적 매체 선택과 적용, p. 185 '나의 상처봉투' 변형)

필요성 인식하기

인간의 삶은 반복적인 실패의 연속선상이며 그 실패에 어떻게 대처하느냐에 따라 개인의 삶은 다양한 결과로 형태지어지는 것 같다. 이 프로그램은 아동이 실패로 인해 좌절하지 않고 실패를 통해 더 큰 가능성을 찾도록 돕는 데 초점을 둔다.

프로그램 시작하기

시작하기 전에 안내자는 이렇게 전달하고 시작할 수 있다.

"우리가 어떤 일을 시작할 때 성공을 기대하지만 그 결과가 늘 성공을 가져다주지만은 않아요. 잘해 보려고 노력해도 안 되는 경우가 있고 그로 인해 마음이 상하기도 해요. 여러분은 어떠한가요? 노력해도 안 되거나 예상치 못한 실패로 우울하거나 속상할 때가 있었나요?"(이 질문은 아동으로 하여금 자신의 실패에 대해 생각해 보도록 할 수 있다.)라는 이야기로부터 시작할 수 있다. 또는 실패에 대한 이야기를 예시로 들려주고 생각해 보는 기회를 제공함으로써 간접경험을 공유할 수도 있다.

유의사항

실패를 시작 이야기로 진행하는 것은 실패가 기회가 될 수 있으며, 더 큰 성공을 위해 반드시 필요한 것은 아니지만 실패를 부정적으로만 생각할 필요는 없다는 것을 강조하기 위함이라는 점에 유의한다.

작업과정

다양한 색의 주머니 중 자유롭게 선택하도록 한다.

- 아동이 자신의 실패경험과 그것을 어떻게 대처했는지 말할 수 있도록 지지한다.
- 서로의 장점을 찾아준다(안내자는 아동의 긍정적인 면이 최대한 많이 표현되도록 중재할 필요가 있다).
- 주머니 표면에 실패경험과 관련된 이미지를 그리거나 스티커를 사용하여 표현하도록 한다.
- 실패와 관련된 일을 떠올리고, 오브제를 사용하여 의미 부여한 내용을 주머니에 넣는다(아동의 이해를 위해 예시를 제공할 수 있으며, 천천히 하나씩 진행하도록 확인하고 전달할 필요가 있다).
- 작업의 느낌, 실패에 대한 위로, 앞으로의 다짐, 자신의 주머니에 이름을 붙인다면 어떻게 하고 싶은지에 대해 공유한다.

다루어야 할 내용

- 실패를 부끄러움으로 이해하지 않도록 보편성을 강조한다.
- 실패는 생각하기에 따라 기회가 될 수 있다는 긍정적 태도에 초점을 둔다.
- 실패를 수용하는 용기를 자극하고 강화한다.
- 실패의 원인에 대해 생각해 볼 수 있도록 지지한다.
- 누구나 해결능력을 가지고 있다는 가능성을 강조하고 발전적인 계획을 세우도록 지지한다.

8회기 : 동작 만다라(표현예술치료로 만나는 정신건강이야기, pp. 311~315 참조)

필요성 인식하기

어떠한 부정적인 상황에서 자기생각을 분명하게 주장할 수 있다는 것은 사회적 관계에서 자기생각을 존중하고 더불어 타인의 부적절한 압력과 부정적인 요구에 순응하지 않고 자기감을 유지하는 힘이 된다. 이 프로그램을 통해서 아동은 자기 존재감을 드러내고, 스스로 느끼는 긍정과 부정의 측면에서 어떻게 대처해야 하는지를 배울 수 있다.

프로그램 시작하기

시작하기 전에 안내자는 이렇게 전달하고 시작할 수 있다.

"여러분은 자신이 좋아하는 사람이나 가까운 누군가가 자기에게 나쁜 일을 하라고 요구한 적이 있나요?"(아동이 말하지 않는다면 하나의 사례나 동화 속 이야기를 예로 들 수도 있다.) "자신이 원하는 요구가 있는데 누군가의 강요로 그것을 무시했거나, 옳지 못하다는 사실을 알면서도 누군가의 위협이 두려워 부정적인 일을 행한다거나 옳지 못한 일에 순응한다면 어떠한 결과가 나올지 우리 함께 생각해 보기로 해요. 누가 말해 볼 수 있나요?"라는 질문으로 시작하여 아동으로 하여금 자기주장의 경험을 자극하고 긍정적 대안을 찾도록 도울 수 있다.

유의사항

의도적인 안내자의 생각을 주입하지 않도록 유의하고, 누구나 자신의 욕구가 있고, 원치 않고 옳지 못한 일에 자기주장을 사용하는 것은 자기를 존중하는 것이 아니라는 점에 강조점을 둔다.

작업과정

도화지는 흰색과 검은색 중 자유롭게 선택하도록 한다.

- 중심이 되는 사람을 결정한다(자발적인 선택을 유도할 필요가 있다).
- 중심자기는 자신이 살아가는 일상에서 필요한 것이 무엇인지 말하고, 그 필요가 되어 줄 사람을 선정하고 요구한다.
- 선택된 사람은 중심자기가 제공하는 천의 한끝을 잡고 중심자기가 지정하는 곳에 가서 앉는다(선택된 사람은 중심자기를 중심으로 둥글게 둘러앉게 된다).
- 선택이 모두 끝나면 중심자기는 그 색에 부여한 의미와 그 사람을 선택하게 된 이유에 대해 말하고 선택된 사람도 자신이 그 색과 그 의미로 선택된 것에 대한 소감을 이야기한다(이 과정은 선택한 순서대로 중심자기와 선택된 아동이 마주보도록 방향을 바꾸어 가며 앉으면서 소감을 주고받는 식으로 이뤄진다).
- 중심자기가 천의 한쪽을 자신의 허리에 묶으면 선택된 아동은 그 한쪽을 자신의 허리에 묶는다.
- 중심자기가 일어나 움직이기 시작하면 선택된 아동들도 각자 그 자리에서 일어나 주어진 역할을 의식하며 움직임을 시작한다.
- 점점 움직임의 범위가 확장되면 안내자는 동작을 빠르게, 서서히, 강하게, 약하게 제시하며 전체 아동이 흩어졌다가 모아지고 엉키는 과정을 안내한다(이때 아동이 넘어져 다칠 수도 있으므로 유의하여 관찰하고 분위기를 보면서 적절하게 중단시킨다).
- 중지한 그 상태에서 역할을 맡은 각자의 느낌을 이야기한다(이 과정을 통해 아동은 중심자기에게 연결된 필요 욕구의 체계가 어떻게 움직이는가에 따라 다른 이에게 긍정적인 영향을 미치기도 하고 그 반대가 될 수도 있음을 알게 된다).
- 중심자기는 각 요소를 한 명씩 전체에서 분리하고 적정 거리를 유지하도록 한다.

- 처음 시작했던 것과 같은 모습으로 각자의 자리에서 자유로운 움직임을 시작하여 서로를 돕는 마음으로 움직임을 유도한다.
- 자유로운 움직임을 충분히 경험한 후, 중심자기의 안내에 따라 각 요소는 허리끈을 풀고 처음처럼 둥근 원형으로 중심자기가 안내하는 위치로 가서 중심자기를 중심으로 둘러앉고, 중심자기도 끈을 풀고 앉는다.
- 전체가 본래의 자리로 돌아가면 각자는 그 자리에서 도화지에 과정의 느낌을 색과 형태로 표현한다.
- 한 사람씩 느낌과 중심자기에게 하고 싶은 이야기를 전하는 시간을 가진다(이때 방법은 처음 시작에서와 같은 방법으로 진행된다).

다루어야 할 내용

- 긍정과 부정의 개념을 학습한다.
- 부조화가 미치는 영향을 다룬다.
- 자신의 삶의 중심인 자기의 중요성을 다룬다.
- 자신이 생각하고 경험하는 관련된 모든 것이 소중하지 않은 것이 없다는 것에 초점을 둔다. 부정적인 일에 '안 돼'라고 말할 수 있는 용기를 자극하고 촉진한다.
- 자기존중과 타인존중을 다룬다.

9회기 : 나다운 내 모습(집단미술치료방법론 I, 기법 69 변형)

필요성 인식하기

이 프로그램은 창의성과 재미뿐만 아니라, 8회기의 연습을 구체화하는 것으로 무엇을 선택하든 자신이 결정하고 선택한 일에 대해 후회하지 않으며 실패가 있어도 자신의 선택을 의미 있는 것으로 바꿀 수 있는 용기를 가져야 한다는 데 초점을 둔다. 아동이 이 연습을 통해 자기의 소중함과 자신이 하고 싶은 일에 대해 자긍심을 가질 수 있다면 앞으로 진입하는 학교생활은 더욱 힘 있고 생생한 행복한 성장의 여정이 될 것이다.

프로그램 시작하기

시작하기 전에 안내자는 이렇게 전달하고 시작할 수 있다.

"집에서나 유치원에서 여러분은 해야 할 일이나 누군가의 요구에 대해서 무조건 그냥 따르는 편인가요?(이런 질문은 스스로의 행동에 대해 생각해 보는 기회를 제공한다.) 아니면 어떻게 하는지 누가 말해 볼 수 있을까요?"라고 시작할 수 있다.

유의사항

부정적인 행동을 하면서까지 자기주장을 하는 것은 올바른 일이 아니라는 점을 강조한다.

작업과정

도화지는 흰색과 검은색 중 자유롭게 선택하도록 한다.

- 다양한 감정의 인물사진을 탐색하는 시간을 먼저 가진 후 마음 가는 인물들을 여러 장 선택한다.
- 인물사진은 부분적으로 선택될 수 있고 조합한다는 내용을 설명한다.
- 원하는 부분별 사진을 조합하여 한 사람으로 완성한다.
- 이 사람의 감정, 상황, 두려움 등에 대해 소개하고 나눈다.
- 이 사람에게 필요하다고 생각되는 것을 찾아 채운다.
- 완성된 작품 속의 사람이 자신의 욕구와 유사한 점이 있는지, 차이점은 무엇인지 등에 대해 소개하고 공유한다.
- 자기다운 자기 또는 되고 싶은 자기를 위해 무엇이 필요한지에 대해 공유하고 지지한다.

> **다루어야 할 내용**
>
> - 창조적인 자기능력을 다룬다.
> - 독립적인 자기로서의 가치에 초점을 둔다.
> - 자신의 선택이 가지는 중요성과 책임성을 다룬다.
> - 자신의 선택이 미치는 영향을 다룬다.
> - 자존감을 강화한다.

10회기 : 나, 너, 그리고 우리(집단미술치료방법론 I, 기법 59 변형)

필요성 인식하기

9회기에 이어 개별성을 존중하고 자기 이미지를 확고히 하는 데 초점을 둔 이 프로그램은 아동으로 하여금 자기와 타인의 차이를 수용하고 타인에 대해 관심을 가지며 존중하는 방법을 배울 수 있게 한다. 또한 적절한 합의점을 찾을 수 있는 잠재능력을 발휘하게 하고, 자기통제 능력을 강화함으로써 아동은 자연스러운 자기가치감과 자존감을 극대화하게 된다.

프로그램 시작하기

시작하기 전에 안내자는 이렇게 전달하고 시작할 수 있다.

"여러분은 모두가 각자 자신이 좋아하고 원하는 일이 있고 인정받고 싶은 욕구가 있지요? 오늘은 우리 자신이 좋아하는 일이 존중받기 위해 필요한 조건이 무엇인지 그리고 존중되어야 하는 이유에 대해 다시 한 번 생각해 보는 시간을 가지려고 해요. 자신이 원하거나 또는 자신이 한 일이 무시되는 경험이 있는지 또는 존중되었을 때의 경험에 대해 누가 먼저 이야기해 볼 수 있을까요?"

유의사항

생각을 말하지 못하는 아동이 있다면 다른 아동으로 하여금 말하지 못하는 그 아동이 좋아하는 것과 장점을 말하도록 지지하여 자신감을 북돋울 필요가 있다.

작업과정

개인당 2절지 1장 정도의 크기로 모아진 큰 원형의 흰색 배경을 제공한다.

- 원형의 주변에 둘러앉는다.
- 자신이 있는 위치에서부터 시작하여 중심을 향해 또는 사방을 향해 자유롭게 그림을 그려 간다(이때 다른 사람의 그림을 스쳐 지나가거나 겹칠 경우 동의를 구한다).
- 도움이 필요한 경우 다른 사람에게 요청할 수도 있다.
- 완성되면 조화로운지 서로 방향을 바꿔 탐색하고 의논하여 수정작업을 할 수 있다.
- 전체의 느낌을 공유하고 의논하여 제목을 붙인다.

다루어야 할 내용

- 자발성을 가진 개인과 응집적 지지체계로서 '우리' 경험을 지지한다.
- 침범요인을 관찰한다.
- 개인의 독특성을 인정하고 존중한다.
- 협력과 서로에 대한 존중경험에 초점을 둔다.
- 적절한 통제능력을 지지한다.
- 무시된 감정이 있다면 반드시 표현할 수 있는 기회를 제공한다.

4분기: 공교육체계 진입준비를 위한 구체화와 지지체계 형성에 초점을 둔 사회적 기술

- 독립적인 자기감을 구축한다.
- 옳지 못한 일에 거절할 수 있는 힘을 강화한다.
- 실패에 대한 회복능력을 강화한다.

- 대안을 사용하고 경험을 지속적으로 유지한다.
- 지지체계를 세운다.

4분기 프로그램 목표와 주제

회기	하위목표	주제 및 내용	준비물
1	자기인식 촉진하고 함께하기	난화	16절지(도화지, 화선지, 한지), 색종이, 먹물, 붓, 다양한 오브제
2		나만의 비밀지도	16~8절 크기의 가죽 조각 또는 두꺼운 광목천, 물감, 붓, 크레파스
3	대안 사용하고 강화하기	다리 작업 — 현재 나의 위치	상자, 테이프, 다양한 종이, 오공본드, 크레파스, 물감, 마커펜, 오브제 등
4		다리 작업 — 가지고 가야 할 것	마커펜, 다양한 오브제, 공작용 종이, 오공본드
5	경험을 지속하고 유지하기	자기·타인존중과 칭찬	8~4절 도화지, 크레파스, 마커펜
6	나 세우기	인형 만들기 1 — 원하는 자기	미리 본을 떠 부분적으로 바느질된 다양한 모습의 신체 형판, 천, 바느질을 위한 도구, 가위
7		인형 만들기 2 — 나 채우기	
8		인형 만들기 3 — 나 세우기	넓은 공간, 동작을 위한 도움 도구
9	지지체계 튼튼히 하기	초대장	다양한 색의 종이, 펜, 다양한 형태의 스티커, 마커펜, 풀
10		수료와 파티 — 특별한 우리의 만남	수료증(상장), 편지(아동, 가족), 접착시트(큰 원형 안에 형상화된 집 조각), 접착시트를 붙일 큰 배경 종이, 오일파스텔, 카드, 마커펜, 큰 나무화분, 파티 음식

1회기 : 난화(청소년임상미술치료방법론, 기법 1~6 변형, 미술치료의 발달적 심리학적 매체 선택과 적용 p. 142 참조, 표현예술치료로 만나는 정신건강이야기 그림 5-1, 5-4 참조)

필요성 인식하기

아동은 3분기까지의 과정을 통해 사람은 누구나 독특한 자기만의 개성이 있고 유사한 상황에서도 다른 감정을 느끼고 다르다는 것을 이해해 왔을 것이다. 이 프로그램에서는 그 개인차를 다시 확인함으로써 자기인식 및 자기존중과 타인존중의 중요성을 강화하는 기회가 될 것이다.

프로그램 시작하기

시작하기 전에 안내자는 이렇게 전달하고 시작할 수 있다.

"우리는 어느 누구 한 사람도 똑같은 사람이 없어요. 모두가 다른 모습을 가지고 있지요 오늘은 그것에 대해 함께 이야기해 보면 어떨까요?"라는 질문을 사용하여 신체의 부분, 키, 체격, 피부색, 성격, 말하는 톤과 태도, 행동 등 모든 사람은 개인적 특성이 있고 하물며 쌍둥이도 다른 성격이라는 것에 대한 개인차를 이야기함으로써 개인들의 다름에 대한 인식과 존중감을 강화한다. "우리는 모두가 다른 모습을 하고 있으면서 또한 함께 살아갑니다. 그처럼 서로 다른 우리가 더욱 행복하게 어울리기 위해서는 무엇이 필요할지에 대해 다시 한 번 생각해 보는 시간을 갖기로 해요."

유의사항

어떠한 특성과 모습을 가진 사람도 각각의 차원에서 존중되어야 하는 개인이라는 점을 강조할 필요가 있다.

작업과정

16절지 크기의 일반 도화지, 화선지, 한지 중 자유롭게 선택하도록 한다.

- 먼저 시범을 보여 낙서하는 방법에 대한 이해를 돕는다.
- 세 가지 종류의 종이를 모두 각각 사용하여 낙서를 한다.
- 마음에 드는 종이를 5장 정도 선택하여 다양한 방법으로 낙서한다.
- 360도 회전하여 연상되는 형상을 찾는다.
- 각자의 특성적 주제를 공유한 후 하나의 이야기로 만든다.
- 2절지 또는 전지에 다양한 오브제를 사용하여 구성한 이야기를 그림으로 완성한다.
- 자신의 주제가 집단에서 사용된 의미와 집단에 어떠한 영향을 미쳤는지 느낌을 공유한다.

다루어야 할 내용

- 자신이 타인과는 다른 고유성에 대한 가치를 다룬다.
- 자신의 특성적 주제가 집단에 미치는 영향을 학습한다.
- 개인의 장점을 다루고 자기만의 독특성이 갖는 소중함과 타인존중에 초점을 둔다.
- 자기 인식과 변화 욕구를 지지한다.

2회기 : 나만의 비밀지도(숙대 미술치료전문 과정에서 한 학기 동안의 개별 주제로 흔히 사용된 프로그램의 변형)

필요성 인식하기

타인과 내가 다른 모습을 가지고 있듯, 타인과 다른 자신의 삶을 아동이 소중히 여긴다는 것은 삶에 대한 긍정적 적응의 가능성을 대변하는 결과일 수 있다. 그러므로 아동에게는 이 프로그램이 자기와 다른 사람을 수용하고 존중하는 힘을 촉진하는 기회가 될 것이므로 자신의 소중함과 앞으로의 방향을 설정해 가는 힘 또한 강화하고 확인하는 기회가 될 것이다. 이 프로그램에서의 결과물은 이후의 과정에서 지속적으로 연결될 것이다.

프로그램 시작하기

시작하기 전에 안내자는 이렇게 전달하고 시작할 수 있다.

"이 세상에서 단 하나뿐인 귀한 보물지도가 있다고 상상해 보면 어떨까요? 만약에 그 보물지도가 어느 누구도 가질 수 없는 오직 나에게만 있는 거라면, 그리고 어느 누구도 흉내 낼 수 없는 나만이 주인이 될 수 있다면 어떨까요?"라고 질문하여 아동이 진귀한 자기만의 보물에 대해 상상하고 생각해 볼 기회를 통해 자기존중의 재강화와 그로 인해 타인존중의 관심능력을 강화할 수 있게 한다.

유의사항

나만의 보물지도가 나에게 있다는 것은 자신의 삶이 오직 자신만의 독특성 있는 가치로운 존재라는 점에 초점을 두어 안내할 필요가 있다.

작업과정

가죽 또는 두꺼운 광목천의 크기와 색은 자유롭게 선택하도록 한다.

- 지난주에 이어 그동안의 프로그램에서 경험한 여정을 회상하는 시간을 가진다.
- 과정에 대한 느낌을 도화지에 표현하고 공유한다.
- 원하는 크기와 색의 가죽 또는 두꺼운 광목천을 선택한다.
- 현재의 자신은 어떠한 모습이라고 생각하는지 색과 형태로 표현한다. 점차 다음 기억으로 확장할 것이며, 가죽 조각에 앞으로 남은 전체 과정을 표현하게 된다는 것을 강조하여 아동이 너무 큰 그림을 그림으로써 앞으로의 부분을 그릴 수 없게 되는 문제를 예방한다.
- 자신의 지도를 개방하고 공유한다. 지도는 안내자가 보관하고 다음 회기에 다시 제공하는 방법을 선택하여 아동이 잊고 가져오지 않는 실수를 예방할 수 있다.

- 개인의 독특성에 대한 존중감에 초점을 둔다.
- 자신의 삶에서 가장 중요한 주인은 자신이라는 개념을 학습한다.
- 긍정적 자기인식을 강화한다.
- 자기존중과 타인존중의 관련성을 학습한다.
- 타인수용 능력을 촉진한다.

3회기 : 다리 작업―현재 나의 위치(아동 · 청소년 임상미술치료방법론, 기법 62 변형, 미술치료의 발달적 심리학적 매체 선택과 적용, p. 183 참조)

필요성 인식하기

그동안 아동이 연습하고 준비해 온 것을 점검하는 기회가 되는 이 프로그램은 전 회기까지의 과정을 더욱 구체화하여 스스로 확인하고 무엇이 부족한지를 생각해 보게 할 것이다. 안내자는 이 과정에서 아동이 선택할 상자가 협동 작업에서 어떻게 사용되고 어떻게 조화를 이루면서 함께하는지 관찰함으로써 아동의 수준을 평가할 수 있어야 하며, 아동 개인의 더 채워야 할 필요요소의 대안을 위한 중재를 고려해야 한다.

프로그램 시작하기

시작하기 전에 안내자는 이렇게 전달하고 시작할 수 있다.

"그동안 우리는 오랫동안 다양한 프로그램을 함께해 오면서 자신과 다른 사람에 대해 많은 것을 생각해 보았고 자신을 위해 무엇을 해야 하는지 연습하고 준비해 왔어요. 오늘은 그동안 준비해 왔던 것을 돌아보고 아직 필요한 것이 무엇인지에 대해 생각해 보는 시간을 가지려고 해요." 라는 표현으로 이야기를 시작할 수 있다.

유의사항

그동안의 과정을 촬영했다면 영상으로 과정을 보여주면 매우 효과적인 경험이 될 것이다. 또는 그동안의 작품을 부분적으로 전시하고 각자의 과정을 돌아보는 시간을 안내하는 것도 도움이 된다.

작업과정

다양한 크기와 형태의 상자 가운데 필요하다고 생각하거나 마음에 드는 것을 자유롭게 선택하도록 한다.

- 각자가 선택한 상자를 사용하여 이 세상에서 가장 멋지고 튼튼한 다리를 만들 거라고 소개한 후, 아동이 서로 의논하여 어떻게 다리를 만들 것인지 결정하도록 한다.
- 각자의 역할을 분류하고 협력하여 다리를 완성하도록 한다.
- 다리가 완성되면 느낌을 공유하고 각자 자신의 위치가 어디라고 생각하는지 소개한다.
- 각자의 위치에 적합하다고 생각하는 이미지를 만들어 붙이거나 매달아 표현한다.
- 완성되면 각자가 선택한 상자가 어떻게 사용되었는지, 표현한 자신의 모습이 무엇인지, 전체 과정에서 어떤 생각을 하게 되었는지 또는 함께한 경험 등에 대해 공유한다.
- 지도를 펼치고 오늘의 위치를 정하여 그곳에 느낌을 표현한 후 전 회기의 그림과 연결한다(지도에 대한 내용은 개인만을 위한 작업이므로 특별히 공유하지 않아도 된다).

다루어야 할 내용

- 협력 작업에 참여하지 못하는 아동이 있는지 관찰하고 함께할 수 있도록 지지한다.
- 자기점검을 자극하고 필요요소를 보완한 재계획을 세우도록 지지한다.
- 역할분담에 대한 책임성과 협동의식을 강화한다.
- 지지체계의 의미를 자각하고 중요성을 강화하도록 돕는다.

4회기 : 다리 작업 — 가지고 가야 할 것(아동 · 청소년 임상미술치료방법론, 기법 62 변형, 미술치료의 발달적 심리학적 매체 선택과 적용, p. 183 참조)

필요성 인식하기

지난주의 프로그램에 이어 연결되는 과정으로서 이 프로그램은 아동이 앞으로 필요한 것을 선택하는 힘을 과시할 수 있는 기회로 제공된다. 그 과정은 아동으로 하여금 부정적인 측면과 긍정적인 측면을 선별하고 필요요소를 스스로 선택하는 힘을 갖도록 자극하며 지지하는 데 초점을 둔다. 그러므로 아동은 프로그램의 경험을 통해 다시 한 번 자기 경험을 돌아보고 긍정적인 자기주장을 연습하고 실제에 적용하며 유지하는 힘을 갖게 된다.

프로그램 시작하기

시작하기 전에 안내자는 이렇게 전달하고 시작할 수 있다.

"여러분은 간혹 '싫어'라는 마음속 느낌을 가졌던 경험이 있나요?"라는 질문으로부터 시작하여 아동이 싫음에도 순응했던 부정적인 경험을 끌어낼 필요가 있다. "아마도 우리는 한두 번쯤은 또는 개인에 따라서는 수없이 많은 경험 속에서 너무 싫은데 그리고 그렇게 해서는 안 될 것 같은데 어쩔 수 없이 따라 하는 경우가 있을 거예요."(이를 통해 일반적으로 사람들이 늘 경험하지만 어떠한 이유에서든 적절하게 자기주장을 하지 못하는 경우가 있으며 그로 인해 따르는 문제에 대해 다시 한 번 생각해 보도록 지지할 필요가 있다.) "누가 먼저 이야기해 볼 수 있을까요?"

유의사항

어떠한 생각이 좋다거나 나쁜 것이라기보다는 매번 다른 사람을 모방하는 것은 앞으로 자신이 하고 싶은 일을 할 수 없게 하거나 제한적이 되게 할 수 있다는 것에 초점을 둘 필요가 있다.

작업과정

다양한 오브제 중 자유롭게 선택하도록 한다.

- 지난 회기에 만든 다리를 가운데 두고 지금 보는 느낌이 어떠한지 느낌을 공유한다.
- 앞으로 이 프로그램을 끝내고 초등학교에 입학할 때 또는 다음 단계로 옮겨가는 과정에 자기에게 필요한 것이 무엇인지 생각해 보도록 한다.
- 앞으로 가지고 가야 할 것에 대해 생각한 것을 만들거나 다리에 표현한다.
- 전체 과정이 끝나면 무엇을 표현했는지, 자기를 위해 필요한 과정을 성취하기 위해 필요한 요소들, 주변의 부정적 권유에 대해 어떻게 대처할 수 있는지 등에 대해 소개하고 함께 공유한다.
- 지도를 펼치고 오늘의 위치를 정하고 그곳에 느낌을 표현한 후 전 회기의 그림과 연결한다(지도에 대한 내용은 공유하지 않아도 된다).

다루어야 할 내용

- 자기선택의 중요성과 책임성을 학습한다.
- 부정적인 외부요구에 대한 적절한 거절방법을 촉진한다.
- 스스로 선택하는 용기와 자기능력에 확신을 갖도록 지지한다.
- 학습한 내용을 생활에 적용하고 유지할 수 있도록 지지한다.

5회기 : 자기 · 타인존중과 칭찬(청소년 임상미술치료방법론, 기법 72 변형)

필요성 인식하기

생활방식은 달라도 모든 각자에 대한 독특성과 차이는 존중받아야 한다는 필요를 다시 한 번 확인하고 개별성의 차이와 능력을 인정하고 촉진하는 것이 이 프로그램의 초점이다. 그러므로 아동은 이 프로그램을 통해 그동안 연습해 온 사회기술이 자기존중과 타인존중뿐만 아니라 학교 체계에서 적응적이고 타인과의 관계에서 관심의 능력을 충분히 발휘하도록 돕는 강화제가 될 것이다.

프로그램 시작하기

시작하기 전에 안내자는 이렇게 전달하고 시작할 수 있다.

"여러분은 친구들과 자신의 주변에 있는 많은 사람 중에서 자기와는 다른 또는 유사한 긍정적이고 좋은 부분을 느끼나요? 닮고 싶은 어떠한 좋은 것을 보나요?"라고 질문하여 아동이 좋아하는 대상의 정도와 수준을 확인하고 타인의 긍정적인 특성을 인정하는 관심의 능력을 자극하는 시간을 가질 수 있다. 주변에서 보게 되는 많은 다양한 일과 경험 속에서 여러분은 무엇을 느끼나요? 어떠한 것에 더 많은 관심을 갖게 되나요?"라는 질문을 사용하여 아동의 경험과 관심의 능력을 끌어낸다.

유의사항

자기존중이 우선되어야 타인존중이 가능해진다는 논리를 고려해 볼 때 참여한 아동의 자기존중 수준을 고려하여 이 프로그램은 안내되어야 한다.

작업과정

도화지는 흰색과 검은색 중 자유롭게 선택하도록 한다.

- 아동이 돌아가며 반복적으로 서로에 대한 칭찬을 한마디씩 전하는 것으로부터 시작할 수 있다.
- 도화지에 긍정적인 자기(또는 원하는 자기, 알게 된 새로운 자기)를 색과 형태로 표현하고 도화지 한쪽 귀퉁이에 자신의 이름을 기록한다.
- 시계 방향으로 돌려가며 그림을 받은 아동은 그 사람에 대해 칭찬이나 지지의 표현을 그림이나 글로 기록해 준다.
- 그림이 아동 모두를 거쳐 자기에게로 돌아오면 전체적인 느낌을 가진 후, 보완하여 그림을 완성한다.
- 모든 과정이 끝나면 이해 안 되는 부분에 대해 질문하고 서로의 느낌을 공유한다.
- 전체 느낌으로 자신의 그림에 제목을 붙인다.
- 지도를 펼치고 오늘의 위치를 정하고 그곳에 오늘의 느낌을 표현한 후 전 회기의 그림과 연결한다(지도에 대한 내용은 공유하지 않는다).

- 긍정적 사고를 촉진하고 유지되도록 지지한다.
- 타인수용과 존중감의 중요성을 학습한다.
- 다른 차이에 대한 긍정적 이해를 실제 생활 속에서 유지하도록 지지한다.
- 구성원들 간에 부정적인 표현이 있다면 반드시 중재를 통해 양쪽 아동 모두를 보호하면서 긍정적인 표현으로 서로를 이해하고 수용되도록 돕는다.

6~7회기 : 인형 만들기 1, 2 ─ 원하는 자기 그리고 채우기(미술치료의 발달적 심리학적 매체 선택과 적용, 그림 4-8, pp. 128~134 참조)

필요성 인식하기

인형은 중간 대상으로서 소통의 매개로서뿐 아니라 아동의 자기상과 대상표상 및 관계 경험의 수준이 인형에 투사되어 표현되므로, 임상가의 아동에 대한 이해를 돕고 치료적 평가로도 유용하여 다양한 임상영역에서 흔히 사용되어 왔다. 이 프로그램은 그러한 인형을 직접 만드는 경험을 통해 아동이 자기욕구에 대한 스스로의 돌봄 경험을 제공받게 된다는 점에서, 지금까지의 연습과정에서 갖게 된 자기인식 및 존중과 잠재능력을 발휘하고 재확인하는 통합적 기회가 된다.

프로그램 시작하기

시작하기 전에 안내자는 이렇게 전달하고 시작할 수 있다.

"여러분은 오래전부터 그리고 최근에도 인형을 가지고 많은 놀이를 해 보았지요? 놀이에서 인형은 우리에게 친구가 되기도 하고 동생이 되어 주기도 하고 때로는 위로가 되어 주는 중요한 대상이 되기도 해요. 여러분은 자신의 인형을 무엇이라고 부르나요? (또는) 언제 가장 위안이 되나요?"라는 질문을 사용하여 아동에게 인형이 어떠한 의미인지 그 안에 담겨질 자신의 욕구에 대해 생각해 보는 기회를 제공할 수 있다. "오늘은 그러한 인형을 직접 만들어 보려고 해요."

유의사항

매체와 기법 사용이 적절한지 사전에 아동의 학대경험 여부를 평가한 후 프로그램을 제공해야 하며 연령과 신체기능 수준에 따라 천과 바늘 등의 재료 선택을 고려해야 한다.

작업과정

다양한 모습의 신체 형판 중 자유롭게 선택하도록 한다(인형을 완성하는 과정은 2회기에 걸쳐 진행된다).

- 어떠한 인형을 만들고 싶은지 생각해 보고 공유한다.
- 원하는 신체 형판을 선택한다.
- 인형을 만드는 방법을 설명한다.
- 인형이 완성되면 인형작업에 대한 느낌을 공유한다(마커펜으로 얼굴을 표현하고 옷을 만들어 입히는 과정은 다음 회기와 연결될 수 있으며 이때 인형을 위한 소품을 만들 수도 있다).
- 모든 과정이 끝나면 지도를 펼치고 오늘의 위치를 정하고 그곳에 느낌을 표현한 후 지난 회기의 그림과 연결한다(지도에 대한 내용은 공유하지 않아도 된다).

다루어야 할 내용

- 의인화된 인형에 투사된 관계경험에 초점을 두고 관찰할 필요가 있다.
- 특정 정서가 노출된다면 반드시 다룰 필요가 있다.
- 어느 부분에서 반복 수정이 있는지 관찰하고 지지한다.
- 선택한 이미지의 의미와 현재 상황의 관련성을 다룰 수 있다.
- 앞으로 기대하는 필요요소가 무엇인지 다룬다.

8회기: 인형 만들기 3 — 나 세우기(미술치료의 발달적 심리학적 매체 선택과 적용, 그림 4-8, pp. 128~134 참조)

필요성 인식하기

더욱 확고하게 자기를 세우는 과정으로 제공되는 이 프로그램은 앞의 회기에서 완성된 인형을 주된 재료로 통합적 경험을 담아내는 기회가 된다. 아동은 이 기회를 통해 더욱 자기존중과 스스로를 돌볼 수 있는 힘을 발휘하게 된다. 또한 자신의 능력을 인정하고 생생한 자기감을 갖게 될 뿐 아니라 지속적인 자기능력을 위해 필요한 요소를 채워갈 힘을 갖게 될 것이다.

프로그램 시작하기

시작하기 전에 안내자는 이렇게 전달하고 시작할 수 있다.

"오늘은 지난번에 완성한 인형에게 필요한 것을 함께 표현할 수 있고 인형의 소망을 위해 준비할 수도 있어요." (나이 든 아동에게는) 인형이 내가 되어 지금까지의 과정을 표현하고 앞으로 가야 할 방향을 준비해 가는 기회로 사용할 거예요. 그러기 위해 누군가의 도움이 필요하다고 생각하면 그 또한 가능해요."라고 안내할 수 있다. "혹시 도움 도구가 필요하나요?"라고 질문함으로써 아동의 진행과정을 지지하고 편안함을 제공하기 위해 천이나 공 또는 다른 소품들을 제공할 수도 있다.

유의사항

아동이 요구하는 무엇이든 가능하도록 지지한다.

작업과정

지난 6~7회기 동안 완성한 인형을 사용한다.

- 인형에 대한 현재 느낌을 공유한다.
- 인형을 가지고 역할극을 한다.
- 짝을 이루어 인형을 안고 앞으로 향해 갈 학교생활과 사회환경에서의 기대를 표현한다.
- 느낌을 소개하고 충분히 공유하는 시간을 제공한다(이때 안내자는 아동이 긍정적이고 힘 있는 자기로 표현할 수 있도록 충분히 지지하고 장점을 강화하도록 중재해야 한다).
- 지도를 펼치고 오늘의 위치를 정하고 그곳에 느낌을 표현한 후 전 회기의 지도그림과 연결한다(지도에 대한 내용은 공유하지 않는다).

다루어야 할 내용

- 어떠한 표현이든 수용하고 지지한다.
- 통합적 자기에 초점을 둔다.
- 과정에서 자기비하적인 내용이 있다면 역할극을 활용하여 긍정적 자기를 세우도록 돕고 감정을 돌볼 기회를 제공한다.
- 더 필요한 부분이 있는지 관찰하고 계획을 세우도록 돕는다.
- 불만족이 있다면 반드시 다루고 지지한다.
- 인형에 투사된 감정의 초점이 무엇인지 관찰하고 다룬다.

9회기 : 초대장(모든 연령의 아동을 위한 미술치료 : 미술치료사를 위한 요리책, pp. 114~118 변형)

필요성 인식하기

유치원을 졸업하는 시점(또는 학교에서 1년 프로그램을 종료하는 시점)에서 프로그램을 마무리하는 과정으로 준비하는 이 프로그램은 아동으로 하여금 감사의 마음을 표현할 수 있는 기회를 제공해 준다. 다양하고 더욱 구조화된 관계체계로 진입하는 아동이 감사의 마음을 학습하는 것은 사회적 친밀관계에 매우 중요한 힘을 갖게 하는 결과를 제공해 준 점에서 이 시기의 아동에게 중요한 사회적 기술이다.

프로그램 시작하기

시작하기 전에 안내자는 이렇게 전달하고 시작할 수 있다.

"우리는 그동안 많은 프로그램을 통해 우리 자신을 위해 그리고 중요한 사람들과의 관계를 위해 준비해 왔어요. 다음 주는 이 모든 과정이 끝나는 특별한 날이에요. 모두들 기억하고 있지요?"라고 질문하여 종료에 대한 인식을 재확인시키고 마지막 날은 주인공인 자신을 위해 특별히 준비된 날이라는 것을 전달하여 자존감을 강화한다. "오늘은 그러한 우리의 과정을 도와주신 분을 초대하고 지금까지 잘 준비해 온 자신을 위해 축하받고 싶은 사람이나 초대하고 싶은 사람에게 보낼 초대장을 만들려고 해요. 이날 특별히 초대하고 싶은 사람이 누구인가요? 자, 누가 먼저 말해 보겠어요?"라고 질문하고 지지한다.

유의사항

초대할 사람을 말하는 데 망설이는 아동은 관계에 어려움이 있거나 긍정적인 지지체계를 가지고 있지 못한 아동일 수 있으므로, 유의하여 관찰하고 실망을 최소화하도록 지지하고 대안을 마련하여 중재할 필요가 있다.

작업과정

초대장이 될 다양한 색종이 중 자유롭게 선택하도록 한다.

- 특별한 우리의 마지막 날을 위해 자기만의 초대장을 어떻게 만들 수 있는지 설명한다.
- 초대장의 디자인을 구성하고 표현한다.
- 자기만의 인사말을 초대장에 기록한다.
- 어떠한 초대장을 만들었는지 공유한다.
- 지도를 펼치고 오늘의 위치를 정하고 그곳에 오늘의 느낌을 표현한 후 이전 회기의 그림과 연결한다(지도에 대한 내용은 공유하지 않는다).
- 특별한 사람(가족)에게 보내는 편지를 준비하도록 과제를 제시한다(가족에게도 아동에게 보내는 편지를 준비하도록 반드시 미리 전달하고 확인하며, 가족이 참석하지 못하는 경우 사전에 편지를 받아 기관에서 아동과 친밀관계가 있는 분이 부모역할을 대처하거나 다른 형제자매가 대신하도록 사전준비가 필요할 것이다).

다루어야 할 내용

- 긍정적인 관계수립과 친밀관계에 초점을 둔다.
- 관계와 관련한 감정을 표출하고 긍정적으로 처리할 수 있도록 지지한다.
- 감사의 마음과 행복한 감동의 분위기가 되도록 분위기를 조성하고 지지한다.
- 스스로 자긍심을 갖도록 돕는다.

10회기 : 수료와 파티 — 특별한 우리의 만남(미술치료의 발달적 심리학적 매체 선택과 적용, pp. 167~174 참조)

필요성 인식하기

마지막 회기의 이 프로그램은 그동안의 여정에 대한 자기존중과 만족감을 충족하는 기회로 제공된다. 또한 아동의 튼튼한 지지체계를 확립하는 과정이며 자기만족뿐 아니라 중요한 주요 체계인 가족과 친구와 선생님으로부터 인정받고 축하받는 기회가 된다. 따라서 이날의 경험은 아동으로 하여금 앞으로의 사회적 관계에서 더욱 중요하고 의미 있는 존중의 경험으로 인식되고, 자기존중과 타인존중의 재확인 기회가 될 뿐 아니라 초등학교 체계에 적응하는 데 중요한 지지체계를 확립하게 하므로 더욱 힘 있게 다음 단계로 진입할 수 있는 준비가 된다.

프로그램 시작하기

시작하기 전에 안내자는 이렇게 전달하고 시작할 수 있다.

"오늘은 그동안의 모든 프로그램이 끝나는 날이고 아마도 우리의 초대장을 받은 많은 분이 참여하여 우리를 축하해 줄 거예요."라고 전달하고 아동의 마지막에 대한 감정과 초대한 사람에 대한 불참의 불안이 있는지, 중재해야 할 필요요소가 있는지 확인하고 대처한다.

유의사항

사전에 편지가 준비되지 않은 아동이 있는지, 그리고 가족편지가 준비되었는지 확인하여 반드시 사전에 준비시켜야 하며, 도움 대상이 필요하다면 준비시켜야 한다.

작업과정

마지막 회기를 시작하기 전에 모으면 큰 원형이 될 형판(원형 안에 집이 있는)의 조각을 번호순으로 준비하여 1장씩 자유롭게 선택하도록 한다. 초대한 참여자와 아동의 소통과 지지를 위해 큰 나무화분을 준비하여 매달 수 있는 끈이 달린 다양한 형태와 색의 카드와 마커펜을 준비한다.

1단계 : 초대된 참여자들을 포함한 전체 작업

- 참여한 아동과 초대된 모두는 한 장의 조각을 가지고 자유롭게 그림을 그린다(그림을 완성한 사람은 한쪽에 잘 보관하고, 다른 사람들이 완성할 때까지 자유롭게 카드에 누군가를 위한 한마디 글이나 표현을 하여 나무에 매달도록 안내한다. 이때 카드는 몇 장이든 무관하고 언제라도 반복적으로 할 수 있다는 것을 설명한다).
- 준비된 조각 그림이 모두 완성되면 안내자의 지시에 따라 순서대로 조각 그림을 붙인다(이때 모두는 조각 그림이 완성되어 가는 과정을 지지의 마음으로 지켜본다).
- 완성되면 전체적인 느낌을 공유한다(이때 안내자는 아동 개인이 전체 안에서 어떠한 역할로

서도 없어서는 안 되는 소중한 개인이라는 점을 강조하고, 가족과 주요 체계의 지원 없이 오늘의 이 자리와 아동이 존재할 수 없음을 강조하며 아동이 가진 개별성의 존중과 그 개인들이 모여 우리 사회의 희망을 이루고, 그 희망에 가족과 친구와 선생님이 있으며 이 모두가 힘이자 울타리로서의 전체성임을 강조할 필요가 있다).

2단계 : 작업 이후의 수료식

- 각 아동은 프로그램 안내자와 학교장(또는 센터장)이 주는 수료증(상장)을 받게 되며 모두의 축하를 받게 된다.
- 수료증을 받은 후 가족들은 앞으로 나오도록 안내되며, 이 과정은 아동이 가족에게 보내는 편지를 읽고, 뒤이어 가족이 아동에게 전하는 편지를 읽는 순서로 수료식을 마친다.

3단계 : 수료식 이후의 파티

- 수료식이 끝나면 모두 둘러앉아 자유롭게 그동안 못다한 이야기를 나누며 준비된 음식과 함께 조촐한 파티가 진행된다.
- 수료식장의 공간을 떠나기 전에 아동은 나무에 매달린 카드를 열어 보고 느낌을 공유한다.

4단계 : 마무리

- 30분 정도의 마무리 시간을 위해 초대된 사람들과 분리된 장소로 옮긴다.
- 지도를 펼치고 마지막 위치를 정하고 그곳에 오늘의 마지막 참여에 대한 느낌을 표현한 후 전 회기의 그림과 연결한다.
- 자신의 보물지도를 전체에게 공개하며 느낌을 공유하는 시간을 갖는다. 아동의 마무리 시간에 형제자매는 자원봉사자와 함께 계속 파티가 진행되고, 부모는 별도의 장소에서 잠깐의 마무리 면담과 평가회가 진행될 수 있으며, 부모의 개인면담을 별도로 시간을 약속하는 것이 효과적이다.
- 모두가 서로 포옹하면서 함께해 준 것에 대한 감사의 말을 전하는 시간으로 마무리한다.
- 마무리 후 가족과 함께 귀가한다

다루어야 할 내용

- 독립적인 자기존중을 촉진하고 강화한다.
- 지지체계 강화에 초점을 둔다.
- 주요 체계와의 친밀감을 강화한다.
- 전체 과정에 대한 통합적 경험을 돕는다.

제3장

아동·청소년의 학교생활 부적응 예방 프로그램

이 장에서 소개하고자 하는 프로그램은 초등학교 입학 직후의 적응을 위한 내용에서부터 중후기 청소년기까지 다양한 아동·청소년의 적응을 위한 최단기 프로그램으로 사용될 수 있도록 제시하고자 했다. 아동기인 초등학교 입학 직후와 청소년 초기로 진입하는 2~3학년의 경우 조화로운 집단생활로 이어지는 학교생활의 적응을 위해 적용 가능한 주제를 사용하였다. 학생의 적응 반응은 개인의 환경과 발달수준에 따라 다양하나 부적응 예방을 위한 학습 프로그램은 아동·청소년이 학교생활에 더 잘 적응하기 위한 자신의 방법을 찾고 적응 행동을 발휘하도록 돕는다. 그러한 맥락에서 학교생활 적응 프로그램은 아동·청소년으로 하여금 학교생활에서 겪을 수 있는 어려움에 대처하는 방법을 학습하게 하며, 기본적으로 타고난 인간의 소속욕구와 관심욕구에 긍정적인 영향을 미치며 적극적인 자기계발을 촉진하는 데 의미를 두었다. 이 프로그램은 단기간 접근에 초점을 두고 필요에 의해 개별 또는 집단으로 적용할 수 있도록 주제별 4회기 프로그램으로 구성되어 있다. 따라서 프로그램 시작에서 중요하게 다루는 의례 과정을 별도로 구체화하지는 않았지만 자연스러운 시작의 연결로 제시하면서 핵심적인 목표에 접근할 수 있도록 내용을 구성하였다. 그러므로 이 프로그램을 사용하는 독자는 상황과 기간을 고려하여 제시된 4회기 프로그램을 진행의 전후에 1~2회 정도 또는 그 이상의 회기를 확장하고 보완하여 시작과 마무리 과정을 구체화할 수 있다.

부적응 예방 프로그램의 공통목표와 효과성

- 부적절한 감정을 해소한다.
- 창조성을 개발하고 긍정적인 자아상을 획득한다.
- 잠재능력을 활성화하는 데에 초점을 둔다.
- 자존감을 향상시킨다.
- 관심과 수용능력을 확장하고 발달시킨다.
- 집중력과 협동의식을 발달시킨다.
- 자기행동에 대한 인식을 돕고 긍정적 사회기술을 습득한다.

프로그램의 기본원리

- 상황인식과 책임성을 촉진한다.
- 자신의 욕구와 상황적 환경을 구분하고 대처한다.
- 부정적 상황을 긍정적인 결과로 전환한다.
- 적극적 자기주도 및 자기개발을 강화한다.

원하지 않는 외부요구와 문제 상황에 대처하기

회기	하위목표	주제 및 내용	준비물
1	변화된 환경수용하기	환경변화와 현재 상황	8절 도화지, 크레파스, 찰흙, 색종이, 다양한 형태의 스티커
2	부정적 요구와 압력에 대응하기	그 일이 나에게 준 영향	8절 도화지, 크레파스, 잡지 사진, 풀
3	잘못된 선택과 유혹 피하기	부정적 사고와 갈등에 대한 습관	9개의 칸으로 나뉜 도화지, 색연필, 이야기책
4	부정적 상황 예방하기	상황인식과 대처	도화지, 크레파스, 다양한 형태의 스티커, 이야기책

1회기 : 환경변화와 현재 상황

필요성 인식하기

가정과 유치원 과정의 보호체계에 있던 아동이 학교환경으로 들어간다는 것은 통과의례로서의 보편적인 변화과정이다. 아동이 자신의 요구와는 무관하게 발달적으로 진입하게 된 학교체계는 이전의 상황과는 차별화된 구조적 체계로서 스스로 통제하고 외부조건을 수용하면서 적응해 가야 하는 성장의 필수조건이다. 그러므로 대부분의 아동은 발달수준에 따라 변화된 체계에 적응해 갈 수 있는 능력을 가지고 있지만, 개인에 따라서는 변화로 인한 스트레스를 수용하지 못하고 과민반응을 일으키며 다양한 부적응문제를 초래할 수 있다. 따라서 이 프로그램은 초기 아동기 과정을 벗어나 자기주도적으로 현실을 받아들이는 적응적 준비로서의 의미에 초점을 둔다.

프로그램 시작하기

시작하기 전에 안내자는 이렇게 전달하고 시작할 수 있다.

"오늘 우리는 학교에서 있었던 일에 대해 함께 나누려고 해요. 자신에게 어떠한 일이 일어났나요? 그 일이 자신이 원하거나 생각했던 대로였나요, 아니면 예측하지 못한 일이었나요?"라고 질문함으로써 아동이 변화의 연속선상에서 살고 있다는 것을 이해하도록 도울 수 있다. "우리는 어제도 오늘도 늘 새로운 것을 경험하며 살고 있어요. 자신이 경험한 것에 대해서 우리 모두 한 가지씩 이야기해 보기로 해요. 누가 먼저 자신이 경험한 새로운 변화에 대해 이야기해 볼까요?"라고 질문하거나 권유하여 아동이 환경변화로부터 부딪히는 갈등을 표현하고 다룰 수 있는 시간을 갖도록 지지할 수 있다. "어떤 사람은 그 변화가 두려워서 하고 싶은 일을 주저하기도 하고, 어떤 사람은 새로운 변화를 기대하고 즐기면서 하고 싶은 일을 할 수 있는 용기를 키우기도 해요. 우리는 지금까지 익숙했던 가정이나 유치원과는 다른 분위기인 학교에 와 있어요. 오늘은 우리의 이러한 변화에 대해 생각해 보기로 해요."(이러한 시작의 접근은 아동으로 하여금 첫 작업에 대한 준비뿐 아니라 안내자 입장에서는 아동의 학교적응 수준을 감지할 수 있는 사전 이해의 기회가 된다.)

유의사항

변화된 환경에 대한 반응수준을 관찰하고 수용적이고 지지적인 태도로 대처해야 한다.

작업과정

모든 활동은 아동의 자발성 촉진에 우선 의미를 둔다.

- 떠오르는 단어는 무엇이든 기록한다(또는 관련 단어를 제시하고 선택하도록 할 수 있다).
- 지금 자신의 상황과 유사하다고 생각되는 단어(5개 정도)에 동그라미 한다.
- 선택한 단어 중 하나와 관련된 이미지를 찰흙으로 만든다.
- 도화지에 찰흙으로 만든 이미지를 원하는 위치에 둔다.

- 찰흙 주변에 선택한 다른 단어와 관련된 경험을 색과 형태 또는 색종이와 스티커를 사용하여 배경으로 표현한다.
- 표현한 이미지는 자신의 어떠한 경험 또는 감정과 관련되는지 공유한다.

다루어야 할 내용

- 변화에 대한 감정을 다룬다.
- 외부조건과 상황에 대한 긍정적 인식을 돕는다.
- 긍정적인 통제능력을 학습한다.
- 통과의례의 상황을 이해하도록 돕는다.
- 개별성과 자기존중을 다룬다.

자기보고식 현장기록에 포함할 수 있는 내용

- 최근 자신의 주변 환경에 어떠한 변화가 있는가?
- 요즈음 자신이 느끼는 감정에는 어떠한 것이 있는가?
- 선택한 단어에 함축되는 각각의 의미와 관련된 경험과 감정은 무엇인가?
- 그 감정과 경험은 초등학교 입학 이전과 현재 중 어느 시기와 관련되는가?
- 자기에게서 느끼는 최근의 변화는 무엇인가?
- 앞으로 어떠한 변화가 있기를 기대하는가?

2회기 : 그 일이 나에게 준 영향

필요성 인식하기

사회적 관계를 확장해 가면서 아동은 다양한 상황에 부딪히게 된다. 학교환경은 서로 다른 환경에 있었던 다양한 아동이 모여 집단을 이루기 때문에 다른 성향의 또래나 나이 든 학생으로부터 원치 않는 압력을 받게 되어 결과적으로 등교 거부 및 부적응 문제를 초래하기도 한다. 이 프로그램은 이제 학교생활에 적응해야 하는 시작단계에 있는 아동이 부적절한 외부 압력에 직면했을 때 극복할 수 있는 힘을 갖도록 도우며 적응 준비를 돕는다는 데 의미가 있다.

프로그램 지속하기

시작하기 전에 안내자는 이렇게 전달하고 시작할 수 있다.

"여러분은 학교에서 또는 다른 어느 곳에서 누군가로부터 강제로 무언가를 빼앗기거나 일반적으로 옳지 못하다고 생각하는 어떤 행동을 강요당한 경험이 있나요? 여기에서의 이야기는 우리만의 비밀이기 때문에 마음 놓고 무엇이든 말할 수 있어요."라고 비밀보장성에 대해 다시 한 번 전달하여 아동으로 하여금 이야기할 수 있는 지지환경을 구성하고 아동 개개인을 보호하는 것으로부터 시작할 필요가 있다.

유의사항

직접적인 노출에 두려움을 나타내는 아동이 있는지 관찰하고 이차적인 문제로 확대되지 않도록 유의한다. 경우에 따라서는 개별면담과 사후관리가 필수적일 수 있다.

작업과정

모든 활동은 아동의 자발성 촉진에 우선 의미를 둔다.

- 최근에 있었던 누군가로부터 압력을 받은 일에 대해 생각해 보는 시간을 가진 후 공유한다.
- 그 일과 관련된 상황을 그림을 그리거나 유사한 이미지의 사진을 찾아 붙인다.
- 표현한 내용이 무엇인지 함께 공유한다.
- 어떻게 대면할 수 있을지에 대해 논의한다.

다루어야 할 내용

- 원치 않는 어떠한 일이 자신에게 미치는 영향을 다룬다.
- 적극적인 도움방법으로 역할시연을 반복 사용할 수 있다.
- 정확하고 단호한 언어 사용의 자기표현을 연습한다.
- 과거의 대처방법과 현재의 대처방법을 비교 토의함으로써 긍정적이고 효율적인 방법을 선택하게 한다.
- 용기와 자신감을 촉진하고 강화한다.

자기보고식 현장기록에 포함할 수 있는 내용

- 무엇을 표현했는가?
- 그림은 최근에 경험한 어려움과 어떠한 연관성이 있는가?
- 경험한 어려움이 있었다면 앞으로 어떻게 대처할 것인가?
- 도움을 요청할 곳이 있는가?
- 구체적으로 누구에게 어떻게 요청할 것인가?

3회기 : 부정적 사고와 갈등에 대한 습관

필요성 인식하기

아동이 드러낸 갈등 내면에 자신의 어떠한 욕구가 존재하는지 알고 대처할 수 있다는 것은 학교적응과 정신건강과 성장의 지표라고 말할 수 있을 정도로 소중한 능력이다. 학교적응 초기에 제공되는 이 프로그램은 아동으로 하여금 무엇이 옳고 틀렸는지를 결정할 수 있는 능력을 자극한다. 그러므로 자신의 잘못된 선택을 중단하게 하며 부적절한 외부 상황으로부터 자기를 보호하는 힘을 갖게 하여 더욱 수정된 성장을 가능하게 한다.

프로그램 시작하기

시작하기 전에 안내자는 이렇게 전달하고 시작할 수 있다.

"만약에 우리가 잘못된 일이라는 것을 알면서도 누군가의 유혹에 의해 선택하고 행동하게 된다면 결과는 어떻게 될까요?"(이때 잘못된 선택으로 인한 부정적인 결과를 담은 이야기책을 사용할 수도 있다.) "유사한 경험이 있는 사람이 있나요?"(이러한 질문을 사용할 때 안내자는 누구나 잘못 선택할 수 있다는 보편성을 강조할 필요가 있으며, 중요한 것은 무엇이 잘못되었는지 알았다면 가능한 한 더 빨리 상황을 인식하고 태도를 바꾸려는 자세가 건강하고 성숙한 태도라는 것을 강조할 필요가 있다.)

유의사항

옳고 그름에 대한 평가적 태도를 배제한다.

작업과정

모든 활동은 아동의 자발성 촉진에 우선 의미를 둔다.

- 우리의 주변에는 부정적인 일을 시키는 사람과 그것을 할 것인지 갈등하는 사람이 있다는 것을 설명하고 예시를 들어 줄 수도 있다(역할극을 시도할 수도 있다).
- 9개의 칸이 있는 도화지를 제공하고, 유사한 상황의 갈등을 하는 인물을 주제로 시작하여 각 칸마다에 전개되는 스토리를 만들어 표현하도록 한 후, 그림의 표현이 어떠한 의미인지 내용을 기록한다.
- 그림 이야기가 완성되면 무엇을 표현했는지에 대해 소개하고 공유한다.
- 그림의 내용에서 자신의 경험과 유사한 상황이 있는지 개방하고 공유한다.

- 옳지 않다는 것을 알고서도 반복하는 것의 결과를 다룬다.
- 도움을 요청하는 구체적인 방법을 학습한다.
- 자기존중과 선택의 관련성에 대한 이해를 돕는다.

자기보고식 현장기록에 포함할 수 있는 내용

- 그림 속의 상황은 어떠한 내용인가?
- 이야기의 내용이 부정적이라면 무엇 때문에 그렇게 생각하게 되었는가?
- 무엇이 건강한 태도라고 생각하는가?
- 갈등하는 사람의 마음에는 어떠한 생각이 있을 것 같은가?
- 어떠한 상황이 그림 속의 인물을 그렇게 만들었을 것 같은가?
- 그림의 내용과 유사한 상황이 자신에게 생긴다면 어떻게 대처할 수 있겠는가?
- 도움을 요청한다면 누구에게 어떻게 요청할 것인가?

4회기 : 상황인식과 대처

필요성 인식하기

억울한 경험은 누구에게나 있을 수 있으나 그 경험에 대한 이해가 왜곡된다면 긍정적인 자기개념이 확립되기 어렵다. 학교생활의 초기 경험이 아동에게 미치는 영향은 굳이 강조하지 않아도 아동의 성장에 얼마나 중요한 기초가 될지 우리는 너무나도 잘 알고 있다. 누구나 부적절한 상황에 노출되지만 그 나름의 대처방법을 가지고 살아가고 있다. 그러한 맥락에서 이 프로그램은 아동이 접하는 학교체계에서의 보다 구체적이고 넓은 의미의 관계체계를 극복해 가는 힘을 기르고 자기 나름의 방식을 갖는 기회가 될 것이다.

프로그램 시작하기

시작하기 전에 안내자는 이렇게 전달하고 시작할 수 있다.

"여러분은 누군가로부터 비난받아 본 적이 있나요?"(또는 "사실이 아닌 소문에 휘말려서 힘들어 본 적이 있나요? 억울한 누명을 쓴 적이 있나요?" 등으로 대처할 수 있다.) "그랬을 때 어떠한 마음이었나요?"라고 질문하여 속상했던 마음을 이해받는 기회로 삼을 수 있다. "또는 자신이 누군가의 마음을 상하게 하려고 거짓 소문을 낸 적이 있나요?"라는 질문으로 시작하여 자신이 가해자 역할을 한 것 또한 다룰 필요가 있으며, 이때 죄책감으로 인해 부정적인 결과를 초래할 수 있으므로 반드시 담아내기에 유의해야 한다.

유의사항

한 집단에 가해자와 피해자 역할을 한 당사자가 있을 경우 안내자의 전문성이 요구되므로 충분히 경험 있는 안내자가 이 프로그램을 다룰 필요가 있다.

작업과정

모든 활동은 아동의 자발성 촉진에 우선 의미를 둔다.

- 나쁜 소문에 휩싸이거나 억울한 누명이나 오해로 인해 힘든 경험을 한 사람을 주인공으로 상상해 본다(예시로 이야기책이나 영상물을 사용할 수 있다).
- 상상 속의 주인공에게 있었던 상황을 색과 형태 및 스티커로 표현한다.
- 그림 속의 주인공이 앞으로 어떻게 될 것 같은지 기록하고 함께 공유한다.
- 유사한 경험이 있다면 감정을 충분히 표현할 수 있는 시간을 제공하고, 대안에 대해 함께 나누고 계획을 세우도록 안내한다.

> **다루어야 할 내용**
>
> - 상황적 인식능력을 강화한다.
> - 부정적인 상황에 대처할 수 있는 힘을 갖도록 지지한다.
> - 자존감을 강화한다.
> - 부정적인 문제행동 유혹에 거절할 수 있는 용기를 자극하고 문제해결 능력을 강화한다.

자기보고식 현장기록에 포함할 수 있는 내용

- 이야기 속의 주인공은 현재 어떠한 상황에 놓여 있는가?
- 주인공의 극복을 위해 대안이 될 수 있는 해결책은 무엇인가?
- 제시한 각 대안 중에서 최선책은 무엇인가?
- 자신과 유사한 상황이 있다면 앞으로의 자기대안은 무엇인가?
- 자신이 도움받을 곳이 있는가? 그 사람(또는 그곳)은 누구인가? 어떻게 도움을 요청할 것인가?

어려움에 직면했을 때의 감정 다루기

회기	하위목표	주제 및 내용	준비물
1	두려운 감정 이기기	두려움을 유발하는 상황	16절지 10장 이상, 크레파스, 먹물, 붓, 두려움 관련 이미지 사진, 풀
2	분노감정 다루기	격동의 섬	찰흙, 유성점토, 고무찰흙, 아크릴 물감, 트레이, 8절 도화지, 크레파스, 기타 잡동사니, 감정기록지
3	보복감정에서 벗어나기	감추어진 분노	8~4절지, 크레파스, 파스텔
4	타인감정에 관심 갖기	수용과 관심	2~3가지의 다양한 찰흙, 4절지, 8절지, 크레파스

1회기 : 두려움을 유발하는 상황

필요성 인식하기

아동이 일상에서 겪게 되는 어느 정도 예측되는 일반화된 두려움의 감정은 상황을 인식하고 대처하는 힘을 갖게 하지만, 심하거나 반복적인 경우 일상의 학교생활과 사회적응 능력에 방해가 된다. 그러므로 이 프로그램은 아동·청소년으로 하여금 생활상에서 부딪힐 수 있는 두려움의 상황을 이겨 내고 두려운 감정을 긍정적인 방법으로 대처할 수 있는 능력을 학습하게 한다는 점에 의미가 있다.

프로그램 시작하기

시작하기 전에 안내자는 이렇게 전달하고 시작할 수 있다.

"우리는 살아가면서 때때로 두렵고 불안감을 느끼는 상황을 만날수 있어요. 그 불안한 상황이 때로는 예측할 수 있지만 때로는 예측할 수 없는 상황에서 일어나기도 해요. 갑자기 또는 지속적으로 불안하고 두려운 상황에는 어떠한 것이 있었는지 함께 이야기해 보기로 해요."라고 제안해 봄으로써 아동이 두려움의 감정을 공유할 수 있도록 지지할 수 있다. 이때 두려움의 감정을 일으킬 수 있는 이야기를 들려주어 자신에게도 일어날 수 있는 상황을 상상하도록 간접 경험을 자극할 수도 있고, 두려움과 관련한 꿈을 사용할 수도 있다.

유의사항

아동·청소년의 인지적 발달수준과 성향을 이해하고 표현된 두려움을 지나치게 과소평가하거나 무시하거나 또는 과도한 반응을 하지 않아야 한다. 또한 두려움과 관련하여 아동기 분리불안이 있는지 관찰하고 이해할 필요가 있으며 해석적 태도를 배제하고 실제적인 두려움의 경험에 초점을 두고 다루어야 한다.

작업과정

검은색과 흰색 도화지 중에 자유롭게 선택하도록 한다.

- 10장 이상 개인이 필요로 하는 만큼 16절지(더 큰 종이를 원하거나 더 작은 용지를 원할 수 있으므로 다양한 크기와 재질의 종이 제공)에 낙서한 후 연상되는 이미지를 찾는다.
- 찾은 이미지를 근거로 배경그림 또는 관련 이미지 사진을 붙여 표현한다.
- 표현한 전체적인 내용에 대해 공유하고 두려움과 관련된 내용 및 예측되는 두려움 유발 상황이 있는지 또는 그에 대한 왜곡된 인지요소가 있는지 탐색한다.
- 연상 이미지에서 자신의 두려움과 관련된 내용이 있는지 찾고 극복을 위한 대안을 다룬다.

다루어야 할 내용

- 두려움의 불필요한 사고와 부적절한 인지왜곡에 초점을 둔다.
- 현실적인 두려움의 상황과 아닌 상황을 구분하는 능력을 강화한다.
- 안전에 대한 자기보호 능력을 촉진하고 강화한다.
- 예측할 수 있는 두려움에 대한 예방계획을 다룬다.
- 두려움의 상황에 대한 대처방법을 학습한다.

자기보고식 현장기록에 포함할 수 있는 내용

- 연상 이미지에서 찾은 내용은 무엇인가?
- 두려움과 관련된다고 생각한 이미지는 무엇인가?
- 두려움을 유발하는 상황이 있는가?
- 실제가 아닌 생각으로 실제보다 더 확대된 두려움이 있는가?
- 이 염려나 두려움은 어느 시기의 경험과 또는 어떤 상황과 관련되는가?
- 두려움의 대처방안으로 무엇을 시도해 볼 수 있는가?

2회기 : 격동의 섬

필요성 인식하기

누구나 살아가면서 화난 감정을 경험해 보지 않은 사람은 없으며 어떠한 좌절 상황에서는 화를 내는 것이 일반적인 사람들의 보편적인 반응이다. 오히려 화를 낼 만한 어떠한 상황에서 적절하게 화를 내지 못하고 억압한다면 일상의 긴장감이 극대화되어 부적응적 행동문제를 노출하게 된다. 그러므로 아동·청소년이 이 프로그램을 통해 적절하고 긍정적인 방법으로 화를 표현하는 방식을 배우고, 비위협적인 언행으로 상대방과 소통할 수 있는 합당한 통제능력을 갖는 것은, 적응적 자기능력을 촉진하며 조화로운 관계를 가능하게 하는 힘이 된다.

프로그램 시작하기

시작하기 전에 안내자는 이렇게 전달하고 시작할 수 있다.

"우리는 하루에도 수차례 여러 가지 감정을 경험하고 각자의 방식으로 대처하며 살아가고 있어요. 여러분이 최근에 경험한 감정들에는 어떠한 감정들이 있었나요?"라고 질문하여 감정의 다양성과 그에 따른 반응을 공유하는 시간을 가진다. "그중에 특히 우리의 행복감과는 거리가 먼 경험을 하게 한 감정 중에 분노의 감정이 있는데 어른들은 그러한 감정을 나쁘다고 말하기 때문에 표현해서는 안 될 것 같고 그 감정을 어떻게 처리해야 할지도 모를 때가 있지요? 오늘은 그러한 금지된 감정을 살펴보는 것이 어떨까요?"라는 제안으로 시작한다.

유의사항

아동·청소년이 자신의 감정을 드러내고 표현할 수 있는 기회를 제공하여 그 감정의 근원지인 욕구를 인식하도록 돕는 데 초점을 둘 필요가 있다.

작업과정

다양한 크기의 트레이 중에 자유롭게 선택하도록 한다.

- 준비된 감정기록지에 자신이 경험한 부정적인 감정을 기록하도록 안내한다.
- 기록한 감정에 유사성이 있는 것끼리 묶어 분류하고 주된 감정에 대해 탐색한다.
- 주된 감정과 분노감정과의 관련성을 탐색하고 그러한 감정이 언제 있었는지 시기와 그때 일어난 상황을 기록한다.
- 기록한 특정 상황을 그림으로 표현한다.
- 그림을 완성하면 '나는 ~한다, 나를 ~하다니, ~가 나를 ~할 수 있다니 등'을 포함한 감정과 그 감정을 일으키게 한 상황과 사람에 대해 기록한다.
- 기록하고 표현한 그림의 이미지를 화산으로 옮겨 와 충분히 감정을 표현하고 등장한 인물과 상황을 조형작업으로 이미지화한다(감정 다루기 프로그램을 화산이라는 주제만으로 진행하여 감정의 변형과정을 표현하고 스스로의 통찰과정을 도울 수도 있다).
- 표현한 것을 충분히 공유한 후 분노감정으로 인해 손상되거나 파괴된 관계를 회복하기 위한 대처 그림작업으로 마무리할 수 있다.

- 감정의 격동수준을 관찰한다.
- 개인의 주된 감정을 확인하고 스스로를 이해한다.
- 분노감정의 핵심 의미가 무엇인지 인식하도록 돕는다.
- 분노의 빈도를 감소하고 관련된 문제의 자기인정을 돕는다.
- 화의 적절한 통제능력과 유지방법을 다룬다.
- 적절한 감정표현을 재구성할 수 있도록 지지한다.

자기보고식 현장기록에 포함할 수 있는 내용

- 자신이 경험한 감정들 중 행복감과는 거리가 멀다고 느끼는 감정은 무엇인가?
- 자신이 주로 사용하는 분노의 표현방식은 무엇인가?
- 분노와 관련된 감정을 유발시킨 공통적인 상황이나 사람이 있는가?
- 분노와 관련된 감정이 자신과 관련된 중요한 사람에게 어떠한 영향을 미치는가?
- 경험된 분노감정의 정도, 행동, 그 사건의 중요성, 원인은 무엇인가?
- 자신이나 타인에게 피해가 되지 않는 안전한 감정표현을 위해 할 수 있는 것은 무엇인가?

3회기 : 감추어진 분노

필요성 인식하기

우리가 경험하는 일부의 사건은 의도적으로 괴롭히거나, 어떠한 경우는 생각 없이 타인을 괴롭히고, 또는 괴롭힘을 당한 사람이 보복하도록 부추기며 쾌감을 느끼는 경우도 있다. 사람들은 그러한 억울한 어떤 상황에 당면하게 되면 보복하고 싶은 감정을 일으킬 수 있다. 그러나 누구나가 실제로 그러한 것은 아니며 보복의 결과가 개인에게 긍정적인 결과로 영향을 미치는 경우는 흔치 않다. 만약에 아동 · 청소년이 억울한 경험에 대해 보복감정을 키운다면 결과적으로는 폭력과 관련된 부적응 문제와 같은 심각한 문제를 초래할 수 있다. 그러한 맥락에서 이 프로그램은 아동 · 청소년으로 하여금 부적응적 상황에의 노출을 예방하고 수용능력과 책임성 있는 적응적 대안학습을 가능하게 한다는 데 초점이 있다.

프로그램 시작하기

시작하기 전에 안내자는 이렇게 전달하고 시작할 수 있다.

"우리는 지금까지 살아오면서 아마도 수차례 화나는 상황들을 경험했을 거예요." 이때 아동 · 청소년의 이해를 돕고 말할 수 있는 용기를 자극하기 위해 안내자의 경험을 부분적인 사례로 전할 수도 있다. "화를 내는 것은 자기의 표현이고 생활의 일부이고 솔직한 감정이기도 해요. 다만 그 감정을 어떻게 표현하느냐에 따라 안전하기도 위험하기도 한 상황을 만들게 되지요. 여러분은 어떠한가요?"라는 질문으로 시작하여 자연스럽게 아동·청소년이 사용하는 분노에 대한 보복행위나 대처행동을 개방하게 하는 것으로부터 시작할 수 있다.

유의사항

자기를 위해 보복이 큰 의미가 없으며 자신을 돕는 방법이 될 수 없음을 이해시키기 위해 성인의 사고로 설명하려 하거나 주입해서는 안 된다. 아동이 자발적으로 예시에 대한 논의를 하고 선택하도록 지지할 필요가 있다.

작업과정

검은색과 흰색 도화지 중에 자유롭게 선택하도록 한다.

- 아직 버리지 못한 분노감정이 있는지, 그 대상과 대처했던 행동에 대해 생각해 보는 시간을 가진 후 떠오르는 대로 단어를 기록한다.
- 각 단어에서 느끼는 또는 경험된 상황을 이미지로 표현한다.
- 그림의 순서대로 어떠한 변형과정이 있는지 소개하고 공유한다.

다루어야 할 내용

- 보복행동이 왜 도움이 안 되는지 다룬다.
- 자기효능감을 위한 소통의 기술, 주장, 문제해결 능력에 초점을 둔다.
- 자해나 타해와 같은 보복행동의 가능성을 관찰하고 책임감 있는 자기능력을 강화한다.
- 관계에 대한 관심을 인식하고 자신의 진정한 욕구를 탐색할 기회로 삼는다.
- 긍정적 대안을 유지하고 부정적인 대안을 멈춘다.

자기보고식 현장기록에 포함할 수 있는 내용

- 아직 감추어진 분노는 무엇인가?
- 무엇이 가장 힘든 상황인가?
- 분노감정과 관련된 대상이나 상황은 자신의 어떠한 욕구와 관련이 있는가?
- 앞으로의 정서적 대처는 무엇인가?

4회기 : 수용과 관심

필요성 인식하기

3회기까지의 자기감정에 초점을 둔 이후에 다뤄지는 타인감정의 이해는 아동·청소년으로 하여금 인간의 보편성과 개별성에 대한 가치를 소중히 하는 자세를 학습하게 한다. 더불어 자기가 타인으로부터 환영받고 인정되는 소중한 존재라는 것을 다시 한 번 재확인하는 기회로 삼을 수 있다. 그러므로 이 프로그램은 아동·청소년의 학교생활에서 만족과 위안과 기쁨의 지속적인 자기능력을 유지할 수 있게 하는 데 도움이 된다.

프로그램 시작하기

시작하기 전에 안내자는 이렇게 전달하고 시작한다.

"여러분은 다른 사람들의 감정을 잘못 이해하여 관계가 어려워지거나, 또는 자신이 이해받지 못해 관계가 힘들었던 경험이 있나요?" 이때 관련된 이야기를 들려주고 논의하게 하거나, 청각장애 야구부 학생들의 인간적 사랑과 진실을 그린 '글러브'라는 영화를 시각적으로 보여주거나 이야기를 들려줄 수 있다.

유의사항

안내자는 아동·청소년의 자기존중을 다룬 후에야 타인감정에 진입할 수 있다는 것을 반드시 이해하고 있어야 한다.

작업과정

다양한 찰흙 중에 자유롭게 선택하도록 한다.

● 두 명이 짝을 이루고 자리에 앉도록 한다.
● 개인이 기억하고 있는 관계경험의 대상을 생각나는 대로 선택한 찰흙으로 형상을 만든다.
● 무엇을 만들었는지 짝과 공유한 후, 8~4절지(지면의 크기는 두 사람이 합의하여 선택) 위에서 함께 놀이를 시작한다.
● 충분히 놀이가 끝나면 그 상태에서 어떠한 느낌이었는지 공유한다.
● 조화를 위해 변화시키고 싶은 거리, 관계, 이야기를 합의하여 변형시킨다.
● 전체 느낌을 각자 그림으로 표현한다.

다루어야 할 내용

- 모든 사람이 동등하다는 논리에 초점을 둔다.
- 감정에 함축된 욕구의 인식을 돕는다.
- 자기존중과 타인존중의 상호관계성을 다룬다.

자기보고식 현장기록에 포함할 수 있는 내용

- 놀이는 재미있었는가? 놀이에서 느낀 것은 무엇인가?
- 놀이 후의 그림은 무엇을 표현했는가?
- 자기를 존중한다는 것은 어떠한 의미라고 생각하는가?
- 짝에 대해 알게 된 것은 무엇인가? 타인존중이란 무엇이라고 생각하는가?
- 앞으로 어떠한 사람이 되고 싶은가? 도움이 필요하다면 그것은 무엇인가?

실패경험을 극복의 기회로 삼기

회기	하위목표	주제 및 내용	준비물
1	실패결과 수용하기	원치 않았던 결과	16~8절 크기 여러 장의 한지, 먹물, 붓, 크레파스, 잡지 사진
2	요인 찾고 목표 갖기	지금 필요한 것	10장 이상의 16~8절 크기 한지, 18절 도화지, 먹물, 붓, 물감, 크레파스, 스프레이, 소금, 커피 등
3	문제해결하기	마술 수선 상자	상자, 상징적 해결도구를 위한 다양한 오브제, 풀, 가위, 잡지 사진, 색채도구
4	자존심 세우고 자기존중 강화하기	나는 소중한 사람	드림캐처 만들 재료, 광목천, 잡지 사진, 아끼는 물건

1회기 : 원치 않았던 결과

필요성 인식하기

살아가면서 누구든 원하지 않았던 결과를 경험할 수 있지만 그 결과를 어떻게 받아들이느냐에 따라 개인은 성장하기도 하고, 부적응 문제에 휘말리기도 한다. 그러한 측면에서 이 프로그램은 아동·청소년이 정체감을 형성해 가는 과정에서 실패에 대한 수용적인 태도를 가능하게 하며 학교생활과 사회적 성숙의 튼튼한 기반이 될 수 있는 힘을 갖게 하는 데 도움이 된다.

프로그램 시작하기

시작하기 전에 안내자는 이렇게 전달하고 시작할 수 있다.

"사람들은 살아가면서 누구나 성공적인 결과뿐 아니라 실패를 경험하기도 하면서 원하지 않았던 결과 때문에 또 다시 새로운 계획을 세우고 더욱 튼튼한 결과를 찾아가는 기회가 되기도 합니다."(아동·청소년에게 자기만이 아니라 누구든지 겪는 실패의 보편성을 전달하기 위함이므로 안내자는 대상의 이해 수준에 따라 언어 표현을 다르게 적용) "여러분은 무언가를 진행하면서 실패했다는 생각을 해 본 적이 있나요? 그 실패의 결과가 어떻게 되었는지 누가 먼저 이야기해 줄 수 있나요?"라는 질문으로 실패가 부끄러움이 아니라 삶의 과정에서 누구나 겪는 경험의 부분이며 실패경험을 어떻게 대처하느냐에 따라서 오히려 기회가 될 수도 있다는 일반화와 가능성을 강조할 필요가 있다.

유의사항

실패를 수치감으로 느끼는 아동·청소년이 있다면 충분히 지지하여 용기를 갖도록 돕는다.

작업과정

먹물을 필요한 만큼 미리 준비하고 시작한다.

- 먹으로 최근의 실패경험을 기억나는 대로 기록한다.
- 더욱 신경이 쓰이는 것부터 시작하여 각각의 실패와 관련된 감정, 스트레스, 갈등을 기록(펜이나 크레파스 등 원하는 재료 사용)하고 관련된 이미지를 색과 형태로 표현한다(이때 잡지 사진을 사용할 수 있다).
- 실패경험 중 실패를 유도한 유사한 요인이 있는지 살펴보고 자신이 선택한 일의 결과에 대한 인식을 공유한다.

다루어야 할 내용

- 실패의 보편적 맥락과 극복 기회로서의 의미를 다룬다.
- 일반적인 또는 삶의 통과의례로서 실패경험은 있을 수 있음을 받아들이도록 지지한다.
- 실패의 원인과 상황에 대한 왜곡은 없는지 관찰하고 다룬다.
- 실패에 대한 부정적 결과를 수용하고, 스스로를 위로할 수 있는 힘을 갖도록 지지한다.
- 수치가 아니라 성공을 위한 과정으로서 실패를 인정하고 수용하도록 지지한다.

자기보고식 현장기록에 포함할 수 있는 내용

- 표현한 이미지에 공통적인 특성이 있는가?
- 이미지의 공통 특성은 자신의 어떠한 부분과 관련이 있다고 느끼는가?
- 실패하게 한 사건이나 상황 및 스트레스 요인이 있다고 생각되는가?
- 실패를 알아차렸을 때 일어나는 정서적 경험과 행동은 무엇인가?
- 실패의 극복을 위해 자신에게 필요한 것은 무엇이라고 생각하는가?

2회기 : 지금 필요한 것

필요성 인식하기

어떠한 일의 결과가 갖는 의미를 이해하고 결과의 실패에 대한 극복계획을 세울 수 있다는 것은 자기존중의 기초이자 튼튼한 토대를 만드는 힘이 있음을 의미한다. 그러한 맥락에서 이 프로그램은 아동·청소년으로 하여금 스스로 적응적 능력을 점검하고 생생한 자기계발을 위한 토대를 구체화하는 기회가 되게 하는 데 초점을 둔다.

프로그램 시작하기

시작하기 전에 안내자는 이렇게 전달하고 시작할 수 있다.

"지난 회기에 우리는 누구나 경험할 수 있는 일상의 원치 않은 결과에 대해 다루었어요. 오늘은 더욱 힘 있는 자기를 위해 자신의 욕구를 다시 살펴보고 극복을 위한 목표를 세워 보는 기회를 가지려고 해요."

유의사항

개별성을 수용하고 지지하는 분위기를 창조한다.

작업과정

크기가 다른 도화지 또는 한지 중에 10장 정도를 선택한다.

- 먹으로 낙서한다.
- 낙서에서 연상되는 형태를 찾아 기록한다.
- 각각의 낙서는 연상한 이미지를 보완하는 그림을 채워 완성한다. 이때 스프레이를 사용한 습식작업, 소금, 물감, 크레파스 등을 사용하여 창조성과 치유능력을 강화할 수 있다.
- 공통된 내용을 별도로 구분하고 가장 많은 내용을 차지하는 것이 무엇인지 확인한다.
- 가장 많은 주된 이미지의 내용이 현재 자기와 어떠한 관련성이 있는지 관찰하고 공유한다.

- 관련 내용을 위해 필요한 것에 대해 다양한 재료를 사용하여 표현하고 공유한다.

> ### 다루어야 할 내용
>
> - 무시되었던 자신의 욕구를 탐색하고 수용한다.
> - 특정 감정이 노출되는지 관찰한다.
> - 개별성을 존중한다.
> - 보편성과 동등함의 인간존중과 이해를 촉진한다.

자기보고식 현장기록에 포함할 수 있는 내용

- 연상내용은 무엇인가?
- 연상된 것 중 특히 마음에 들거나 불편한 것이 있는가?
- 습식작업, 소금, 물감, 커피 등의 보완재료 사용에서 경험한 느낌과 가장 관심을 갖게 된 것은 무엇이며 이유는 무엇인가?

3회기 : 마술 수선 상자

필요성 인식하기

아동·청소년이 일상에서 경험하는 문제를 인식하고 해결능력을 발휘할 수 있다면 중요한 관계의 부정적 경험을 최소화하고 성공적인 학교적응을 강화하는 결과를 기대할 수 있다. 따라서 이 프로그램을 통해 아동·청소년이 최근의 자기갈등을 수용하고 해결을 위한 노력과 방법을 찾는 기회를 가질 수 있으므로 더욱 행복한 자기효능감을 획득할 수 있으리라 본다.

프로그램 시작하기

시작하기 전에 안내자는 이렇게 전달하고 시작할 수 있다.

"우리는 아주 작은 상처 경험에서부터 무척 큰 상처 경험까지 다양한 경험을 하면서 각자의 방법으로 오늘날 여기까지 성장해 올 수 있었다고 생각해요. 오늘은 여러분 자신의 행복을 위해 자신을 괴롭히는 갈등을 확인하고 그 갈등을 해결하기 위해 필요한 최선의 방법을 찾는 시간이 되길 바라요. 우선 하나의 사례를 들어 함께 생각하고 방법을 찾아보려고 해요. 혹시 누가 최근에 경험한 문제나 갈등 상황을 말해 줄 수 있을까요?"로 시작할 수 있으며, 상황을 설정하기 위해 고장 난 것은 무엇이든 고칠 수 있는 마술적인 수선 상자 이야기를 들려줄 수도 있다.

유의사항

실제상황에 초점을 두되 이야기책을 사용하더라도 현실 극복을 반영할 수 있는 이야기를 사용해야 직접적인 도움이 될 수 있다.

작업과정

다양한 재료 가운데 필요한 것을 선택한다.

- 최근에 느끼는 불편상황, 관계, 상처, 감정을 떠올린 후 그것의 색깔, 크기, 영향 등을 생각하고 기록하여 공유한다.
- 기록했던 것이 바뀔 수 있는 것과 수정 가능한 것과 불가능 및 문제의 크기에 무관하게 바꾸고 싶고 수정하고 싶은 것을 위해 필요한 것과 도움을 줄 수 있는 사람, 화해, 용서, 주장, 의료, 생필품, 마음, 달램, 관계, 놀이, 친구, 기술, 기관 등 그것을 어디에서 구할 수 있는지 기록한 후 공유한다.
- 바꾸고 수정하고 싶은 것을 고칠 수 있는 모든 도구가 들어 있는 상자를 상상하며 어떻게 표현할 것인지 자기만의 마술 수선 상자를 만든다.
- 필요한 수선도구를 상징화하여 필요한 것을 상자에 넣는다.
- 전체 느낌을 그림으로 표현하고 무엇을 표현했는지 함께 공유한다.

다루어야 할 내용

- 문제해결에 대한 다양한 예시를 사용한다.
- 현실감 있는 내용에 초점을 둔다.
- 지나친 공상이 있는지 관찰한다.
- 최선의 방법을 선택할 수 있도록 다양한 관점을 시도하고 창조성을 자극한다.
- 어떠한 해결책도 수용하며 지지적 분위기를 촉진하여 자존감을 강화한다.

자기보고식 현장기록에 포함할 수 있는 내용

- 상자 속에 들어간 상처와 갈등은 무엇인가? 실제와 차이가 있는가?
- 무엇이 도움을 줄 수 있는가?
- 변화시킬 수 있는 기술이나 방법이 있는가? 없다면 어디서 또는 누가 도와줄 수 있는가?
- 이 작업 후 상처가 치유되고 해결 가능성이 느껴지는가?

4회기 : 나는 소중한 사람

필요성 인식하기

최근의 우리 사회는 인간존중의 사고가 약화되고 성공적인 결과에 치중하는 분위기가 만연하면서 폭력과 상처로 마음이 병들어 가는 사람들이 늘어나는 것 같다. 거리에 학교폭력 예방이라는 커다란 표지판이 쉽게 눈에 띄는 것만 보아도 평화로운 학교 분위기가 의심스러운 지금이다. 이 프로그램은 그러한 환경에 노출된 아동 · 청소년으로 하여금 자기가치를 발견하고 자기를 세울 수 있는 힘을 갖도록 도울 것이다.

프로그램 시작하기

시작하기 전에 안내자는 이렇게 전달하고 시작할 수 있다.

"여러분은 자신에 대해서 어떻게 생각하나요? 또는 누군가 자신에 대해 말하는 것에 대해 어떻게 생각하나요?"라는 질문으로 시작하여 아동 · 청소년이 자신에 대한 인식이 어떠한지에 대해 살펴보는 것으로부터 시작할 수 있다.

유의사항

아동 · 청소년에게 자기에 대해 누가 어떻게 평가하든 어떠한 자기도 가치 있고 의미 있는 존중받아야 하는 존재라는 것을 전달하고 긍정적인 자기 이미지를 찾도록 지지하는 접근태도가 필요하다.

작업과정

자신이 아끼는 무엇이든 가져와 펼치는 것으로부터 시작한다.

- 자기만의 드림캐처를 만든다.
- 잡지 사진에서 자신이 필요한 것, 바꾸고 싶은 것, 되고 싶은 것, 걱정되는 것 등에 대한 것과 관련된 것을 찾는다.
- 원하는 공간에 드림캐처를 걸고 바로 아래에 하얀색의 광목천을 펼친 후, 가지고 온 다양한 것과 사진에서 찾은 필요한 모든 것을 전시한다.
- 함께 공유하면서 이 모든 것이 자신의 부분이며 그 존재만으로도 중요하고, 계속 성장할 것이라는 의미와 가능성을 수용하고, 공감하며, 지지받는 시간을 충분히 가진다.
- 이것은 사진으로 간직되고 내용물은 늘 자기만의 공간(파일, 서랍, 상자, 특정 공간 어디든 가능)에 배치하여 변화의 과정이 계속 추가되고 보완되어 가는 경험을 지속하도록 안내한다.

- 긍정적인 자기계발에 초점을 둔다.
- 자신의 특성과 재능을 확인하고 인정하는 능력을 강화한다.
- 사회성 기술과 자존감 발달을 촉진한다.
- 자기와 관련된 모든 것이 의미이며 소중함을 다룬다.
- 방어의 이완을 돕는다.
- 부정적 감정을 표출하는 자기방법을 갖도록 돕는다.
- 일관된 긍정적 자아상을 수립한다.

자기보고식 현장기록에 포함할 수 있는 내용

- 드림캐처에 어떠한 의미를 부여했는가?
- 오늘의 작업은 자신에게 어떠한 영향을 미칠 것 같은가?
- 자신의 긍정적인 특성은 무엇인가?
- 현재 자신에게 필요한 것이 무엇인가?
- 앞으로 자신에게 어떠한 일이 일어날 것 같은가?

긍정적인 자아개념 형성 강화하기

회기	하위목표	주제 및 내용	준비물
1	소개하기	나는 누구인가	도화지, 크레파스, 다양한 오브제, 풀, 가위
2	표현하기	자화상	도화지, 잡지 사진, 미완성 문장 기록지, 볼펜, 크레파스
3	발견하기	또 다른 나	도화지, 다양한 오브제, 풀, 크레파스
4	돌보기	돌봄의 마법 주머니	다양한 색의 주머니, 스티커, 다양한 오브제, 본드, 볼펜, 색종이, 가위

1회기 : 나는 누구인가

필요성 인식하기

자신에 대해 긍정적으로 인식한다는 것은 생활상의 모든 경험을 긍정적으로 경험하고 성공적인 사회활동과 학업을 유지하고 있다는 결과이다. 따라서 긍정적인 자아개념 만들기에 초점을 둔 이 프로그램은 아동 · 청소년으로 하여금 보다 적극적이고 적응적인 자기이해와 자기신뢰를 강화할 것이다.

프로그램 시작하기

시작하기 전에 안내자는 이렇게 전달하고 시작할 수 있다.

"나는 누구일까요?"(안내자는 '나는 ~이다, ~를 잘한다' 등의 시범을 보여줌으로써 아동이 자신의 긍정적인 부분에 대해 생각해 볼 수 있는 시간을 제공할 필요가 있다.) "당신은 누구십니까?"라는 질문으로부터 시작할 수 있으며, 재미를 위해 노래와 동작을 사용하거나 인형을 사용한 놀이인 게임기법을 도입할 수도 있다. 이때 순서를 지키며 무엇이든 자신이 할 수 있는 모든 것을 표현하도록 지지한다.

유의사항

아동이 긍정적인 자기표현에 제한적이라면 '당신은 ~입니다'라는 놀이로 서로에 대한 긍정요소를 찾아주는 게임으로 시작할 수도 있다.

작업과정

도화지의 크기는 자유롭게 선택한다.

- 자신의 이름이 도화지 전체를 차지하도록 크게 기록한다.
- 자신을 알리는 색과 형태로 이름을 꾸미고 다양한 오브제를 사용하여 표현한다.
- 각 이름 글자의 첫 글자부터 연상된 자신의 긍정적인 모습을 그림 그리고 특성적인 자기에 대해 기록한다(이때 필요한 도화지는 이름 숫자만큼이다).
- 완성이 되면 무엇이 자신의 특성인지 소개하고 공유한다.

다루어야 할 내용

- 일상의 긍정적인 경험을 촉진하고 강화한다.
- 자기존중과 신뢰를 강화한다.
- 왜곡된 자기이해를 수정한다.
- 자기가치감에 대한 인식을 돕는다.
- 외현적인 특성과 내현적 특성 중 어디에 더 초점이 맞춰졌는지 탐색하고 긍정적 특성을 활성화하도록 지지한다.
- 학교생활과 가정생활 중 어디에 더 많은 관심이 집중되는지 관찰하고, 그것이 자신의 어떠한 욕구와 관련되는지 탐색하도록 돕는다.
- 긍정적인 표현이 실제의 모습과 유사한지 스스로 관찰할 수 있도록 지지한다.
- 긍정적인 자기가치를 발견하도록 지지한다.

자기보고식 현장기록에 포함할 수 있는 내용

- 이름의 각 글자에 표현한 내용은 무엇인가?
- 실제의 자기와 그림 속의 이미지에 차이점이 있는가?
- 자기의 특성과 욕구에 대해 더욱 이해하게 된 것은 무엇인가?
- 다른 사람이 갖지 않은 자기만의 긍정적인 특성은 무엇인가?(최대한 기록)

2회기 : 자화상

필요성 인식하기

모든 사람은 자기만의 강점 및 장점과 특성이 있다는 것을 안다는 것은 아동·청소년으로 하여금 긍정적인 자기계발과 타인과의 균형감 있는 신뢰관계를 유지하게 하는 능력과 힘 있는 자기를 더욱 가능하게 할 것이다. 그러한 맥락에서 이 프로그램의 경험은 부적절한 자기이해를 확인하고 적절한 행동을 강화하는 기회가 된다.

프로그램 시작하기

시작하기 전에 안내자는 이렇게 전달하고 시작할 수 있다.

"우리는 개인마다 고유성이 있고 그 특성은 누구도 모방할 수 없는 자기만의 개별성입니다. 일상에서 우리는 소중한 자기만의 모습이 있음에도 그 모습을 무시하기도 하고 모른 채 살아가기도 하지요. 오늘 우리는 이미 알고 있는 자기일 수도 있으나 잘못 알고 있거나 채 알아차리지 못했던 자기가 있는지 이해하는 시간을 가지려고 합니다."

유의사항

어떠한 모습이든 자기만의 고유성이 있고 그것은 어느 누구와도 바꿀 수 없는 소중한 자기이며 경험이라는 점을 강조할 필요가 있다.

작업과정

도화지의 크기는 자유롭게 선택하도록 한다.

- 자신이 어떠한 사람인지 먼저 자기탐색의 시간을 가지며 서로의 긍정적인 점을 찾아 전달하는 시간을 갖는다.
- 도화지에 자신이 느끼고 알고 있는 자화상을 표현한다.
- 자화상 주변에 자신이 좋아하거나 원하는 또는 마음속에 깊이 담고 있는 소중한 기억을 그리거나 잡지에서 찾아 붙인다.

- 흔히 느끼는 감정과 장점을 포함한 미완성 문장 기록지(참여 학생들의 특성을 고려하여 10개 미만의 내용 준비)에 문장을 완성한다.
- 무엇을 표현했는지 소개하고, 완성 문장의 내용과 자화상의 유사성과 차이점에 대해 공유한다.

다루어야 할 내용

- 자기표현에 노출되는 어려움의 정서를 관찰한다.
- 자신의 사회적 역할을 탐색하도록 지지한다.
- 감정을 말하도록 지지한다.
- 무조건적 수용의 분위기를 제공하고 자유로운 상호소통을 촉진한다.
- 관계의 특성을 탐색하고 불만족감의 요인에 대처한다.

자기보고식 현장기록에 포함할 수 있는 내용

- 자화상의 모습에 함축하고 있는 감정은 무엇인가?
- 자신의 장점은 무엇인가?
- 자신의 특성이 다른 사람과 다른 점은 무엇이라고 생각하는가?
- 현재의 자기에게 필요한 것은 무엇인가?

3회기 : 또 다른 나'

필요성 인식하기

자기만의 특성과 장점을 충분히 가지고 있으면서도 사람들은 끝없이 타인의 "인정을 반복 요구하고 기대하면서 원하는 반응에서 벗어나면 실망하고 좌절하기도 한다. 이 프로그램은 2회기까지의 작업에서 표현한 자기이해에 이어 숨겨진 자기불안을 드러내고 자기인식을 도우며 자신감을 향상하는 데 초점을 둔다.

프로그램 시작하기

시작하기 전에 안내자는 이렇게 전달하고 시작할 수 있다.

"지난주까지 해서 우리는 자신의 특성에 대해서 생각해 보았지요? 이어서 오늘은 자신이 알고 있고 다른 사람들이 말하는 자기만이 아닌 그 이상의 자기가 있다는 것에 대해 다시 한 번 생각해 보고 자신이 채 인식하지 못했던 또 다른 가능성 있는 자기에 대해 생각해 보려고 해요."라는 표현으로 시작하여 아동·청소년이 거부해 왔던 자기 또는 아직 채 인식하지 못했던 소중한 자기를 재발견할 수 있도록 지지한다.

유의사항

자기부정과 불안이 노출되는지 관찰하고 어떠한 자기 모습도 소중하다는 것을 강조할 필요가 있다.

작업과정

도화지의 크기는 자유롭게 선택하도록 한다.

- 되고 싶은 상상의 자기에 대해 소개하고 공유한다.
- 일상에서 가질 수 없었던 원하는 자기 모습을 색과 형태 및 오브제를 사용하여 표현한다.
- 표현한 자기가 현실의 자기와 어떻게 유사하고 다른지에 대해 소개하고 나눈다.
- 상상의 자기 모습을 위해 지금 가능한 것이 무엇인지 기록하거나 이미지로 표현한다.

다루어야 할 내용

- 자기표현 과정에 불안이 노출되는지 관찰한다.
- 적극적인 창조적 자기감을 촉진한다.
- 성취감을 촉진한다.
- 자존감에 초점을 둔다.
- 개인적인 특성과 기질적 요소를 인식한다.
- 긍정적인 자기 이미지를 강화하고 균형적 관계를 지지한다.

자기보고식 현장기록에 포함할 수 있는 내용

- 상상의 자기는 어떠한 모습으로 표현되었는가?
- 이전의 자기와 다른 점이 있는가?
- 실제의 자기와 차이가 있는가? 그것은 무엇인가?
- 자기를 위해 지금 필요한 것은 무엇인가?
- 도움이 필요하다면 그것은 무엇인가? 누구에게 도움을 요청할 수 있는가?

4회기 : 돌봄의 마법 주머니

필요성 인식하기

자기인정과 자기돌봄에 초점을 둔 이 프로그램은 자기 자신의 장점을 스스로 확인하고 보상하며 주요 체계로부터 재확인받게 된다. 이 과정을 통해 아동·청소년이 자신의 삶에서 원하는 방향이 무엇인지 스스로 찾도록 질문을 받는다는 것은 앞으로의 성장과정에 그 무엇보다 의미 있는 삶의 주제가 될 것이다.

프로그램 시작하기

시작하기 전에 안내자는 이렇게 전달하고 시작할 수 있다.

"여러분은 스스로에게 '내가 원하는 것이 무엇인가? 내가 가려고 하는 곳이 어디인가?'라는 질문을 해 본 적이 있나요?"라는 말로 시작함으로써 아동 · 청소년이 자기에 대한 탐구를 시작하는 통로를 열어 주고 기회를 제공해 준다.

유의사항

안내자가 언급한 내용을 아동 · 청소년이 이해하는지 주목하고 현실감의 수준을 평가할 필요가 있다.

작업과정

마법 주머니는 원하는 형태를 자유롭게 선택하도록 한다.

● 자신에게 필요한 것이 무엇인지, 지금까지 무슨 생각을 하며 살았는지, 앞으로 무엇을 하고자 하는지 등에 대해 생각해 보는 시간을 가진 후 그것에 대해 기록한 후 공유한다.
● 마법 주머니 작업의 의미와 방법에 대한 이해를 위해 충분히 설명하고 이해했는지 확인할 필요가 있다.
● 주머니 표면에 자신이 가고자 하는 앞으로의 방향이 무엇인지 표현한다.
● 자신에게 필요한 것을 기록하고 의미를 부여한 상징물을 주머니에 넣는다.
● 자신의 작업이 끝나면 서로에게 필요한 지지, 칭찬, 장점 등을 기록하거나 그림으로 표현하여 구성원들의 주머니에 넣어 준다.
● 작업과정의 경험에 대한 느낌을 소개하고 공유한다.

다루어야 할 내용

• 개인의 긍정적인 특성 강화에 초점을 둔다.
• 자기발견을 촉진한다.
• 자존감을 강화한다.
• 긍정적인 자기탐구가 되도록 지지한다.
• 타인에 대한 관심능력을 강화한다.

자기보고식 현장기록에 포함할 수 있는 내용

- 작업에 대한 느낌은 무엇인가?
- 앞으로 원하는 가고자 하는 방향은 무엇인가?
- 자기 자신에게 해 주고 싶은 말은 무엇인가?

좋은 친구 되고 우정 유지하기

회기	하위목표	주제 및 내용	준비물
1	나 보이기	만남	색종이(인원수만큼의 색깔마다 2개씩), 2절지(또는 전지), 풀, 크레파스, 다양한 오브제
2	관심 갖고 신뢰하기	몸으로 마음으로	무지개 낙하산, 도화지, 크레파스, 음악(즐거운 음악, 그리움 또는 친구 관련 조용한 음악)
3	장애물 다루기	차이와 걸림돌의 조화	넓은 공간, 강약의 자연소리, 동작 위한 스카프, 도화지, 크레파스, 파스텔
4	좋은 친구 되기	진주가 된 가리비	가리비, 천사토, 다양한 색의 구슬, 도화지, 크레파스

1회기 : 만남

필요성 인식하기

학령기 아동뿐 아니라 청소년기의 가장 중요한 위로 대상은 친구이며, 친구관계로 맺어진 우리 의식은 강한 집단 정체감을 형성하게 하고 심리사회적 지원으로서 자존감 형성에 강력한 영향을 미친다. 학령기에 친구관계를 형성하지 못하면 확대된 사회적 관계로의 진행에서 왜곡된 고립감을 갖게 되고 부적응문제의 결과를 초래할 수 있다는 맥락에서 이 프로그램의 시작은 정서적 지지체계로서의 친구관계에 어떻게 다가가야 할지에 초점을 둔다.

프로그램 시작하기

시작하기 전에 안내자는 이렇게 전달하고 시작할 수 있다.

"잘 알고 있는 사람이나 모르는 사람과 만나 이야기를 할 때 여러분은 어떻게 시작하나요? 여러분 각자가 평소에 사용해 왔던 방식에 대해 소개해 줄 수 있나요?"라는 질문으로 시작하여 대화를 시작할 때 보다 적절한 방법이 무엇일지 생각해 보도록 자극할 수 있다.

유의사항

관심과 존중으로 시작한 대화는 친구관계를 유지하게 하는 기본적인 기술이라는 것을 알게 하는 데 초점을 둔다.

작업과정

펼쳐 둔 색종이 중에 원하는 색을 자유롭게 선택하게 한다.

- 같은 색을 선택한 사람과 짝을 이루고 두 사람만의 공간에서 서로에 대해 알아 가는 시간을 갖는다(이때 상대방의 첫 느낌, 가족관계, 장점, 좋아하는 것, 관심영역, 자신과의 유사성과 차이 등에 대해 나눈다).
- 전체에게 짝에 대한 소개를 한 후 짝은 보충하고 싶은 자기에 대한 보완 소개를 한 다음 자기를 소개해 준 짝에 대한 소개를 하는 순서로 진행한다.
- 각자의 소개가 끝나면 전체 앞에 2절지(또는 전지)를 펼치고, 자신의 앞에서부터 시작하여 각자가 가진 색종이를 사용하여 찢거나 형태화하여 붙이고 연속선상에서 그림을 그린다.
- 개인 작업이 끝나면 무엇을 표현했는지 간략하게 소개한 후, 전체적인 조화를 고려하여 함께 의논하고 보완하여 한 장의 그림으로 완성하고 제목을 붙인다.
- 자신과의 차이점과 유사점 및 생각하게 된 것 등에 대한 느낌을 충분히 공유한다.

다루어야 할 내용

- 서로에 대한 이해에 초점을 둔다.
- 서로의 유사성과 차이점을 확인하고 다른 점에 대한 수용과 존중을 다룬다.
- 서로에 대한 관심의 능력을 촉진한다.
- 적절한 대화방법을 학습한다.
- 상대에 대한 존중감을 강화한다.

자기보고식 현장기록에 포함할 수 있는 내용

- 짝과의 만남에 대한 느낌은 무엇인가?
- 전체 작업에서 개인이 표현한 것은 무엇이며 작업의 느낌은 어떤가?
- 전체적인 느낌과 경험은 무엇인가?
- 자신과의 차이점은 무엇이고 그 차이점에서 무엇을 생각하게 되었는가?

2회기 : 몸으로 마음으로

필요성 인식하기

신뢰감을 발달시키는 놀이 작업에 초점을 둔 이 프로그램은 학급단위 접근에 적절하며 아동·청소년으로 하여금 지금까지 유지해 왔던 친구관계에 대한 자신의 모습을 살펴보는 기회를 갖게 한다. 그뿐만 아니라 친구에 대한 신뢰를 촉진하고, 좋은 친구를 유지하도록 돕는 데 중요한 의미를 함축하고 있다.

프로그램 시작하기

시작하기 전에 안내자는 이렇게 전달하고 시작할 수 있다.

"우리 모두는 각자의 친구가 있어요. 여러분은 어떠한 친구를 마음에 담고 있나요? 여러분은 친구를 신뢰하고 있나요? 내 친구에게 나는 어떠한 친구일까요? 내 친구는 나를 신뢰할까요?"라고 질문함으로써 아동·청소년들에게 자신의 친구관계를 되돌아보는 기회를 제공한다.

유의사항

친구에 대한 믿음이 갖는 중요성에 초점을 둔다.

작업과정

- 신체를 사용하므로 충분히 여유 있는 공간을 확보하는 것이 일차적인 준비이다.
- 즐거운 음악을 제공하고, 아동·청소년들 모두는 한 사람 또는 두 사람을 제외하고 각각의 무지개 낙하산 한쪽 끝을 잡고 원형으로 둘러서서 제외된 한두 사람이 낙하산 속에 들어가 충분히 즐기도록 돕고 밖으로 나오면 다른 사람과 교대하며 모두가 경험할 때까지 계속한다.
- 놀이가 끝나면 간략하게 놀이의 느낌을 공유한다.
- 조용한 음악과 함께 원형으로 둘러선 상태에서 중앙에 있는 한 사람을 제외한 채 양팔을 옆 사람과 팔짱을 껴서 서로 분리되지 않도록 한다.
- 중앙에 있는 한 사람은 눈을 감은 채 서로 분리되지 않도록 단단히 연결된 사람들의 몸에 자신의 몸을 맡기며 천천히 오른쪽으로 회전해 가며 한 바퀴를 돌면서 전체와의 만남을 갖는다(이때 모두는 자기에게 몸을 맡긴 사람이 넘어지지 않도록 서로 보호하는 마음으로 대처한다).
- 전체가 이 과정을 경험하고 나면 그 느낌을 색과 형태로 표현하고 느낌을 공유한다.

다루어야 할 내용

- 친구관계의 믿음과 신뢰에 초점을 둔다.
- 친구의 소중함을 다룬다.
- 친구에 대한 관심능력을 강화한다.

자기보고식 현장기록에 포함할 수 있는 내용

- 낙하산 놀이의 느낌은 어떠했으며 무엇을 느꼈는가?
- 눈을 감고 자신의 몸을 맡기는 동작을 했을 때의 감정은 어떠했는가?
- 무엇을 알게 되었는가?
- 친구란 자신에게 무엇이라고 생각하는가?
- 친구에 대해서 좀 더 알게 된 것은 무엇인가?

3회기 : 차이와 걸림돌의 조화

필요성 인식하기

다름의 차이를 사용하여 조화를 경험하도록 안내하는 데 초점을 둔 이 프로그램은 각 개인의 독특성과 다름을 자연스럽게 이해하도록 돕는다. 더불어 자신과 친구와의 다름이 관계를 방해하는 걸림돌이 되는지, 자신의 행동이나 친구의 행동을 살펴보고 상대방의 특성을 수용하고 어떻게 이해하는지에 따라 관계가 시작되기도 하고 깊은 우정관계가 유지될 수도 있으며, 어울리지 못할 수도 있음을 알게 되는 중요한 기회이자 경험이 된다.

프로그램 시작하기

시작하기 전에 안내자는 이렇게 전달하고 시작할 수 있다.

"오늘은 지난 시간에 이어서 좋은 친구를 사귀기 위한 더 구체적인 작업을 위해 자연의 네 가지 원소를 사용하려고 해요. 우리는 누구나 각자의 특성이 있고 늘 좋은 친구가 되려고 하지만 친구의 특성을 이해하지 못해서 오해를 하거나 간혹 친구에게 부정적인 영향을 미치기도 하고, 친구의 어떠한 행동 때문에 마음이 상해서 친구관계가 소원해지기도 해요."라고 전함으로써 누구나 경험할 수 있는 불편감의 관점에서 아동·청소년이 경험한 친구관계의 어려움을 노출하고 서로 공유할 수 있도록 지지할 수 있다. "그렇듯 우리 주변에 늘 함께하는 물과 불과 공기와 흙은 너무나도 다른 요소이지만 그럼에도 어우러져 우리에게 다양한 필요를 제공해 주지요. 이처럼 우리도 성격과 개인의 특성이 각각 다르지만 각자의 장점이 있고 그 장점을 이해하게 되면 나로 하여금 소중한 경험을 갖게 하고 서로가 좋은 관계를 유지하게 되지요."

유의사항

아동 · 청소년이 부정적으로 표현한 어떠한 감정이 평가차원으로 전달되지 않도록 유의하고 구체적인 행동을 기술할 수 있도록 지지한다.

작업과정

몸을 움직이는 데 자연스러움을 더하기 위해 다양한 천이나 스카프를 제공하여 원하는 색의 스카프를 선택하도록 한다.

- 물, 불, 공기, 흙의 특성과 차이에 대한 이해를 공유한다.
- 각 원소의 강약을 적용한 음악을 제공하고 몸으로 표현한 후 느낌을 기록한다. 이때 각각의 원소는 순서대로 하며, 개인 동작으로부터 시작하여 짝으로, 다시 전체로 확장하도록 안내한다. 충분한 시간적 여유가 가능하다면 각각의 원소를 경험할 때마다 기록과 그림을 표현하도록 한다.
- 전체 경험이 끝나면 자신은 어떠한 원소와 유사하다고 생각하는지 전체에게 소개한다.
- 같은 원소끼리 집단을 형성하여 전체에게 각 집단의 움직임을 소개한다. '나는 ~입니다'라는 표현으로 시작하여 자신의 특성에 대해 이야기하는 시간을 가지며, 이때 모두는 같은 원소라 해도 어떠한 차이와 공통성이 있는지에 대해 발견한 것을 이야기한다.

다루어야 할 내용

- 개인의 독특성에 대한 인정과 존중감에 초점을 둔다.
- 좋은 친구를 유지하기 위한 요소를 다룬다.
- 제삼자의 관점에서 변화 가능한 방법을 시도하도록 강화한다.

자기보고식 현장기록에 포함할 수 있는 내용

- 4원소 중 자신과 가장 유사하다고 생각되는 것은 무엇이라고 생각하는가?
- 자신은 친구에게 어떤 사람이라고 생각하는가?
- 친구는 나에게 어떠한 영향을 미치는 사람이라고 생각하는가?
- 좋은 친구가 되기 위해 가장 중요하다고 생각하는 것은 무엇인가?

4회기 : 진주가 된 가리비

필요성 인식하기

좋은 친구를 가질 수 있다는 것은 아동·청소년기의 삶에서 그 무엇보다 소중하고 강력한 힘일 것이다. 따라서 여러 장애물을 견디고 진주를 탄생시킨 가리비 이야기를 활용하여 제공되는 이 프로그램에서는 아동·청소년으로 하여금 소중한 친구로 성장하기 위해 서로가 극복해야 하는 과정이 있다는 것을 이해하게 한다.

프로그램 시작하기

시작하기 전에 안내자는 이렇게 전달하고 시작할 수 있다.

"진주가 된 가리비는 진주를 품기 위해 수많은 역경을 견디어 왔답니다."로 시작하여 가리비의 성장에 대한 이야기를 전달한다. "그렇듯 친구관계도 우리가 그 친구에 대해 얼마나 귀하게 생각하고 믿음을 갖느냐에 따라 그 친구는 앞으로 우리의 삶에 끝없이 함께하는 위로이자 귀한 힘이 되어 줄 거예요. 나는 어떠한 친구인지, 나에게는 어떤 친구가 있는지, 소중한 친구관계를 위해 나에게 필요한 것은 무엇인지, 무엇을 해야 할지 생각해 보기로 해요."

유의사항

친구관계가 제한적이거나 어려움을 가진 경우 무엇이 어렵게 했는지 생각해 보는 기회에 초점을 두고 안내할 수 있다.

작업과정

원하는 크기와 형태의 가리비를 자유롭게 선택하도록 한다.

- 진주가 된 가리비 이야기를 통해 가리비의 역경과 고통을 통해 성장해 가는 과정을 상상하는 시간을 갖는다.
- 가리비가 자신이라고 상상하고, 진주는 자신이 창조하고 탄생시킨 우정이라고 상상한다.
- 가리비가 바닷속에서 역경을 겪으며 진주를 탄생시키는 과정을 상상하고 상상한 가리비가 무엇이 되고 싶은지, 어떠한 환경에 있고 싶은지, 어떠한 모습으로 자라는지, 무엇을 갖고 싶어 하는지 등에 대해 상상하고 도화지에 그것을 표현한다.
- 완성되면 어떠한 경험을 했는지 소개하고 공유한다.

- 성장은 아픔이 따를 수 있다는 원리를 다룬다.
- 좋은 친구가 되기 위한 과정은 노력이 필요하다는 이해를 자극한다.
- 친구의 행동에 대한 이해와 관심을 촉진한다.
- 관계에 대한 책임성을 유지할 수 있도록 지지한다.
- 자기 행동에 대한 욕구를 수용하고 긍정적인 방법을 강화한다.

자기보고식 현장기록에 포함할 수 있는 내용

- 가리비의 과정이 자기와 유사한 점과 차이점은 무엇인가?

- 친구의 마음을 이해하게 된 것이 있다면 그것은 무엇인가?

- 이 작업을 통해 알게 된 것은 무엇인가?

- 좋은 친구가 되기 위해 자신이 하고자 하는 것이 있다면 그것은 무엇인가?

학습습관과 학업 스트레스 관리하기

회기	하위목표	주제 및 내용	준비물
1	학습습관 점검하기	나의 수업시간	10장 정도의 도화지, 마커펜, 크레파스,
2	뇌기능 활성화로 학습행동 강화하기	만다라 그리기	도화지, 다양한 재질과 크기의 원형, 다양한 오브제, 색채도구, 풀, 가위
3	효율적으로 학업 스트레스 관리하기	기억 그리고 불안	도화지, 크레파스
4	문제 다루고 학습계획 실천하기	미래에 부여하고 싶은 가치	도화지, 잡지 사진, 색채도구, 풀, 가위, 학습계획지

1회기 : 나의 수업시간

필요성 인식하기

학생의 하루 일상 중에서 가장 많은 시간을 투입하고 중요하게 다뤄지는 것이 학습이다. 학생이 학습을 효율적으로 잘 성취해 낼 수 있다는 것은 자기확신과 자존감이 있을 때 가능해진다. 그러한 맥락에서 이 프로그램은 아동이 자기 주도적인 학습습관을 갖고 자신의 학습을 부적절하게 하는 부재 요소가 무엇인지 근거와 대안을 찾고 학습능력을 충분히 발휘할 수 있도록 자존감을 높이는 데 의미가 있다.

프로그램 시작하기

시작하기 전에 안내자는 이렇게 전달하고 시작할 수 있다.

"여러분은 자신의 학습습관에 대해 생각해 본 적이 있나요?"(또는 그러한 습관을 갖게 된 데에는 "어떠한 이유가 있나요?"라는 질문으로부터 시작할 수 있으며, 그러한 접근은 학습태도의 적절성과 학습 방해요인에 대해 점검하는 기회가 될 수 있다.) "오늘 우리는 학습과 관련하여 여러 장의 그림을 그릴 거예요."

유의사항

학습태도의 맞고 틀림이 아니라 학습양식에 대한 갈등을 공유하는 시간이 되도록 안내한다.

작업과정

도화지의 크기와 흰색, 검은색 중 자유롭게 선택하도록 한다.

- 시험을 앞둔 특정 시간의 수업을 떠올리고 서로 공유한다.
- 그 시간의 시작부터 끝나는 시간까지의 경험한 내용을 순서대로 색과 형태로 6장 이상의 그림으로 표현하고 제목을 붙인다.
- 어떠한 내용인지 순서대로 소개하고 특성적인 내용을 탐색하며 공유한다.

다루어야 할 내용

- 학습습관과 상황의 불안요인을 탐색한다.
- 정서가 학습양식에 미치는 영향을 다룬다.
- 효율적인 학습습관을 촉진한다.
- 갈등의 상황적 특성과 범위를 이해하고 필요자원 연결에 대해 계획한다.

자기보고식 현장기록에 포함할 수 있는 내용

- 학습과정에 부정적인 영향을 미치는 공통 특성의 패턴이 있는가?
- 학습결과가 늘 불만족스럽다면 무엇이 원인이라고 생각하는가?
- 자신을 위해 앞으로 필요한 것이 무엇이며, 어떠한 부분을 보완해야 하는가?

2회기 : 만다라 그리기

필요성 인식하기

학습에서의 뇌구조와 뇌기능 활용에 대한 논의는 최근에 계속 늘어나고 있고 뇌교육, 뇌운동이라는 주제로 아동·청소년의 학습과 문제행동에 대한 효과성이 제시되고 있다. 이 프로그램은 창작활동을 이용하여 뇌의 통합적 활성화를 돕고 균형적인 학습기능을 강화하는 데 초점이 있다.

프로그램 시작하기

시작하기 전에 안내자는 이렇게 전달하고 시작할 수 있다.

"우리의 뇌는 우뇌와 좌뇌 두 반구로 구성되어 있고 개인에 따라서는 한쪽 뇌가 다른 한쪽 뇌에 비해 더 우세한 특성적인 기능을 발휘해요. 뇌과학에서는 좌뇌가 우세하면 사고능력, 우뇌가 우세하면 정서적 측면이 강하다는 등의 특성을 이야기하죠."라는 설명으로 뇌의 특성과 발달적 측면을 전달하여 아동이 자신의 특성과 뇌기능에 대해 이해하고, 지난 시간의 시험에 대한 정서와 태도 및 스트레스 수준이 자신의 어떠한 특성과 관련하는지 생각해 보는 기회를 제공한다.

유의사항

어느 쪽이 좋다 나쁘다의 판단적 태도를 배제하고 통합성에 초점을 두고 안내한다.

작업과정

도화지의 크기와 흰색, 검은색 중 자유롭게 선택하도록 한다.

- 자신의 소중한 관계를 떠올리고 그 소중한 관계가 어떻게 발전되고, 바뀌어 왔고, 어떻게 깨졌는지, 의사소통의 태도, 억압 요소 등에 대해 기록하는 것으로부터 시작한다.
- 각각의 재질로 만들어진 원형을 선택하고 도화지에 붙인다.
- 각각의 경험과 감정을 다양한 재료를 사용하여 원형에 표현한다.
- 완성되면 원형에 표현된 내용과 느낌에 대해 기록한다. 표현된 내용의 당시 자신의 나이, 어떤 관계인지, 어떠한 과정이 있었는지, 어떠한 기쁨과 불행감, 힘든 마음, 슬픈 마음 등을 경험했는지, 바람 등에 대해 기록한다.
- 작업에서 알게 된 학습의 정서적 장애물, 억압요소에 초점을 두고 작업과정의 경험과 느낌을 공유한다(학급단위 집단이라면 좌뇌형과 우뇌형으로 그룹을 나누어 학습특성과 필요요소에 대해 공유하도록 안내한다).

- 특성적 자기에 대해 다룬다.
- 학습기술의 특성적 효과를 다룬다.
- 기억구조에 영향을 미치는 주변 요소에 초점을 둔다.
- 학습효과에 영향을 주는 지지적 환경을 스스로 창조하도록 촉진한다.

자기보고식 현장기록에 포함할 수 있는 내용

- 학습에 부정적인 영향을 미치는 주변 환경이 있다면 그것은 무엇인가?
- 자신의 취약성을 극복하기 위해 필요한 것은 무엇인가?
- 통합적 자기를 위해 필요하다고 생각하는 것은 무엇인가?

3회기 : 기억 그리고 불안

필요성 인식하기

학습에 방해되는 어떠한 문제로 인해 효율적인 학습을 하지 못하거나 그것 때문에 시간을 뺏긴다면 삶에 크나큰 손해를 감당해야 한다. 그러나 잠시 멈추고 그 장애를 가져온 문제에 대해 탐색하고 해결점을 찾게 된다면 아마도 그 사람은 다시 학습에 전념할 수 있는 힘을 발휘할 수 있게 된다. 따라서 이 프로그램은 학생으로 하여금 최근의 학업 스트레스를 스스로 평가하고 대안을 찾도록 도울 것이다.

프로그램 시작하기

시작하기 전에 안내자는 이렇게 전달하고 시작할 수 있다.

"스트레스 없이 일상생활을 행복하게 잘할 수 있다면 더없이 편안하겠지만, 우리는 늘 다양한 스트레스를 경험할 수밖에 없는 환경에 있고, 또한 학생이므로 학업과 관련해 주요 체계의 기대와 외부로부터 오는 요구를 감당하며 살아가고 있어요. 여러분은 최근에 겪은 스트레스 중 시험과 같은 학업 관련 불안이나 스트레스를 경험한 적이 있나요?"라고 질문하여 학업 스트레스나 시험불안 상황을 노출하고 서로의 경험을 공유하도록 안내할 수 있다.

유의사항

특정 학습습관과 불안을 유발하는 요인에 초점을 맞춘다.

작업과정

도화지의 크기와 흰색, 검은색 중 자유롭게 선택하도록 한다.

- 학습과 관련하여 특별히 기억나는 스트레스 상황이나 사건에 대해 기록한다.
- 관련된 대상이나 환경 및 상황을 색과 형태로 표현한다.
- 특히 염려되고 스트레스라고 느끼는 대상이나 상황에 색으로 경계를 표기함으로써 경험요소를 조직화한다.
- 인지적으로 조직화한 경험요소에 대해 기록한다(경계를 표기한 내용과 그에 대한 일반적인 자신의 태도, 학습습관을 저해하는 자신의 습관과 행동, 가능한 학습효과 촉진태도 등).
- 전반적인 경험을 공유한다.

다루어야 할 내용

- 스트레스를 주는 문제에 대처한다.
- 이완방법을 학습한다.
- 우선순위를 결정하고 스스로 선택한다.
- 학습습관을 방해하는 습관이나 행동을 멈추고 새로운 방법을 사용하도록 지지한다.

자기보고식 현장기록에 포함할 수 있는 내용

- 학습을 저해하는 일상의 습관이 있는가?
- 주말은 어떻게 보내는가?
- 자기만의 스트레스 해소방법이 있는가?
- 긍정적인 대안을 위해 요구하고 도움받고 싶은 것이 있는가?(구체적인 사람, 환경, 물리적인 요소 등)

4회기 : 미래에 부여하고 싶은 가치

필요성 인식하기

지난주까지의 학습에 대한 자기습관과 방해요인 제거를 위해 가능한 계획에 초점을 둔 이 프로그램은 각자의 관점에서 우선 가능한, 강점 중심으로 자존감을 세우고 실천계획을 구체화하는 데 초점을 둔다.

프로그램 시작하기

시작하기 전에 안내자는 이렇게 전달하고 시작할 수 있다.

"학습을 방해하는 아직 해결되지 못한 문제를 찾고 스스로의 실천을 위해 필요한 대안을 갖는 것을 오늘의 주제로 삼고자 해요."라고 전달함으로써 각자는 왜 공부를 하는지, 학습방법은 어떠한지, 자신의 실천계획에 방해가 되는 요소를 재확인하고 대처계획을 실천하고자 하는 노력을 강화한다.

유의사항

자신에 대해 아는 것부터 구체적인 계획을 구성하도록 지지한다.

작업과정

도화지의 크기와 흰색, 검은색 중 자유롭게 선택하도록 한다.

- 자신의 학습습관과 관련한 정서적 물리적 방어요소를 다시 돌아보고 앞으로의 계획과 염려되는 부분에 대해 함께 공유하며, 각자의 학습 계획지를 작성한다(미리 준비한 계획지 제공).
- '미래에 부여하고 싶은 가치'를 주제로 그림 또는 콜라주를 한다.
- 표현한 이미지는 자신의 어떠한 의미와 관련이 되는지, 자신을 위해 무엇이 더 필요한지, 미래에 대한 기대와 의미, 자기만이 가진 강점 등에 대해 소개하고 공유한다.

학습 계획지

문제요소	이전 방법	수정 대안	예측되는 결과	결과의 보상

다루어야 할 내용

- 미래의 꿈을 다루도록 지지한다.
- 부적절한 학습태도의 변화를 시도한다.
- 자기관찰과 자기감시 방법을 연습하고 강화한다.
- 강점을 강화한다.

자기보고식 현장기록에 포함할 수 있는 내용

● 미래에 부여하고 싶은 가치는 무엇인가?

● 자신의 강점은 무엇인가?

● 현재의 자기에게 더 필요한 것이 있다면 그것은 무엇인가?

진로탐색하고 내 삶의 창조적 주인으로서 선택하기

회기	하위목표	주제 및 내용	준비물
1	자기존재감 자각하기	내가 보는 세상과 나	넓은 외부 공간, 도화지, 물감, 크레파스, 자연재료, 오공본드, 풀, 색종이
2	주요정서와 내적 욕구	나의 흔적	도화지, 물감, 크레파스, 풀, 색종이
3	욕구와 갈등하는 진로의 관련성 찾고 이해하기	소망 담은 이야기	투명한 병, 다양한 오브제, 도화지, 크레파스, 물감, 오공본드, 색종이
4	가치관 확립하기	미래를 꿈꾸는 향나무	도화지, 크레파스, 기본색의 마커펜

1회기 : 내가 보는 세상과 나

필요성 인식하기

개인은 누구나 존중받아야 하는 자기만의 특성을 가지고 세상에 존재한다. 그러므로 그 개인의 특성이 성장하고 결과를 맺기 위해서는 다양한 자원이 사용되어야 하며 그 자원을 사용하는 주인은 자기가 되어야 하며 그럼으로써 세상에 존재하는 자기가 의미로서 지각될 수 있다. 그러한 맥락에서 이 프로그램은 청소년으로 하여금 자신이 보는 세상이 자기와 어떻게 관련을 맺고 있는지 확인하게 하고 세상의 주인으로서 자원을 이용할 수 있는 창조적인 자기로서의 존재 의식을 자각하게 할 것이다.

프로그램 시작하기

시작하기 전에 안내자는 이렇게 전달하고 시작할 수 있다.

"앞으로 우리가 살아가야 할 날이 많이 있고 그 과정에서 자기의 진정한 욕구를 찾아간다는 것은 우리의 삶에 무엇보다 의미 있는 일일 거예요. 오늘 여러분은 자신의 삶이 세상에서 어떻게 연결되고 있는지 자유로운 상상 속에서 느끼고 그것을 찾는 시간이 되었으면 해요."라는 표현으로부터 시작하여 청소년으로 하여금 자기존재에 대한 의미를 구체화해 보도록 지지할 수 있다.

유의사항

모든 사람이 가진 개인의 고유성을 강조할 필요가 있다.

작업과정

넓은 공간이 필요하며 또는 야외공간을 사용할 수도 있다.

- 눈을 감고 세상이 어떻게 보이는지 어떤 곳일 거라고 느끼는지 상상하고 기록과 이미지를 표현한다.
- 다시 눈을 감고 자신이 존재하는 세상은 어떠한 곳인지, 자신이 바라는 것이 무엇인지, 자신은 어떠한 세상을 원하고 있는지에 대해 기록과 이미지를 표현한다.
- 자신이 보는 세상 속에서 존재하고 싶은 세상에 대해 주변 공간을 사용하여 몸으로 표현하고 함께하고 싶은 곳에 충분히 머물러 느낌을 가진 후, 경험의 이미지를 색과 형태로 표현한다 (주변 공간을 이용하여 경험 이미지를 표현하고 기록하는 과정을 반복할 수 있다).
- 자기가 존재하는 세상과 원하는 세상의 차이와 연관성에 대해 소개하고 공유한다.

> **다루어야 할 내용**
>
> - 창조적인 세상의 자원을 활용하도록 지지한다.
> - 세상에 존재하는 자신을 위해 보호도구를 찾도록 안내한다.
> - 세상이 살 만한 곳으로 소망을 갖도록 지지한다.

자기보고식 현장기록에 포함할 수 있는 내용

- 내가 본 세상은 어떠한 곳인가?
- 이 세상에서 나의 존재는 어떠한 의미인가?
- 자신이 원하는 세상은 어떠한 곳인가?
- 창조적인 삶을 위해 그리고 존중받는 내가 되기 위해 필요한 것은 무엇인가?

2회기 : 나의 흔적

필요성 인식하기

청소년이 자신의 진로에 대해 염려하고 미래에 대해 갈등하는 것은 건강한 모습이며 성숙의 과정이다. 이 프로그램은 청소년이 아직은 미숙함과 관련하여 겪을 수 있는 갈등이 왜곡되지 않도록 도울 뿐 아니라 자기가 걸어온 삶의 과정을 돌아봄으로써 존재감과 욕구를 이해할 수 있는 기회가 될 것이다.

프로그램 시작하기

시작하기 전에 안내자는 이렇게 전달하고 시작할 수 있다.

"지난주에 우리는 내가 존재하는 세상에 대해 생각해 보았지요?"라고 시작함으로써 지난주의 내용을 의식하고 오늘의 주제에 연결할 수 있도록 도울 수 있다.

유의사항

특정 사건이나 경험에 초점을 맞추도록 지지한다.

작업과정

자신의 삶 속에서 특별히 기억되고 있는 주제를 선택한다.

- 그 주제가 어떠한 과정을 거쳐 지금에 왔는지, 나에게 어떠한 의미였는지 시작에서 진행과정의 순서대로 이미지를 표현하고 기록한다.
- 자신의 삶의 흔적이 세상에서 어떻게 연결되어 왔는지, 무엇이 나를 지배해 왔는지에 대한 경험과 느낌을 공유한다.

> #### 다루어야 할 내용
>
> - 삶에서 가장 지배적인 기억을 다룬다.
> - 기억이 자신에게 미치는 영향을 다룬다.
> - 자신의 삶에서 있었을 수 있는 무시와 왜곡의 탐구과정에 스스로 참여할 수 있도록 돕는다.
> - 염려와 갈등의 근원지가 어디인지 탐색할 수 있도록 지지한다.

자기보고식 현장기록에 포함할 수 있는 내용

- 자신의 진로에 대해 염려하고 있는 것은 무엇인가?
- 자신의 삶에서 주제가 되고 있는 특정기억이 있는가? 그것은 무엇인가?

● 새롭게 알게 된 것이 있다면 그것은 무엇인가?

3회기 : 소망 담은 이야기

필요성 인식하기

개인이 꿈꾸는 소망은 다양하고 크기의 차이도 다르다. 청소년이 자신의 미래 진로에 대해 소망을 잃지 않고 있다면 자신이 경험하고 있는 모든 것은 그 자체로서 의미가 있으며 힘이며 가능성이다. 이 프로그램은 그러한 개인의 소망을 담은 힘을 자극하고 가능한 것으로 안내하며 스스로의 돌봄이 가능하도록 돕는 데 초점을 둔다.

프로그램 시작하기

시작하기 전에 안내자는 이렇게 전달하고 시작할 수 있다.

"여러분은 지금도 진행하고 있고 앞으로 다가올 자신의 미래 세상에 대해 어떠한 생각을 하나요?"라고 시작함으로써 지금-여기의 자기인식을 자극하고 소망의 마음을 더욱 풍성하게 하며 또는 아직 자신에 대해 찾지 못한 미래의 가능성을 자극할 수 있다. "오늘은 지금까지의 작업과 연결되는 미래의 소망과 그 소망 속에 담겨 있을 자신의 진로에 대해 더욱 구체화해 보려고 해요."

유의사항

소망이 없는 무력한 마음을 표현하는지 주의 깊게 관찰하고 만약 그러한 경우라면, 누구나 소망은 있으며 원하고 있지만 실패경험이 무력하게 했을 수 있다는 맥락에서, 아직 사용하지 못한 가능성에 대한 촉진적 이해를 도울 필요가 있다. 누구에게나 소망과 그것을 성취해 갈 힘이 있으며 다만 어떠한 이유로 인해 기회를 갖지 못했거나 포기했을 수 있으므로, 안내자는 아동·청소년이 그 가능성을 찾는 기회로 삼도록 지지적인 태도를 취해야 한다.

작업과정

다양한 형태 및 크기의 병과 도화지를 자유롭게 선택하도록 한다.

● 지금 갈등하는 진로와 관련하여 자신의 소망이 어떻게 진행해 왔는지 회상하는 시간을 갖는다.
● 소망의 흐름을 기억나는 대로 격식을 고려하지 않고 두서없이 기록한다.
● 기록한 내용 가운데 어떠한 소망이 중단되고, 연결되어 왔는지, 그리고 새로운 소망이 어떻게 등장하게 되었는지 분류한다.
● 기록의 느낌으로 병과 도화지 및 다양한 재료를 선택하고 자기만의 공간을 확보한다.

- 기록한 소망 가운데 가능하고 의미 있다고 생각하는 것만이 아니라 어떠한 것도 선택될 수 있으며, 하나의 소망에 포함된 대상, 관계, 원망, 용서, 감정, 화해 등 무엇이든 관련요소가 소망이 될 수 있다는 내용이 설명되어야 한다. 작은 종이에 소망을 기록하여 병에 넣고 그 내용을 상징화하여 의미 부여한 오브제로 병을 채우며 뚜껑과 표면 또한 의미를 부여하여 표현하고 완성한다.
- 도화지에 소망작업에서 경험한 느낌과 진로에 대한 자신의 욕구가 무엇인지 표현한다.
- 욕구와 진로의 가능성 그리고 소망을 위해 필요한 요소가 무엇인지 소개하고 서로 공유한다.

다루어야 할 내용

- 소망의 시작부터 현재까지의 흐름을 탐색하도록 돕는다.
- 소망과 관련된 상처요소를 다룬다.
- 배제된 것과 진행하고 있는 것 또는 마음을 사로잡고 있는 욕구에 초점을 둔다.
- 소망에 내재된 욕구와 갈등 및 진로의 관련성을 탐구하도록 지지한다.
- 욕구가 반영된 현재 가능한 진로의 방향을 찾도록 지지한다.

자기보고식 현장기록에 포함할 수 있는 내용

- 작업 후의 느낌과 알게 된 경험은 무엇인가?
- 기록한 소망 중 병 속에 포함된 소망은 무엇인가?
- 그 소망은 갈등하거나 원하는 진로와 어떠한 관련성이 있는가?
- 원하는 미래의 진로는 가능한 것인가?
- 가능하다고 생각하는 진로의 방향을 위해 필요한 요소가 있다면 무엇인가?

4회기 : 미래를 꿈꾸는 향나무

필요성 인식하기

진로와 관련하여 구체화한 욕구를 뿌리 내리고 스스로 키워 가도록 안내하는 이 프로그램은 지금 현재의 자기존재 가치를 발견하도록 안내하는 데 많은 초점을 둔다. 지나간 삶에서 어떠한 실망이 있었고 목표를 획득하기 어려운 부적절한 상황이라 해도 지금 현존해 있는 자기가 얼마나 소중하고 귀한 존재인지를 안다는 것은 삶에서 그 무엇보다 가치 있는 일이며 의미이다. 그러한 맥락에서 이 프로그램은 미래의 진로에 대해 갈등하고 좌절할 수 있는 청소년에게 삶의 에너지를 더욱 의미 있는 것으로 사용하게 하고, 기대하는 목표를 향해 나아가게 하고, 진정한 자기가치를 발견하게 할 것이므로, 자기의지로 진로를 선택하고 성장시켜 가는 힘을 확인하는 기회를 제공할 것이다.

프로그램 시작하기

시작하기 전에 안내자는 이렇게 전달하고 시작할 수 있다.

"계절이 바뀌듯 우리의 삶은 쉼 없는 변화 속에 있으므로 우리는 늘 가능하고 성장하는 과정에 있지요."라는 표현으로 시작하여 나무가 사계절을 통해 비바람을 이겨 내는 고통과 그럼에도 꽃을 피우고 열매를 맺는 변화와 성장의 과정을 청소년 자신의 삶의 과정으로 연결할 수 있도록 지지하고 안내할 수 있다.

유의사항

나무가 꺾이고 잘려 나가는 과정의 표현이 나올 수도 있으므로, 안내자는 나무가 비바람에 꺾이거나 의도적으로 잘라 내도 그 뿌리가 있는 한 어떠한 형태로든 싹을 틔우는 생명력이 있다는 것을 제시할 수 있어야 한다. 뿌리째 뽑아 내도 나무는 다른 모습으로 재목이 되고 형태화된 무언가로 탄생하며 유용하게 사용되는 가치를 발휘한다고 설명해 냄으로써 대처하고, 인간의 생명력과 개인의 존재감과 가치를 연결하고 비유하여 안내할 필요가 있다.

작업과정

원하는 크기의 도화지를 선택하도록 한다.

- 도화지에 생각나는 또는 상상의 나무를 그리도록 한다.
- 다양한 재료를 사용하여 미래의 자신을 어떻게 보는지 생각하고 자신을 나무에 비유하여 표현한다.
- 자신의 미래를 위해 필요한 요소(소망, 소중한 것, 원하는 선물, 버리고 싶은 것, 변화하고 싶은 것, 중요한 사건, 목표의 장애물 등)가 나무그림에서 등장한 상징적 요소와 어떻게 관련되는지에 대해 소개하고 공유한다.
- 공유한 후의 느낌과 앞으로의 방향을 어떻게 가져야 하는지 그림으로 표현하고 그 의미를 기록한다.
- 시계 방향으로 돌리며 모든 구성원이 자신 또는 각자에게 필요하다고 생각하는 요소와 지지적 마음을 글과 그림으로 전한다.
- 타인이 표현해 준 내용에서 이해가 안 되는 부분에 대해서는 질문과 피드백을 통해 이해하고 서로 나누며 지지한다.

- 개별성의 존중과 자기가치감을 자극하고 강화하는 데 초점을 둔다.
- 진로에 대한 갈등과 염려 그리고 미래에 대한 자기불안과의 관련성을 탐색하도록 돕는다.
- 가능한 자원을 가진 자기로서의 의미를 인정하고 자존감을 갖도록 지지한다.
- 방향을 설정하고 계획하도록 지지한다.

자기보고식 현장기록에 포함할 수 있는 내용

- 이 프로그램에서 찾게 된 의미는 무엇인가?

- 개인의 욕구와 진로에 대한 염려와의 관련성은 무엇인가?

- 자기에 대해 알게 된 것은 무엇인가?

- 앞으로의 계획은 무엇인가? 그것을 위해 어떻게 하려고 하는가?

- 필요로 하는 도움요소가 있다면 그것은 무엇인가?

제 3 부

아동 · 청소년의 주요 체계 지원과 변화를 위한 프로그램

아동 · 청소년의 주요 체계에 접근한 프로그램은 주로 교육 프로그램과 치료 프로그램으로 나눌 수 있다. 아동 · 청소년의 주요 체계에 접근한 교육 프로그램은 부모와 교사교육을 주된 예로 들 수 있다. 아동 · 청소년 중재를 위해 부모교육 및 부모중재는 필수적인 접근요소이며 주요 지원체계로서 교사교육 또한 배제할 수 없는 중요한 부분이라고 생각해 왔다. 이것은 지금도 변함없는 나의 주장이며, 특히 학교임상에서 교사와 협력관계를 맺고 부모환경에 접근하는 교육적 치료중재는 반드시 이뤄져야 한다고 믿고 있다. 학교 미술심리상담사 또는 아동 · 청소년 정신건강상담사가 진행하는 교사교육 프로그램은 어떠한 목표에 초점을 두고 있느냐에 따라 또는 학교의 1년 중 어느 시기에 진행하느냐에 따라, 그리고 참여하고자 하는 교사의 욕구에 따라, 다양한 방법과 이론을 적용할 수 있다. 교사교육 프로그램은 2000년부터 오랜 기간 진행해 왔던 교사연수 프로그램을 중심으로 이론과 기술 및 방법론적인 내용을 구체화할 계획이다. 따라서 여기에서는 부모의 아동 · 청소년기 자녀 이해를 돕고 부모의 양육 스트레스에 대한 악순환을 중단할 수 있도록 돕는 부모교육 프로그램을 제시하였고, 더불어 가족환경의 특성별 중재에 대해서는 지침을 제시하는 데 제한하였으며, 부모 죽음과 관련하여 상실문제를 다룰 수 있는 프로그램과 부모-자녀 프로그램을 제시하였다.

제 **4** 장

부모교육 프로그램

우리 사회에서 흔히 사용되고 있는 부모를 위한 교육 프로그램 유형에는 상담·심리이론을 근거로 다양하게 개발되고 시행되고 있다. 일반적인 부모를 대상으로 한 교육으로 Adler(1937)의 개인심리학 이론을 기초로 한 부모의 양육태도 변화를 위한 프로그램과 자녀의 양육방법 및 문제해결 훈련, Rogers(1961, 1969, 1970, 2002)의 인간중심이론을 기초로 실생활의 문제에 초점을 둔 의사소통기술과 효율적인 관계 형성, Berne(1976)의 교류분석에 근거한 부모 자녀 관계 개선과 부모의 행동변화, Skinner(1972)의 행동주의이론에 기초한 행동관찰과 행동수정 등이 있다. 이 외에도 다양한 방법으로 부모교육이 이뤄지고 있지만 내가 20년 이상 수많은 부모집단을 만나면서 느꼈던 부모 자녀 관계는 기술적인 방법으로 해결되는 것이 아니라 정서적인 측면이 변화를 가능하게 한다는 결론을 얻었다. 그러므로 여기에서는 내가 진행했던 대상관계 정신분석적 관점에서 예술치료를 적용한 부모교육 자료를 근거로 접근하고자 한다. 부모 자신의 경험을 자녀에게 투사하여 반복하는 문제를 중단하는 데 초점을 두고, Winnicott의 대상관계 접근의 부모교육 프로그램을 제시하였다.

프로그램의 기본내용과 절차

부모교육 프로그램을 개발하기 위해 기본적으로 포함해야 하는 내용은 참여 대상의 특성, 이론적 근거, 프로그램의 모형과 구성이 핵심적인 기본내용이 될 수 있으며 구체적으로는 예비 프로그램의 적합성과 수정 배경 등에 대한 내용이 포함된다. 여기에서는 참여 대상의 특성을 제한하지 않고 다만 교육 프로그램을 실시해야 하는 독자들을 위해 교육 프로그램이 어떻게 진행될 수 있는지 보편성에 근거하여 적용이론과 모형 및 구성에 대해 소개하기로 한다.

부모교육 프로그램 적용이론

대상관계이론에서는 발달적 맥락에서 인간 자체가 지닌, 성장의 가능성을 지닌 존재로 설명하고 부모 자녀의 애정관계가 아동의 성격발달에 직접적인 영향을 미치며 이후에 청소년기와 성인발달의 성장을 좌우한다는 점을 강조하였다. 더불어 부모 개인에게는 자신의 양육환경이 현재의 자녀양육에 미치는 영향을 이해하고 지금-여기에서 부모 자신의 성숙과 자기계발을 위한 시작을 할 수 있도록 통합적 맥락의 부모교육 프로그램 이론에 접근하되, 적용대상의 고려는 아동·청소년기 자녀를 둔 부모라는 것 외에 구체적인 언급은 배제되어 있다. 이 자료를 사용하는 독자는 참여 대상의 특성과 욕구조사에 근거한 조율이 필요할 것이다.

부모교육 프로그램의 모형

여기에서는 수년 동안 내가 진행해 온 나의 대상관계 접근의 부모교육 프로그램을 모아 핵심적인 내용을 토대로 주제와 내용구성을 재조직하고, 유치원 시기에 있는 자녀로부터 청소년기 자녀를 둔 부모와 부모 자신의 성숙과 회복을 위한 프로그램에 적용할 수 있도록 하였다. 이 책의 프로그램에서는 회기마다에 저널작업을 제시하지 않았지만 나의 진행방법에는 매회기 저널작업이 있었다. 이 프로그램을 사용하는 독자는 참여자의 상황과 욕구와 수용수준에 따라 저널을 포함할 수 있을 것이다.

부모교육 프로그램의 구성

프로그램을 구체적으로 시행하기 위한 교육기간은 최소 8~24회기로 각 회기는 최소 2시간 이상 3시간 정도의 시간을 필요로 하며 첫 시간에는 이론의 틀과 미술치료 접근의 의미 및 개인의 소개와 전반적인 오리엔테이션으로 이루어진다. 이러한 내용의 프로그램 대부분은 두 번째 만남에서부터 구체적인 내용이 자료를 통해 제공되고 각 회기는 작업과 강의 및 토론으로 이루어진다. 여기에서는 최근의 최단기 프로그램 경향에 따라 8회기 과정으로 축약하여 제공하기로 한다. 그러므로 독자는 참여자의 욕구에 따라 시간적 가능성에 따라 압축된 이 내용을 확장하여 진행할 수 있을 것이다. 과정에 포함되어 있는 주제강의는 안내자의 선호경향과 참여자들의 욕구와 반응에 따라 작업 전 또는 작업 후에 적절하게 적용할 수 있다.

Winnicott의 대상관계 정신분석 접근의 부모교육 프로그램

다음에 제시하는 부모교육 프로그램은 그동안 저자가 진행했던 수많은 교육 프로그램 가운데 2001년에 H 유치원에서 1년간 진행했던 부모교육 프로그램을 토대로 제시하고 있다. 이 프로그램의 교육목표에서 함축하고 있는 개념의 사용은 Winnicott 이론의 핵심개념인 의존단계로부터 시작하는 정서발달과 발달을 위한 촉진적 부모환경에 대한 주요개념을 준거로 하였다. 여기에 제시된 프로그램은 가능한 한 다룰 필요가 있다고 생각하는 핵심내용에 초점을 두었으므로 시간적 여유가 있다면 사전에 개인면담을 통해 욕구조사를 하고 프로그램 회기를 확장하여 재구성할 수 있을 것이다. 주제강의는 참여자의 욕구와 분위기에 따라 작업 전이나 후에 선택적으로 제공할 수 있다.

프로그램의 기본원리

- 좋은 부모역할은 부모의 진정한 자기발견으로부터 시작된다.
- 부모 자신과 자녀의 정서발달을 탐색하고 평가한다.
- 통합적 부모역할에 초점을 둔다.
- 모든 사람은 타고난 자기능력이 있음을 강조한다.
- 모든 문제는 극복 의지에 따라 변화 가능하며, 문제는 늘 회복의 메시지라는 점을 잊지 않는다.

프로그램의 구성

회기	하위목표	주제 및 내용	준비물
1	참여 동기부여와 경험 나누기	삶이 있는 곳으로부터	한지, 먹물, 붓, 크레파스, 자녀양육 스트레스 설문지
2	부모 자신의 통합적 자기경험이 자녀양육에 미치는 영향 이해하기	나의 성장배경과 감정의 흔적	1m 이상의 긴 한지, 먹물, 물감, 붓, 기본색의 색한지, 정서발달의 과정자료
3	모성적 돌봄이 자녀의 신체와 정신의 통합에 미치는 의미 이해하기	나의 신체 이미지	신체 모형, 크레파스, 물감, 먹물, 붓, 찰흙, 모성 돌봄의 기술자료
4	중간 대상과 중간 현상의 의미 이해하기	소망인형	인형 만들기에 필요한 다양한 재료, 사회적 관계로의 발달과 창조적 능력에 대한 자료
5	참자기와 거짓자기 발달 이해하기	가족 콜라주	참자기 거짓자기의 개념과 발달요인자료

(계속)

6	공격성과 관심의 능력 이해하기	해방된 에너지의 흐름	다양한 색의 양모, 바늘과 도구, 공격성의 의미와 관심의 능력자료
7	안전한 울타리로서 부성 환경 이해하기	부모 맘 드림캐처	링, 철사, 구슬, 깃털, 아버지의 역할자료
8	타고난 창조성을 활성화하고 통합적 삶 재조명하기	내 안의 보물을 찾고 전과정 마무리	수채화 용지, 수채물감, 스포이트, 파티 준비, 창조성과 통합적 삶의 의미자료

1회기 : 삶이 있는 곳으로부터

필요성 인식하기

첫 만남에서 프로그램이 어떻게 진행되는지를 구체적으로 소개하는 것은 참여자로 하여금 적극적인 참여 동기를 부여한다. 안내자의 입장에서는 문제인식에 대한 부모의 이해수준과 부모의 감정과 욕구를 이해할 수 있다. 따라서 첫 프로그램의 의미는 자녀양육의 긍정적인 방법을 이해하고 변화를 위한 실천 목표를 세운다는 데 초점이 맞추어진다.

프로그램 시작하기

- 안내자의 전문적인 역할배경을 소개한다.
- 참여에 대한 기대욕구, 소개, 부모로서의 갈등인식, 특히 도움받고 싶은 것, 가족 상황과 자녀의 연령 및 특성 등을 소개하고 공유한다.
- 교육에 대한 공통의 욕구를 확인하고 프로그램의 일정을 구체적으로 일시, 회기, 시간, 장소, 프로그램의 원리와 방법 등에 대해 소개함으로써 외적 틀 짜기를 구체화한다.

유의사항

첫 만남의 핵심은 모두가 집단에서 환영받고 존중되는 느낌을 가져야 하며 전반적인 소개와 이해에 초점을 두어 공통의 목표를 설정한다는 것을 잊지 않고 포함해야 한다.

진행과정

주제 강의 : 자녀양육 스트레스가 양육태도와 자녀 및 부모의 정신건강에 미치는 영향에 대해 설명한다(필요하다면 양육 스트레스 검사를 할 수도 있다).

작업과정

10장 정도의 한지와 원하는 크기의 붓을 자유롭게 선택하도록 한다.

- 먹물을 충분히 묻힌 붓으로 의식적인 형태가 아닌 마구 그리기를 한다.

- 연상 이미지를 찾고 다양한 재료를 사용하여 연상된 것을 구체화한다(이때 구체화 작업은 원하는 만큼의 내용을 할 수 있도록 한다).
- 연상 이미지가 현재의 자기와 또는 자녀양육 스트레스와 어떠한 관련성이 있는지 탐색하고 기록한다.
- 표현된 이미지에 대해 소개하고 함께 공유한다.
- 일상생활에서 자녀와의 관계를 기록하는 과제를 제시할 수 있다(청소년 임상미술치료방법론, 부록 XII 참조).

다루어야 할 내용

- 안전과 울타리로서의 지지적 환경을 강조한다.
- 자기수용에 초점을 둔다.
- 참여욕구를 구체화하고 공통의 목표를 설정할 수 있도록 돕는다.
- 스트레스 수준을 확인한다.
- 부모역할의 어려움에 포함하는 보편성을 다룬다.
- 프로그램에 참여한 그 자체가 성숙한 부모로서의 가능성임을 강조하여 자존감을 강화한다.

자기보고식 현장기록에 포함할 수 있는 내용
- 첫 작업에 대한 느낌은 무엇인가?
- 연상 이미지는 자신의 상황과 어떠한 관련성이 있는가?
- 작업 후 감정의 변화가 있다면 그것은 무엇인가?
- 첫 작업을 통해 특별히 생각하게 하거나 자신에 대해 발견한 것이 있다면 무엇인가?
- 프로그램에서의 개인적인 목표는 무엇인가?

2회기 : 나의 성장배경과 감정의 흔적

필요성 인식하기

부모로서의 역할 이전에 부모 자신의 성장배경을 회상하고 발달과정의 정서적 흐름에 대한 이해와 통찰의 기회는 부모 자녀 관계가 생물학적인 대상과 책임성으로만 연결되는 관계가 아니라 그 이상의 관계라는 것을 이해하게 한다. 더불어 생애의 굴곡 있는 삶에 묻어 있는 감정의 흔적은 자서전적인 경험적 기억과 불만족적인 외상기억이 영향을 미치는 자녀양육의 태도를 재해석하도록 돕는다. 그러므로 이 프로그램은 부모로 하여금 자기이해와 자녀이해를 더욱 구체화하도록 하며 지금 이 시점에서 무엇을 필요로 하는지 탐색하고 준비하게 할 것이다.

프로그램 시작하기

● 지난주 작업과 관련하여 경험된 내용에 대해 공유한다.

● 어떻게 작업이 이루어지는지 방법과 과정에 대해 소개한다.

● 집중을 돕기 위한 명상을 안내할 수 있다.

유의사항

타인의 명상을 방해하지 않도록 모든 재료는 사전에 미리 선택하고 준비하여 명상 후 즉시 사용할 수 있도록 안내한다.

진행과정

주제 강연은 작업 후에 하는 것도 자유로운 경험에 도움이 되며 정리하는 의미로 연결될 수도 있다.

주제 강의 : 1장 정도의 유인물을 제공하고 정서발달이 어떠한 과정을 통해 발달하는지 설명한 후, 자신의 성장과 감정의 흔적이 정서발달과 어떻게 관련되는지 나눈다.

작업과정

100cm 이상의 크기(가로 넓이)로 준비된 한지는 자유롭게 두께와 크기를 선택하도록 한다.

● 명상 후 한지의 중간 지점을 보편성의 기점으로 정하고 중간 지점 이하는 불만족한 경험 그리고 중간 지점 위로 갈수록 만족감의 의미를 부여하고, 먹물을 사용하여 자신의 삶이 어떠한 흐름으로 지금에 왔는지 선으로 표기한다.

● 선의 흐름에 연결되는 시기의 정서가 어떠했는지 색과 형태를 사용하여 표현한다(개인의 욕구에 따라 시기와 연령을 기록할 수 있다).

● 선의 굴곡과 색과 형태가 함축하고 있는 개인적 경험에 포함된 가족관계와 정서체계, 정서적 단절, 사회적 관계의 퇴행, 세대 간의 전이요소와 과정, 투사요소, 삼각관계, 분화 정도 등에 대해 기록한다(개념적 의미를 일반적인 예를 들어 이해하기 쉽게 전달한다).

● 기록내용을 기초로 소개하고 공유한다.

> **다루어야 할 내용**
>
> · 정서발달의 개념과 발달과정의 이해를 돕는다.
> · 과거 및 현재의 중요한 대상과의 관계를 탐색한다.
> · 자신의 정서발달이 자녀에게 미치는 영향을 다룬다.
> · '지금-여기'에서 할 수 있는 태도와 양육기술을 다룬다.

자기보고식 현장기록에 포함할 수 있는 내용

● 작업에 대한 전반적인 느낌은 무엇인가?

● 자신의 삶에 묻어 있는 주된 감정은 무엇인가?

● 자녀에 대한 주된 느낌은 무엇인가?

● 자녀에게서 자신과 유사한 특성을 느끼는가?

● 이 시점에서 부모로서의 성숙한 역할을 위해 필요한 것은 무엇인가?

3회기 : 나의 신체 이미지

필요성 인식하기

신체 이미지 작업은 개인의 신체적·심리적 측면뿐만 아니라 사회적 측면의 전인적 중재로서 공감적 반영을 끌어내는 기억의 통로 역할이 될 수 있다. 따라서 신체 안에 표현되는 색채와 형태는 기억 속의 경험을 보다 구체적으로 탐구하기 위한 용기(신체) 속에 자유로운 표현이 된다. 그러한 맥락에서 이 프로그램은 부모 자신의 오감체계와 그 반응을 색과 형태로 풀어내고 자기가 진정으로 원하고 필요로 하는 것을 확인하는 기회로 삼게 한다. 자녀양육과 적응적이고 성공적인 가정을 위해 그리고 개인적인 성숙을 위해 몸의 통로를 거쳐 유발되는 감정을 해소하고 변형적 경험을 위해서도 감정과 신체는 흩어질 수 없다는 차원에서, 이 프로그램에서 의도하는 의식적 무의식적 재구성은 성공적인 가정의 중심이 되는 부모역할의 통합적 능력에 필수적인 과정이리라 본다.

프로그램 시작하기

● 지난주 작업과 관련하여 경험된 내용에 대해 공유한다.

● 준비과정으로 신체 이미지 작업을 위한 자기탐색 시간을 안내한다.

● 신체 이미지 작업에 대한 방법을 설명한다.

유의사항

부모 자신과 부모로서의 자녀에 대한 태도에 초점이 맞춰지는 과정이므로 지나친 죄책감으로 왜곡 해석될 수 있음에 유의한다. 모든 사람은 수없이 실수할 수 있으며 실수를 통해 또 다른 가능성을 시도할 수 있는 기회를 갖게 되며, 인식하는 순간 언제라도 시작할 수 있고 변화할 수 있는 가능성을 가진 존재라는 점을 강조할 필요가 있다.

진행과정

주제 강의 : 신체와 정신의 통합을 위한 모성적 돌봄 기술에서 안아 주기, 신체 다루기, 대상 제공하기, 반영하기 등의 돌봄 기술에 대해 설명한다. 신체에 대한 소중함과 신체와 정신의 통합 의미를 인식하는 과정에 죄책감과 원망감을 유발할 수 있으므로 수용적 지지적 태도를 잊지 않아야 한다. 세상의 모든 부모는 최선을 다해 자녀를 돌보고자 하나 실패가 있을 수 있다는 보편성을 강조하고 지금부터 시작할 수 있고 가능하다는 것을 강조할 필요가 있다.

작업과정

다양한 신체 윤곽이 그려진 형판을 제공하고 자유롭게 선택하도록 한다.

- 선택한 형판을 앞에 두고, 자신의 신체 구석구석을 느끼는 자기만의 신체 탐색시간을 가진 후, 신체가 자각하고 있는 정서가 어떤 이미지로 표현될 수 있을지 상상하고 관련 단어를 생각나는 대로 기록한다.
- 기록한 단어 중에서 5~6개를 선택한다.
- 신체 윤곽에 선택한 단어와 관련된 감정을 색으로 연결하여 신체 윤곽을 재구성한다.
- 신체 내부의 탐색과정에서 느끼고 기억한 내용과 의미를 신체 이미지의 각 부분에 부여하고 색과 형태로 표현한다(예 : 적극적인 행위, 역할, 바쁜, 염려, 외상, 상처자국, 두통, 복통, 관절통증, 수면, 탈진, 무력감 등).
- 주제 강의에서 다루었던 신체와 정신의 통합요소와 자신의 신체 이미지 그림과의 연관성을 기록한 후, 함께 소개하고 공유한다.
- 나눔의 경험을 토대로 다시 찰흙으로 성장의 기대를 담아 자기 이미지를 표현한다.
- 어떠한 기대로 자신의 신체 이미지가 재구성되었는지 공유한다.
- 신체와 정신의 통합에 대한 질문과 토의시간을 충분히 가진다.

다루어야 할 내용

- 자기 존재감에 대한 탐색에 초점을 둔다.
- 부모로서의 양육태도와 초기경험과의 관련성에 대해 탐색하도록 돕는다.
- 개인 모두가 지닌 가능성인 성장과 성숙 욕구를 다루고 지지한다.
- 사고로부터 추출된 기억의 상징으로서 표현 이미지에 왜곡이 있는지 탐색한다.
- 모든 부모는 자녀에게 충분히 좋은 환경을 제공하려고 노력한다는 위로를 잊지 않고 다루어 부모로서의 자존감을 유지하도록 지지한다.
- 현재의 필요요소와 우선 필요한 쟁점에 대해 공유한다.

자기보고식 현장기록에 포함할 수 있는 내용

- 작업결과물의 이미지는 자신의 어떠한 의미와 관련되는가?
- 찰흙작업을 통해 재구성된 변형과 가치는 무엇인가?
- 신체와 정신의 통합과 관련하여 자신의 어린 시절 부모환경에 대한 느낌은 무엇인가?
- 부모로서의 자기는 어떠한 환경이라고 생각하는가?
- 지금 시점에서 충분히 좋은 촉진 환경을 위해 필요한 것은 무엇인가?

4회기 : 소망인형

필요성 인식하기

인형은 누구에게나 익숙하고 양육과 관계경험의 재현을 제공하므로 개인의 감정과 중요한 사람에 대한 지각수준을 포함하고 초기기억과 대상관계를 인식하는 데 유용하다. 특히 자녀를 둔 부모의 경우 자신과 원가족과의 관계, 중요한 대상과의 관계, 사회적 관계 등의 경험이 인형에 투사된다. 따라서 이 프로그램은 부모로 하여금 자기욕구의 이해와 인식을 도울 뿐만 아니라 자녀가 경험했을 정서적 경험과 자연스럽게 연결되게 한다는 데 의미가 있다.

프로그램 시작하기

- 지난주 작업과 관련하여 한 주 동안 경험한 내용에 대해 공유한다.
- 어린 시절 특별히 소중히 했던 인형을 떠올리고 경험을 공유한다.
- 인형작업에 대한 간략한 의미와 방법에 대해 설명한다.

유의사항

작업을 진행하지 못하고 불안이 노출되는지 주의 깊게 관찰하고 개인에 따라서는 필요하다면 도움을 위한 개인면담을 제공할 수 있다.

진행과정

주제 강의 : 중간 대상과 중간 현상에 대해 설명한 후, 부모 자신이 가졌던 유아동기 때 특별히 소중히 여겼던 물건에 대한 기억을 떠올리고 그것이 일상에 미치는 영향이 무엇이었는지 위로와 불안 등의 정서를 탐색하고 나누며, 지금도 애착하는 물건이 있는지 그 물건이 자신에게 어떠한 영향을 미치는지 등에 대해 공유한다.

작업과정

충분히 재료를 탐색하는 시간을 제공한다.

- 어떠한 인형을 만들 것인지 생각해 보고 신체의 본을 뜬다.
- 몸체가 완성되면 그 과정의 느낌에 따라 인형의 구체적인 모습을 완성하고 옷을 입혀 완성한다.
- 모든 과정이 끝나면 원하는 포즈로 인형의 자세를 취하고 인형과 자기만의 대화를 나눈 후 느낌을 기록한다.
- 인형을 위한 소품을 만들어 재구성할 수 있다.
- 인형과 함께 퍼포먼스를 할 수 있으며 과정을 소개하고 공유하는 것으로 마무리할 수도 있다.

다루어야 할 내용

- 어느 부분에서 망설이고 진행하지 못했다면 어떠한 제한성 때문인지 탐색과 안내가 필요할 수 있다.
- 특정한 신체흥분이나 정서반응이 있었다면 충분히 그것에 대해 다루고 지지한다.
- 작업 후 혼돈이 있다면 인형에 투사된 정서적·심리적 의미를 탐색하도록 지지한다.
- 자기돌봄과 자녀양육의 새로운 의미 획득에 초점을 둔다.
- 사회적 관계로의 성숙한 자기와 창조적 존재로서의 자기능력을 인정하고 자존감을 갖도록 지지한다.

자기보고식 현장기록에 포함할 수 있는 내용

- 원하는 모습으로 완성이 되었는가? 아니라면 어떠한 인형을 만들고 싶었는가?
- 그 이미지를 선택하게 된 특별한 의미가 있는가?
- 내적인 자기와 외적인 자기에 대해 특별히 알게 된 것이 있다면 무엇인가?
- 자신을 위해 그리고 현시점에서 부모로서 더 필요한 부분이 있다면 무엇인가?

5회기 : 가족 콜라주

필요성 인식하기

콜라주를 사용한 접근은 언어나 직접 그림을 그리는 것보다 비위협적이며 실제 사진이 보여주는 현실성과 정확성의 특성과 사진에 의한 검토, 마음대로 조정하고 정렬하며 사진을 선택하는 등의 장점을 내포한 방법이다. 그러므로 현실적 상황적 어려움에서 결정이나 선택 또는 내적 갈등이 심한 경우 콜라주 방법의 특성 자체가 갖는 정서의 투사, 인지의 강화, 찾고 붙이는 과정의 집중력을 포함하므로 자기이해와 현실인식에 도움이 된다. 따라서 이 프로그램은 부모로 하여금 자신의 참자기와 거짓자기에 내재된 무의식적 욕구를 시각적으로 대면하고 이해하게 할 뿐 아니라 가족에 대한 개인의 욕구와 의식수준을 이해하는 데도 도움이 된다. 더불어 찾고 배열하고 스스로 조절해 가는 자기 대화식의 이 과정은 참자기의 내적 욕구를 보다 긍정적이고 합리적인 자녀관리로 이끌며 재구조의 기회이자 방법으로서의 기법을 제공해 준다.

프로그램 시작하기

- 지난주 작업과 관련하여 한 주 동안 경험된 내용에 대해 공유한다.
- 기억 속에 있는 원가족 관계의 경험과 현재 가족 관계 패턴의 연관성에 대해 나눈다.
- 막연할 수 있지만 기억 속에 잠재된 이미지들, 가족 이미지, 현재 감정과 관련한 이미지 등과 관련한 사진을 사용하여 자신의 경험이 현재 가족에게 어떠한 영향을 미치는지 다루게 된다는 설명이 필요하다.

유의사항

원가족에 대한 외상이 현재에 영향을 미치지만 누구에게나 처음부터 가지고 있는 극복 가능한 잠재능력의 본질을 강조하여 지지할 필요가 있다. 이 과정에 가족관계의 해석적 태도는 절대로 배제되어야 한다는 것을 안내자는 기억해야 할 것이다.

진행과정

주제 강의 : 참자기와 거짓자기의 발달과정에 대한 설명으로 시작하되 누구에게나 이 두 자기는 존재하며 어떻게 어느 정도 사용되느냐에 따라 진정한 자기로 통합되고 성숙한 삶을 향해 갈 수 있음에 초점을 둔다. 자칫하면 자기비하와 좌절로 가능성을 가진 자기를 왜곡시킬 수 있으므로 세심한 관심과 배려를 잊지 않아야 할 것이다.

작업과정

잡지책 자체를 제공하기보다는 가능한 종류별로 분류한 사진을 모아 둔 상자를 제공한다.

- 가족과 함께한 좋은 기억들, 함께했던 휴가와 여행기억, 가족 각자가 가고 싶어 하던 곳, 할 수 있는 일 등을 찾아 붙인다.
- 각 사진마다 함께했던 기억과 그 기억 속의 소리, 말, 활동, 상황, 냄새 등을 떠올리고 생각나는 대로 기록한다.
- 각 사진마다 기록한 내용을 모아 문장을 만들거나 시를 쓴다.
- 문장을 만든 후 떠오르는 느낌과 관련된 이미지로 다시 새로운 콜라주를 만드는 과정을 반복한다.
- 전체적인 콜라주와 기록 작업에서 부모 자녀 관계와 관련된 어떠한 경험이 있었는지 공유한다.

- 자기주관성을 보다 객관화하는 자기대화로서의 의미를 탐구하도록 돕는다.
- 긍정적인 자기이해와 자녀이해에 초점을 둔다.
- 어떠한 방법으로 가족문제를 유지해 왔는지 탐색하고, 부정적 정서와 인지의 왜곡이 있었다면 인식의 변화를 돕는다.
- 긍정적 가족소통을 강화한다.

자기보고식 현장기록에 포함할 수 있는 내용

- 작업에서 느낀 가족에 대한 기억의 주요내용은 무엇인가?
- 가족관계에 영향을 미치는 주요요소는 무엇인가?
- 가족 내 희생양이 있는가? 누구인가?
- 변화를 위한 계획이 필요하다면 그것은 무엇인가?

6회기 : 해방된 에너지의 흐름

필요성 인식하기

공격성은 인간의 가장 순수한 에너지로 개인의 사고와 감정이 외부로 인식될 수 있는 정서반응으로 표현된다. 공격성은 파괴가 아니며 타고난 생명의 본능(Winnicott의 개념)으로서 자기의 신체 내에서 파장을 일으키며 행위 그 자체를 넘어서 정신과 통합되어 감지하게 한다. 그래서 힘이 나고 좌절하고 슬퍼하며 분노하고 행복해하는 다양한 감정의 마음을 일으키게 된다. 이 프로그램은 참여자 개인들이 가진 생명의 본능으로서 공격성을 통합으로 안내하고 공격성 안에 내재된 에너지가 막힌 것을 뚫고 신체의 영역을 넘어 생명으로서 원천과 연결되는 경험을 안내할 것이다. 그럼으로써 부모 자신과 부모 자녀 관계의 경험이 삶의 에너지로 구체화되고 생명의 길로 가기 위한 대처로 작용될 수 있다는 점이 이 프로그램의 의미이다.

프로그램 시작하기

- 지난주 작업과 관련하여 한 주 동안 경험된 내용에 대해 공유한다.
- 내부로부터든 외부로부터든 화를 내는 부모 자신의 공격 에너지가 가족관계에서 어떻게 흐르고 자녀에게 영향을 미치는지 생각하고 공유한다.

유의사항

개인의 신체로부터 흐르는 에너지의 이동을, 그리고 그 안에서 일어나는 파동이 어떻게 외부로 드러나고 반응하는지에 유의하여 관찰할 필요가 있다.

진행과정

주제 강의 : 공격성의 본질 및 발달과 관심의 능력이 어떻게 발달하고 자신의 성숙과 관련하는지, 공격성에 대한 대상 사용으로의 변화, 공격성으로부터 살아남는 모성 돌봄의 기술이 자녀양육에 미치는 영향에 대해 설명한다.

작업과정

원하는 색과 필요한 정도의 양모와 필요한 재료를 선택한다.

- 자신의 에너지가 신체로부터 어떻게 움직이는지, 어떠한 색채와 이미지로 나타나는지 상상하는 충분한 시간을 제공한다.
- 이미지 또는 색으로 느껴진 내용과 관련된 대상과 환경 등을 단어로 기록한 후 공유한다.
- 기록되고 느꼈던 내용과 관련된다고 상상한 색의 양모를 뭉쳐서 그 대상과 환경과 상황을 떠올리며 손 가는 대로 찌르고 뭉치고 하는 과정을 반복한다.
- 시간이 지나면서 형태를 갖추기 시작한 양모덩이에서 느껴지는 형상을 완성해 간다.
- 완성된 형상의 이미지에서 무엇을 느끼는지, 어떠한 경험이 있었는지, 자신의 공격성과 에너지의 흐름이 무엇이라고 느껴지는지, 가족관계와 관련한 무엇을 발견했는지 등에 대해 기록하고 공유한다.
- 전체 느낌을 그림으로 표현하는 것으로 마무리한 후 나누고 공유한다.

다루어야 할 내용

- 지난주 작업과 관련하여 한 주 동안 경험된 내용에 대해 공유한다.
- 내적 에너지의 흐름이 삶에 어떠한 모습으로 영향을 미치는지 탐색한다.
- 생명의 본능으로서 긍정적 에너지를 강화하는 방향으로 안내한다.
- 공격성을 희망으로서의 의미에 초점을 두고 긍정적인 방향으로 에너지를 활성화하도록 돕는다.
- 자녀와의 관계에서 사용되는 공격성이 삶에 어떠한 영향을 미쳐 왔는지 탐색한다.

자기보고식 현장기록에 포함할 수 있는 내용

- 시각화한 양모 작업에서 느낀 자신의 에너지 흐름은 무엇이며 어떠한 경험을 했는가?
- 작품이 완성되었을 때 느낀 자신의 반응은 무엇인가?
- 신체와 정서의 특별한 반응이 있었다면 그것은 무엇인가? 그것은 자신의 무엇과 관련한다고 생각하는가?
- 자신의 작품에서 에너지의 원활한 흐름을 느끼는가? 또는 막힘을 느끼는가?

- 에너지의 흐름은 관심능력과 어떠한 관련성이 있는가?
- 작업 경험은 자녀와의 관계 경험과 어떠한 관련성이 있는가?
- 자녀의 공격성 또는 자신의 내부에서 오는 공격성으로부터 살아남음으로써 자녀가 생명의 길로 가기 위한 통로이자 안내자로서의 부모역할과 그리고 자기 자신으로서의 대처는 무엇이라고 보는가?

7회기 : 부모 맘 드림캐처

필요성 인식하기

거미가 자기를 살려준 할머니에게 은혜를 갚기 위해 거미줄로 나쁜 것을 걸러 주었다는 유래에서 전해 내려오는 인디언의 드림캐처는 머리맡이나 창문에 걸어 놓고 잠을 자면, 악몽이 머리로 들어오려다가 드림캐처의 거미줄에 걸려서 들어오지 못하며, 드림캐처 위의 구슬이 사악한 꿈의 기운을 불태우고 정화한다. 반면에 좋은 꿈은 가운데의 구멍을 통해 들어왔다가 꿈을 꾸고 나면 드림캐처에 드리워진 깃털에 이슬처럼 매달리고, 아침 햇살이 비추면 이슬이 마르듯 사라져서 위대한 영혼에게 돌아간다는 의미를 담고 있다. 이 프로그램에서는 그러한 드림캐처의 의미를 담아 안전한 가정의 울타리로서 부모 환경을 재조명하고 울타리로서 아버지 역할과 그 울타리 안에 충분히 좋은 모성 환경이 드림캐처에 담겨 그 영향이 가족의 건강과 평안에 영향을 미치게 된다는 맥락의 의미가 부여된다.

프로그램 시작하기

- 지난주 작업과 관련하여 한 주 동안 있었던 각자의 경험에 대해 소개하고 공유한다.
- 각자가 생각하는 가정의 의미가 무엇이며 가정에서 울타리는 무엇이며 아버지의 역할이 무엇인지에 대해 서로 나눈다.
- 자신의 가정이 어떠한 가정이기를 원하는지 어떻게 자녀를 양육하고 싶은지 생각을 나눈다.

유의사항

안내자는 부모역할의 공통성과 다른 특성을 다루는 이유가 단순 비교가 아니라 부성 환경의 재조명에 있다는 것을 이해해야 한다.

진행과정

주제 강의 : 참자기와 거짓자기의 개념과 발달의 배경설명을 통해 자기(self)발달이 자녀성장의 통과의례로서 떠나감과 돌아옴에 어떠한 영향을 미치게 되는지 다룬다. 참자기 발달을 위해 필요로 하는 충분히 좋은 부모환경이 갖는 의미와 부모의 자세 중, 특히 아버지의 역할이 갖는 중

요성을 다룸으로써 가정의 의미와 아버지 역할을 재조명하는 데 초점을 두고 논의한다.

작업과정
재료탐색의 시간을 충분히 갖도록 지지한다.

- 가정의 의미로서 드림캐처의 원형이 갖는 의미에 대한 안내로 시작하여 각자가 생각하는 가정의 형태와 색의 의미를 부여하고, 그것을 어떻게 표현할 것인지 생각을 모으는 각자의 명상 시간을 갖는다.
- 정한 크기와 색에 따라 드림캐처 둘레를 구성한다.
- 거미줄을 만들고 구슬과 깃털을 사용하여 원하는 모습으로 구체화해 가는 과정에서 모든 과정에 의미를 부여하고 역할의 의미를 담는 마음으로 진행해 간다.
- 완성이 되면 그 느낌을 기록하고, 기록의 느낌을 다시 그림으로 표현하고 다시 기록으로 마무리한다.
- 모든 과정이 끝나면 소개하고 함께 충분히 공유하는 시간을 갖는다.

다루어야 할 내용

- 가정의 울타리로서 부성 환경이 갖는 중요성을 다룬다.
- 자녀성장의 과정으로 떠나감과 돌아옴이 갖는 의미를 다룬다.
- 견디고 기다리는 부모 마음과 자세를 지지하고 돌봄 기술을 강화한다.
- 부모의 자기발견과 창조적인 삶이 무엇인지 탐색하도록 안내한다.
- 부모의 자기중심적 욕구가 자녀의 병리적인 삶을 강요할 수 있음을 이해하고 재조명할 수 있도록 지지하고 돕는다.

자기보고식 현장기록에 포함할 수 있는 내용
- 가정의 울타리는 무엇을 의미한다고 생각하는가?
- 작업 전과 후에 느끼는 가정의 울타리에 대한 생각에 차이가 있는가? 차이가 있다면 그것은 무엇인가?
- 드림캐처에 담은 가정과 부모역할의 의미 그리고 소망은 무엇인가?
- 그림의 표현은 무엇을 의미하는가?
- 전체적인 강의와 작업에서 알게 된 것과 앞으로의 계획은 무엇인가?

8회기 : 내 안의 보물 찾고 전 과정 마무리

필요성 인식하기

마지막 회기에서는 그동안의 전체 과정을 돌아보고 현재까지 준비해 온 경험을 구체적인 준비로 정리하고 활용할 수 있도록 돕는 것이 초점이다. 이 과정은 작업을 진행할 수도 있고 작품 전시와 파티로 마무리할 수 있으며 연습의 과정을 구조화하기 위해 **청소년 임상미술치료방법론** (2007)의 표 8-2를 참조하여 사전에 과제기법을 적용하여 활용하고 마무리 나눔에 사용할 수도 있다.

프로그램 시작하기

- 지난주까지의 전체 경험과 관련하여 한 주 동안 경험된 내용에 대해 공유한다.
- 충분히 좋은 부모역할과 울타리로서 가정에 대한 이해의 재확인과 계획하는 미래의 부모역할에 대해 충분히 공유한다.

유의사항

이미 모두가 가지고 있는 부모로서의 창조성과 개인의 강점에 초점을 둔다.

진행과정

주제 강의 : 울타리와 공간으로서 가정과 부모역할에 대한 요약과 전체 과정에 대한 질문과 토의로 진행한다.

작업과정

트레이와 원하는 크기의 수채화 용지를 자유롭게 선택한다.

- 전 과정의 작업에 대한 느낌 정리에 초점을 둔 기록으로부터 시작한다.
- 물감이 도화지에서 흐르고 섞이고 형상화하는 과정이 개인의 다양성 및 조화 그리고 정신요소와 관련될 수 있다는 설명에 초점을 두고 방법을 안내한다.
- 작업 후 자녀와 자신의 정서, 자녀의 성장과 능력의 다양성 맥락에서 무엇을 경험하고 생각하게 했는지, 결과의 만족도, 종이의 사용범위, 공간사용의 수준, 색의 배치 등에 대해 나눌 수 있도록 안내한다.

- 인간이 가진 개인의 욕구와 창조적 능력과 다양한 가능성의 발견을 지지하고 강화한다.
- 충분히 좋은 부모로서 자기를 수용하고 활성화하도록 지지한다.
- 전체 과정에서 발견한 자기욕구와 자녀에 대한 욕구의 균형을 찾고 스스로의 다짐을 지지한다.
- 좋은 부모로서의 자기인정을 강조한다.

자기보고식 현장기록에 포함할 수 있는 내용

- 우연의 작업결과물과 관련하여 발견한 개인으로서 그리고 부모로서 자기이해와 자녀에 대해 이해하게 된 것은 무엇인가?
- 부모교육 프로그램의 전체 느낌은 무엇인가?
- 충분히 좋은 부모로서 실천하고자 하는 가장 중요한 우선적인 것은 무엇이라고 생각하는가?
- 자기성숙과 좋은 부모역할을 위해 앞으로 더 필요한 교육 또는 치유작업을 원하는가?

대상관계 접근의 교회학교 부모교육 프로그램

최근의 우리 사회에는 대부분의 많은 교회 내에 상담실을 갖추고 기독교 가정의 성경 상담을 활용한 아동·청소년 프로그램과 부모교육 프로그램이 점차 활성화되고 있다. 프로그램에 참여한 대부분의 부모는 부모 자신의 내적 성찰과 자녀양육 스트레스의 문제요인을 인식하고 성경적 자녀양육과 하나님이 기뻐하는 부모역할을 기대한다. 그러한 맥락에서 여기에서는 교회학교의 아동·청소년을 더욱 구체적으로 돕기 위해 교회 내 부모교육 프로그램을 개발하고 제시하는 데 의미를 둔다. 이 프로그램 역시 앞의 부모교육 프로그램과 마찬가지로 부모교육에서 가능한 다룰 필요가 있는 핵심 내용에 초점을 두었으므로 참여자 및 안내자의 회기 수를 확정하고 초기의 만남과정과 마무리과정을 보완할 수 있을 것이다.

프로그램의 기본원리

- 부모개인의 욕구를 스스로 확인하고 현실생활에서의 자기반응을 탐색한다.
- 핵심은 참자기로서 성경적 삶을 향하는 것이다.
- 거짓자기로서 부모역할을 중단하고 진정한 내적 욕구를 돌보는 것에 초점을 둔다.
- 진정한 자기로서 성숙한 자기와 통합된 부모역할을 촉진하여 통합적 가정의 삶을 향한다.

프로그램의 구성

회기	하위목표	주제 및 내용	준비물
1	참여 동기부여와 자녀양육 스트레스 공유하기	가족에 겹쳐진 나의 자화상	양육 스트레스 설문지, 거울, 도화지 또는 한지, 먹물, 붓, 크레파스
2	자녀양육 스트레스에 대한 부모 자신의 반응과 원가족 관계에서의 유사성 탐색하기	부모로부터 받은 유산	정서발달의 이해자료, 도화지 또는 화선지, 붓, 먹, 볼펜, 크레파스, 마커펜, 물감, 잡지 사진, 풀, 가위
3	모성 돌봄이 자녀의 성경적 삶에 미치는 영향 이해하기	가족 내 역할과 되풀이되는 일상의 문제	모성 돌봄의 기술 이해자료, 도화지, 마커펜, 잡지의 다양한 이미지의 사진 또는 스티커, 풀, 가위, 크레파스
4	중간 대상과 중간 현상의 의미로서의 하나님과 부모로서의 욕구와 부모 자녀 관계 이해하기	우리 가족(부부 또는 배우자와 자녀에 초점)만의 첫 기억과 공유한 시간	중간 대상과 중간 현상 이해자료, 도화지, 크레파스, 물감
5	성경적 삶과 자녀양육에서 참자기 삶과 거짓자기 삶의 자기욕구 탐색하기	우리 가족만의 문화	참자기 거짓자기 개념과 발달 이해자료, 도화지, 잡지, 다양한 오브제, 색 사인펜, 마커펜, 크레파스
6	하나님의 선물로서 자녀양육이 갖는 의미 이해와 부모 자녀 관계 탐색하고 관심의 능력 활성화하기	나와 우리를 위한 보물상자	관심의 능력이 발달하는 과정 이해자료, 상자, 잡지, 다양한 오브제, 도화지, 크레파스, 물감, 붓
7	성경적 자녀양육을 위한 안전한 울타리로서 부모환경 제공하기	가족이 함께한 내 안의 정원	안전한 울타리가 갖는 의미 이해자료, 정원 작업을 위한 다양한 오브제, 나무판 또는 쟁반
8	타고난 창조성을 활성화하고 중요한 사역인 부모역할 실천하기	내 안의 성전 찾고 전 과정 마무리하기	모성역할과 부성역할 이해자료, 나만의 공간작업을 위한 오브제, 테이블보, 중요한 또는 아끼는 오래된 가족의 물건들, 가족사진

1회기 : 가족에 겹쳐진 나의 자화상(미술치료의 발달적 심리학적 매체 선택과 적용, p. 187 참조, KSATI 학교미술치료지침서 3편, p. 15∼16 참조)

필요성 인식하기

부모가 자신이 경험하는 모든 정서와 감정을 받아들이고 수용한다면 그 부모는 가족환경에서도 분명히 자신의 삶을 생생하게 느끼고 참여하는 사람일 것이다. 정신적으로든 신체적으로든 자녀가 힘든 가정의 부모일수록 자기를 부인하거나 지나치게 자기감정에 몰두되어 있거나 ~인양의 사람으로 살아가고 있는 경우일 가능성이 더 높다. 그러한 측면에서 교회가정의 부모가 진정한 그리스도인으로서 성경적 양육을 기대한다면 최소한 부모의 자기이해가 우선되어야 하지 않을까 생각된다. 이 프로그램은 부모에게 자신의 다양한 감정을 받아들이고 수용하며 다른 이로부터 수용되는 반영경험을 제공하는 데 의미 있는 기회를 제공하리라 본다.

프로그램 시작하기

- 양육 스트레스 설문지를 작성한다.
- 양육 스트레스를 근거로 자기소개를 안내하고 서로의 어려움을 공유하는 것에서부터 시작한다.

유의사항

양육 스트레스는 보편적인 모든 부모의 갈등요소이며 자기만의 특별한 문제가 아님을 전달하여 스트레스를 공유할 수 있도록 지지한다.

진행과정

주제 강의 : 프로그램의 단계와 원리에 대해 설명하고 접근이론의 토대와 목표를 설명한다.

작업과정

원하는 거울을 먼저 선택하도록 안내한다.

- 거울 속 자신의 모습에서 욕구, 정서, 관계 등의 경험을 회상한다.
- 회상 느낌과 관련된 재료를 선택하여 자기 모습을 표현한다.
- 어떠한 자기 모습을 표현했는지 기록하고 제목을 붙인다.
- 결과물에 대한 느낌과 표현된 이미지가 가족의 누구와 유사하다고 느끼는지 그리고 전체적인 느낌이 양육 스트레스와 어떻게 관련하는지 공유한다.
- 작업과정에서 확인된 스트레스의 특성과 개인적 관련성에서 부모교육의 참여 동기를 확인하고 스스로의 개인목표를 설정하도록 지지한다.

- 안전한 울타리로서의 지지적 환경을 강조한다.
- 자기수용에 초점을 둔다.
- 양육 스트레스의 특성적 형태에 주목하고 탐색한다.
- 부모역할의 어려움을 포함하는 보편성을 다룬다.
- 그림과 일상의 모습에서 다른 차이점이 있다면 무엇에 대한 메시지인지 관찰한다.
- 부모 개인이 가진 잠재적인 가능성을 찾도록 안내하고 자신의 강점을 수용하도록 지지한다.
- 인정하고 싶지 않은 개인의 감정과 욕구에 가까이 갈 수 있도록 용기를 북돋운다.
- 프로그램에 참여한 그 자체가 성숙한 부모로서의 가능성임을 강조하여 자존감을 강화한다.

자기보고식 현장기록에 포함할 수 있는 내용

- 첫 만남과 작업의 느낌은 무엇인가?
- 가장 주된 자신의 스트레스는 무엇인가?
- 스트레스에 대한 신체반응이 있다면 무엇인가?
- 스트레스를 함께 나누고 도움받을 수 있는 곳이 있는가?
- 양육 스트레스에 대한 대처는 어떻게 하는가?
- 양육 스트레스 외에 또 다른 스트레스가 있는가? 그것은 무엇인가?
- 부모교육에 특별히 기대하는 것이 있다면 그것은 무엇인가?
- 프로그램에서의 개인적인 목표는 무엇인가?

2회기 : 부모로부터 받은 유산(미술치료의 발달적 심리학적 매체 선택과 적용, p. 208 참조)

필요성 인식하기

이 프로그램은 가족사를 다루고 세대 내에 순환적으로 대물림되는 정서와 심리적 유전에 접근하게 한다. 그러므로 부모는 현재의 자기 자녀에게 반응하는 자신의 모습이 원가족 경험의 어느 부분과 관련될 수 있는 반복적인 문제를 끊고 새로운 방향으로 시도할 수 있는 힘을 발견하게 하며 계획하게 한다.

프로그램 시작하기

- 지난주의 작업과 관련하여 한 주 동안 생각하게 한 무언가가 있었거나 경험된 내용을 공유한다.
- 정서적 유전의 의미와 자녀양육에 미치는 영향에 대해 설명하고 자신의 경험에 대해 공유한다.
- 부모로부터 받고 싶은 유산과 받고 싶지 않은 것에 대해 공유한다.

유의사항

고정적인 옳고 그름의 판단적 태도를 배제하고 참여자 자신의 고유성과 개인으로서의 가치를 존중하는 태도를 잊지 않아야 한다.

진행과정

주제 강의 : Winnicott의 정서발달이론에 대한 이해를 돕고, 발달과정에 있는 모든 개인의 가치를 강조함으로써 잠재된 개인의 가능성을 수용하도록 돕는다.

작업과정

원하는 크기의 도화지를 자유롭게 선택하도록 한다.

- 부모의 원가족 관계와 성장과정에서의 특정 상황을 돌아보는 시간을 갖는 것에서부터 시작한다.
- 자녀를 꾸짖을 때 가장 자주 사용하는 말, 부모 자신이 어린 시절 자신의 외모, 언행, 능력, 태도, 대인관계 등에 대해 부모로부터 가장 많이 들었던 말, 체벌 등에 대해 기록한다.
- 기록한 내용에 대한 느낌을 색과 형태로 표현한다.
- 어린 시절 원가족 관계의 경험을 회상하면서 지금 자신이 부모의 잘못을 지적한다면 어떤 말을 할 것 같은지, 같은 맥락에서 자녀가 자기와 배우자에게 무엇이라고 할 것 같은지 기록한다.
- 기록과정이 끝나면 부모 자신이 자녀에게 미치는 영향과 앞으로 자녀와 자신을 위해 할 수 있는 일이 무엇인지 기록하고 공유한다.
- 전체 느낌을 색과 형태로 표현하고, 첫 그림과의 차이 및 느낌에 대해 공유한다(첫 그림 과정 없이 마지막에 느낌 그림으로 마무리 나눔을 가질 수도 있다).

다루어야 할 내용

- 부모 자신의 성장과 자녀양육의 유관성을 다룬다.
- 부모로서의 자존감을 갖도록 지지한다.
- 어떠한 역할이었든 당시에는 부모로서 최선을 다했다는 것을 강조한다.
- 건강한 죄책감을 유발한다.

자기보고식 현장기록에 포함할 수 있는 내용

- 현재의 자녀양육 태도가 부모의 모습과 유사성이 있는가?
- 자신의 언행이 부모의 언행과 유사하다면 어떠한 부분에서 유사한가?

- 자녀가 성장 후 나에게 어떠한 부모라고 말할 것 같은가?
- 부모로서 자신에게 필요한 것은 무엇이라고 생각하는가?

3회기 : 가족 내 역할과 되풀이되는 일상의 문제

필요성 인식하기

개인 각자의 삶은 다양하여 각자의 역할 또한 각 가정마다 차이가 있고 유사한 상황에서도 개인이 느끼는 역할의 경험은 다르다. 어떤 이는 순조롭고 편안한 삶을 살아왔을 수도 있지만 어떤 이는 하루하루 곡예하듯 힘들게 살아온 삶도 있을 것이다. 힘들게 살아온 사람일수록 부모가 되었을 때 가족에 대한 기대와 소망은 더욱 간절할 수 있다. 이 프로그램은 그러한 부모에게 일상에서 반복되는 어려움의 주제와 잠재적 문제를 잡지 사진에 투사하여 직면하게 하고, 의식화 수준에 이르게 하여 은유적인 인식과정을 돕게 하므로 변화의 기회 또한 가능하게 한다.

프로그램 시작하기

- 지난주의 작업과 관련하여 경험된 내용을 공유한다.
- 모성 돌봄의 태도와 기술에 대한 설명과 경험을 공유한다.
- 가족 내 개인의 역할과 관계 속에서 되풀이되는 문제에 대해 나누고 이번 회기에 기대하는 것에 대해서도 공유한다.

유의사항

자신의 가족 분위기와 다른 가족과의 차이를 비교하여 자신을 문제화하거나 좌절하지 않도록 지지적 환경을 유지한다.

진행과정

주제 강의 : 모성 돌봄의 의미가 성장에 미치는 영향에 대한 이해를 돕고, 가족 간에 부정적으로 인식되거나 어떠한 문제를 안고 사는 결과가 어디에서부터 시작되는지에 초점을 맞춰 논의하되, 이것이 성경적 삶을 위해 어떻게 사용되고 필요한 요소인지에 대해서도 다룬다.

작업과정

다양한 잡지 사진 중에서 마음을 끄는 사진을 무작위로 선택하도록 한다.

- 가족 각자의 모습이라고 여겨지는 사진을 선택하여 붙인다.
- 가족구성원 개인의 역할(엄마, 딸, 관리인, 요리사, 청소부 등) 또는 개인적 특성과 반복되는 문제(생각의 차이, 양육태도의 차이, 부적절한 의사소통, 성적 관념, 경제적 요소, 취미 등),

가족의 문화(가족규칙, 바빠서 가족과 함께할 수 있는 시간제한, 자녀가 없거나, 휴식의 방법과 유형, 친척 간의 갈등 등)와 관련된 사진을 찾아 그 사람의 주변에 붙이고 어떠한 의미를 부여한 표현인지 기록한다.

- 가족구성원의 역할과 일상에서 반복되는 문제와 특성에 대해 소개하고, 그 특성은 가족에게 성경적 삶에 어떠한 영향을 미치는지 공유한다.

다루어야 할 내용

- 가정 내에서 주어진 역할이 다른 가족과의 차이점을 탐색한다.
- 부모 자신의 가치관이 어떻게 형성되어 왔으며, 자신의 가치관이 자녀에게 미치는 영향에 대해 탐색한다.
- 모성 돌봄이 자녀의 성장에 중요한 의미가 있음을 다룬다.
- 제한적인 양육환경이었다면 어떻게 극복할 것인지 다루도록 지지한다.

자기보고식 현장기록에 포함할 수 있는 내용

- 부모 자신의 기억 속에 있는 정서와 역할은 무엇인가?
- 현재 가족의 분위기는 원하는 결과인가?
- 잘못 형성된 가족 분위기라면 무엇이 원인이라고 보는가? 변화 가능성은 무엇인가?
- 성경적 자녀양육과 자신의 삶을 위해 앞으로의 계획은 무엇인가?

4회기 : 우리 가족(부부 또는 배우자와 자녀에 초점)만의 첫 기억과 공유한 시간

필요성 인식하기

이 프로그램은 부부치료 또는 가족치료에서 흔히 사용되지만, 여기에서는 자녀양육과 관련하여 부부가 두 사람만의 어떠한 의미 있는 만남으로부터 시작했으나 여러 갈등이 있을 수 있다는 맥락에서 시작한다. 부모는 특별한 정서와 소망으로 두 사람이 만나 가정을 형성하고 지금에 이르렀음에도 시간이 흐르면서 관계의 소중한 시작을 잊고 힘든 마음만을 안고 사는 경우가 흔히 있다. 그러한 부부의 많은 경우가 초기경험과 관련한 문제에 사로잡혀 결혼을 도피처로 선택했거나 과거의 기대욕구에서 자유롭지 못한 선택으로 지금의 문제를 반복할 수도 있다. 그러한 맥락에서 이 프로그램은 자녀양육의 중심이 되어야 하는 부모관계를 조화로운 관계로 성장하도록 도와, 자녀양육에 투사된 부모의 부정적 영향을 제거하고 성가정으로서의 성숙을 돕는 데 초점을 둔다.

프로그램 시작하기

- 지난주의 작업과 관련하여 경험적 내용을 공유한다.
- 부부의 첫 만남 기억의 경험과 현재의 관계에 대해 소개하고 공유한다.

유의사항

부부관계에 대해 개방할 수 있는 정도는 개인마다 다를 수 있으므로 개인의 욕구에 따라 자유롭게 소개할 수 있도록 지지하고 어떠한 표현이든 수용하는 자세로 중재한다.

진행과정

주제 강의 : 중간 대상과 중간 현상의 이해를 돕고 중간 대상의 의미가 부부관계와 하나님과의 관계 그리고 부모 자녀 관계에서 사회로의 창조적인 적응과정에 어떠한 의미로 작용하는지를 다룬다.

작업과정

배우자를 처음 만난 시점을 회상하고 그 기억을 색과 형태로 표현한다.

- 첫 기억을 그린 후 어떻게 어디에서 첫 만남을 가졌는지, 어느 정도의 시기 동안 만났는지, 결혼을 결심하게 된 과정과 경험, 결혼결정 및 결혼식의 감정 및 느낌 등에 대해 회상하고 기억하고 있는 것을 최대한 기록한다.
- 결혼에 대한 느낌이 어린 시절의 중요한 사람 또는 감정과 관련성이 있는지 기억을 떠올려 보고 그때의 감정과 상황을 색과 형태로 표현한다.
- 배우자를 만나고 가정을 형성하는 과정과 중간 대상으로서 하나님과 자신과의 관계가 어떠한 의미인지, 배우자와의 첫 기억이 현재의 가정에 어떠한 의미로 연결되는지에 대해 공유한다.

다루어야 할 내용

- 배우자와의 최초 중요한 기억이 어린 시절의 중요한 대상과 어떠한 관련성이 있는지 다룬다.
- 어린 시절의 중간 대상이 첫 사회 적응과 자신의 삶 전반에 미치는 영향을 다룬다.
- 중간 대상으로서 하나님과 현존하는 대상과의 관련성에 초점을 둔다.
- 통합적 성가정과 창조성의 의미를 다룬다.

자기보고식 현장기록에 포함할 수 있는 내용

- 작업에서 무엇을 경험했는가?
- 기억 속에 있는 어린 시절 자신의 중간 대상은 무엇이며 삶에 어떠한 의미였는가?

- 배우자와의 경험이 자녀양육에 미치는 요소는 무엇이라고 생각하는가?
- 현시점에서 성숙시켜야 하는 요소는 무엇인가?

5회기 : 우리 가족만의 문화

필요성 인식하기

가족은 어찌 보면 모래사장의 파도가 쓸고 가는 현상과 유사하다는 생각을 하게 한다. 서로 다른 환경에서 성장한 전혀 예측할 수 없었던 두 사람이 만나 부부가 되고, 매일의 일상에서 서로 밀고 당기면서 파도가 모래사장을 덮듯이 때로는 덮어 주고 섞이고 그러는 과정에서 다듬어지고 합쳐지는 과정을 반복하면서 잔잔한 파도에 의해 드러내고 남은 모습이 정화되는 경험을 하기도 한다. 또는 때때로 어두운 폭풍우 속에 홀로 버려진 듯 긴장하며 낯선 곳의 파괴적인 변화를 경험하기도 하면서 격렬한 분노감정과 죄책감과 권력을 사용하기도 하면서 애써 자신을 보호하려고 안간힘을 쓰기도 한다. 그러다 보면 어느새 이미 파괴되어 부서져 버린 관계 속에 자신이 있고, 가족이 잘못된 길을 가고 있다는 것을 나중에서야 확인하게 된다. 이 프로그램은 부모로 하여금 자신의 정서와 감정 그리고 가족소통의 잘못된 경향이 있었는지 확인하고 보다 긍정적인 길을 발견하게 하고 수용과 변화의 능력을 발휘하게 하는 기회를 얻게 한다.

프로그램 시작하기

- 지난주의 작업과 관련하여 경험된 내용을 공유한다.
- 부모의 바쁜 일정이나 심적 부담을 주는 여러 일로 인해 서로 소통하지 못하고 함께하지 못하는 문제, 가족휴가 및 여가활동 등에 대해 나누는 것으로부터 시작한다.

유의사항

부모의 과거 가족의 경험이 현재 가족의 경험과 어떠한 차이가 있는지 유사성이 주는 특성적 경험 등을 지난주 작업과 관련하여 나눌 수 있도록 지지한다.

진행과정

주제 강의 : 참자기와 거짓자기 개념을 이해하고, 참자기와 성경적 삶 또는 거짓자기와 성경적 삶과의 관계를 탐색하고 참자기로서의 자기와 자녀양육을 위해 필요하고 보다 의미 있는 방향이 무엇인지에 초점을 두고 논의한다.

작업과정

다양한 가족문화에 관련되는 잡지 사진과 여가와 휴가에 관련된 이미지 사진이 필요하다.

- 부모의 일과 성격, 바쁘고, 할 수 있는 일과 할 수 없는 것의 제한, 귀가시간, 가서는 안 되는 곳, 자주 만날 수 없고, 결정해야 하는 일에 대한 역할과 반응, 복잡하고 골치 아픈 일, 함께한 활동, 가족 내에서 통용되고 지켜야 하는 특성적인 요소, 개인에게 허용되는 여가와 자유 등과 관련된 사진을 찾아 붙인다.
- 사진을 붙인 후 각 사진이 지닌 의미와 인물상의 사진 속 이미지에 함축된 감정을 기록하고, 가족 각자가 참자기로서 자유롭고 안전한 삶을 살고 있다고 느끼는지, 이해되지 않는 자신의 가족과 관련성에 대해서도 기록한다. 통제와 자유의 제한성이 있었는지, 가족만의 규칙 및 가족과 함께한 여가활동 등에 대해서도 소개하고 나눈다.
- 그러한 우리 가족만의 특성이 성경적 삶과 어떠한 관련성이 있는지 공유한다.

다루어야 할 내용

- 자신의 삶의 태도에 대해 탐색하는 기회를 제공한다.
- 자기 삶을 관찰할 수 있는 힘을 강화하도록 북돋운다.
- 성경적 삶을 기대하는 자신의 욕구와 의도가 진정한 자기 삶의 방향으로 향하도록 지지한다.
- 참자기로서의 자기성장과 성경적 삶을 지향하기 위한 가족문화와 여가에 대해 다룬다.

자기보고식 현장기록에 포함할 수 있는 내용

- 우리 가족만의 특유문화는 무엇인가?
- 우리 가족은 어떻게 함께 또는 개인적인 여가를 사용하는가?
- 참자기로서 삶 또는 참자기로서의 성경적 삶은 무엇이라고 보는가? 자기는 어디에 속해 있는가?

6회기 : 나와 우리를 위한 보물상자

필요성 인식하기

대부분의 부모는 가족 내에서 자신이 생각하고 바라보는 대로 원하는 가정을 만들고 싶어 하며 원하는 모습으로 자녀가 성장하기를 기대한다. 또한 자녀에 대해 배우자에 대해 그리고 책임 있는 부모역할을 위해 최선을 다해 보지만, 때때로 좌절하고 스트레스를 받기도 한다. 그뿐만 아니라 어떠한 사건이나 경제적인 문제로 어려울 때 당황하며 고통스러워하지만 가족을 보호하기 위해 애써 감추면서 적응하려는 태도를 보이기도 한다. 그러다가 어느 날 갑자기 자기의 태도에 의문을 갖기 시작하고 그것으로부터 벗어나고 싶어 하며 그러한 과정은 자기내면에 집중하고 싶은 욕구를 불러일으키고 자기의 내적 욕구에 귀를 기울이게 한다. 이 프로그램은 그러한 부모에게 지금의 자기감정과 욕구에 접촉하도록 돕는 기회가 될 수 있으므로 자연스럽게 참자기로서의 부모역할과 통합적 성가정을 향하게 한다.

프로그램 시작하기

- 지난주의 작업과 관련하여 경험된 내용을 공유한다.
- 가족 내에서 자기는 누구인지, 가족에 대한 책임성과 역할과 관련하여 어디를 향해 있는지, 무엇을 기대하고 있는지, 혼자 있는 시간에는 무엇을 생각하며 어떻게 보내는지 등의 관심요소에 대해 나누고 공유하는 것에서부터 시작한다.

유의사항

부모 자신의 개인적 욕구와 가족에 대한 기대가 무엇에 근거하는지에 초점을 맞출 필요가 있으며, 그것이 결과적으로 기대하는 성경적 삶과 어떻게 연결되는지 탐색하는 기회가 되도록 지지한다.

진행과정

주제 강의 : 관심의 능력이 발달하는 과정에 대한 이해를 돕고, 그 관심의 방향이 외부로 향하는지 내부로 향하는지 그것은 하나님의 선물로 비유되는 자녀와 관련하여 부모 자신의 어떠한 관심영역으로 확장하는지에 대해 자유롭게 나눈다.

작업과정

원하는 재질과 형태의 상자를 자유롭게 선택하도록 한다.

- 느끼고 원하는 대로 그리고 외부의 시선마저 자신이 느끼는 대로 받아들이며 관계와 모든 관심대상에 대해 자기 마음대로 생각할 수 있다고 전하여 자유로운 회상을 유도하는 것에서 시작하며, 자유롭게 회상한 것을 또는 혼자 있는 시간에 생각하는 것 등을 상자 안에 표현하도록 한다.
- 외부에서 우리 가족을 또는 부모로서의 자신에 대해 어떻게 말하는지, 부모로서의 가정과 사회적 관계에서의 책임은 무엇인지, 무엇이 갈등하게 하는지, 부모로서 자녀에게 그리고 배우자에게 원하는 것은 무엇인지, 자녀의 진로와 소망, 가족들의 사회적 관계, 가족은 자신에게 무엇을 기대하는지 등과 관련한 이미지를 상자 표면에 표현한다.
- 상자의 내부와 표면에 표현한 것이 무엇을 의미하는지 어디에 더 많은 관심을 두었는지 등에 대해 소개하고 공유한다.

- 부모의 관심영역이 내면으로 향하는지 외부로 향하는지 다룬다.
- 부모의 관심영역 결과가 자녀의 발달과 성경적 삶의 성장에 미치는 영향에 초점을 둔다.
- 관심의 초점이 부모 자녀 관계에 미치는 부정적인 결과를 초래했다면 어떻게 극복할 수 있는지 탐색하고 계획하도록 돕는다.

자기보고식 현장기록에 포함할 수 있는 내용

- 최근 자신의 관심은 무엇인가?
- 그 관심은 어린 시절부터 소망했거나 부족감과 관련이 있는가?
- 그것은 혹시 현재의 자녀양육 태도와 관련되는가? 그것은 무엇인가?
- 자녀는 자신에게 어떠한 의미인가?
- 가족 각자의 관심의 차이는 무엇이라고 생각하는가?
- 부모 자신의 관심영역과 관심의 능력이 자녀와 성가정에 미치는 영향은 무엇인가?

7회기 : 가족이 함께한 내 안의 정원(표현예술치료로 만나는 정신건강이야기, p. 7 참조)

필요성 인식하기

그리스도인으로서 가정의 울타리와 부모양육 태도는 이미 하나님이 주신 기준이 있으며 그림자로서 가정의 역할이 있다. 이에 대한 지침과 환경제공에 초점을 둔 이 프로그램은 부모로 하여금 성경적 관점에서 생명의 근원인 마음을 다루고 부모로서의 권위와 훈육태도 그리고 그러한 요소를 담고 쉬고 머물게 하는 환경으로서 가정의 안전한 울타리가 무엇인지 생각해 보게 하고 향하게 할 것이다.

프로그램 시작하기

- 지난주의 작업과 관련하여 경험된 내용을 공유한다.
- 안전한 울타리와 정원의 의미를 이해한다.
- 성경적 부모역할과 가정이라는 환경이 주는 울타리의 의미에 대해 논의한다.

유의사항

가족이 원하고 원하지 않는 것에 대해 단순히 부모의 옳고 그름의 이해가 아니라 부모의 성경적 이해에 초점을 둔다.

진행과정

주제 강의 : 가정의 안전한 환경으로서 울타리의 의미를 전달하고, 그동안의 교육과정에서 경험한 부모의 스트레스와 양육태도 및 부모역할에 대한 변화를 다루어 기대하는 환경으로서 정원을 설계하도록 안내하고 지지한다.

작업과정

정원이 될 나무판이나 쟁반의 원하는 크기와 형태를 자유롭게 선택하도록 한다.

- 부모 각자 자기만의 명상시간을 통해 부모 자신의 개인적인 내면의 정원이 어떠한 모습인지 회상하는 시간을 충분히 갖는 것으로 시작할 수 있다.
- 자기의 마음 정원에 가족을 담고 함께하기 위해, 땅을 일구고 다양한 모습으로 뿌리 내리고 자라는 나무(자녀 및 가족의 소망을 상징화)를 돌보고 가꾸는 정원사와 같은 자세로, 자신의 숨겨진 정원을 일구고 그곳에 가족이라는 나무와 꽃을 피우는 데 혼신을 다하는 마음으로 상상하는 정원을 표현한다.
- 무엇을 표현하고 그 과정에서 무엇을 경험했는지 기록하고 함께 나눈다.

> **다루어야 할 내용**
>
> - 부모 자신과 가족의 다양한 토양은 어떻게 시작하여 어떠한 모습에 이르렀는지 탐색한다.
> - 아직 발견하지 못하거나 찾지 못한 요소가 있는지 관찰하도록 지지한다.
> - 부모역할의 중요성을 재확인하고 아직 필요로 하는 부분을 채우는 기회로 삼는다.
> - 성경적 삶의 통합적 재구조화된 울타리로서 가정환경을 다룬다.

자기보고식 현장기록에 포함할 수 있는 내용

- 부모 자신의 내면의 정원은 어떠한 모습이라고 생각되는가?
- 좋은 토양이 되기 위해 무엇을 준비하고 담았는가?
- 성가정의 울타리로서 정원은 어떠한 경계를 가지고 있는가?
- 자녀는 정원의 무엇으로 표현되었는가?
- 앞으로 기대하는 방향은 무엇인가?

8회기 : 내 안의 성전 찾고 전 과정 마무리하기

필요성 인식하기

자녀양육이 그리스도인으로서 부모의 성경적 삶에 위임된 중요한 사역이라는 사실을 깨닫는 데 전반적인 의미를 담은 이 부모교육 프로그램의 마지막 회기에서는, 개인으로서 부모로서의 창조적 존재가치를 인정하고 변화의 가능성을 확인하는 기회가 될 것이다.

프로그램 시작하기

- 전 과정을 회상하고 확인하는 것으로부터 시작한다(만약 과정을 촬영했다면 영상을 통해 과정을 재현하고 돌아보는 시간을 가질 수도 있다).
- 개인별로 그동안의 과정에 대한 저널작업이 있었다면 교류하고 싶은 내용을 공유하는 것도 의미 있는 기회가 될 수 있다.

유의사항

안내자는 부모의 전체 작품을 소중히 모으는 데 정성을 다한다.

진행과정

주제 강의 : 부모역할로서 아버지의 환경을 재조명하고 부모의 역할 차이와 의미에 대한 이해와 충분한 논의를 통해 창조적 성경적 삶을 이해하고 경험에 대해 서로 나누고 공유한다.

작업과정

원하는 공간을 차지하고 준비한 테이블보를 펼치도록 안내한다.

- 그동안의 작품과 가지고 온 소중한 물건들을 배치하여 개인을 위한 전시 공간을 준비한다.
- 자신의 전시 공간 앞에 자리를 마련하고 7회기 동안의 과정에서 경험한 느낌을 기록하고 전체 느낌을 이미지로 표현한 후 느낌과 제목을 기록한다.
- 구성원의 각 전시 공간을 순회하며 감상한 후 공유한다.

> **다루어야 할 내용**
> - 전체 과정에 대한 느낌을 다룬다.
> - 아직 필요한 부분이 무엇인지 자기탐색을 지지하고 개별 개입의 특성과 의미를 다룬다.
> - 부모로서의 자기존중에 초점을 두고 지지하고 강화한다.
> - 사후모임에 대한 가능성을 확인하고 필요에 따라 계획한다.
> - 가정에서도 부모 자신의 성장과 경험을 유지하기 위한 가능한 작업을 안내한다.

자기보고식 현장기록에 포함할 수 있는 내용

- 부모 자신에게 본 교육 프로그램의 의미는 무엇이었는가?
- 자녀양육 스트레스 수준의 변화는 무엇인가?
- 프로그램의 경험에서 부족감이 있다면 그것은 무엇인가? 이유는 무엇이라고 생각하는가?
- 사후 프로그램을 원하는가? 원한다면 기대하는 내용은 무엇인가?

제 5 장

아동·청소년의 위기가정 특성에 접근한 프로그램 지침

가족중재에 대한 필요의 논란은 모든 아동·청소년 임상에서 늘 등장하는 핵심문제이자 건강한 정신의 기초체계라고 나는 늘 생각해 왔으며, 나의 모든 임상에서 가족은 회복의 중요한 열쇠로서 강조되어 왔다. 따라서 여기에서는 아동·청소년을 돕는 치료적 열쇠로서 일반적인 가족환경의 중재뿐 아니라 학교와 지역사회 기관의 우선대상이 될 수 있는 열악한 가정환경과 사건상황에 있는 아동·청소년을 돕는 치료사들을 위해 지침을 제공하는 데 초점을 두었다. 지금까지 이 책의 모든 내용에는 각 내용마다 아동·청소년을 만나는 학교미술치료사를 위해 프로그램을 제시했지만 이 장에서는 부모의 죽음과 다문화 위기가정을 제외하고는 구체적인 프로그램을 제시하지 않았다. 그 이유는 폭력가정 아동·청소년의 경우는 위기의 아동·청소년을 위한 학교미술치료 지침서(2010)에서 이미 소개하였고, 이혼가정과 재혼가정의 경우는 부모의 특성과 상황적 문제에 따라 다를 수 있는 환경적·심리적 요소를 특정 상황에 초점을 맞추는 데에 나의 갈등이 있기 때문이다. 차후에 집중치료로서 가족접근에 대한 안내서를 출판할 계획이므로 이혼과 재혼 및 혼합가정, 조손가정의 프로그램은 다음 사례중심의 내용으로 미루기로 한다. 가족문제와 관련된 기초적인 내용으로는 KSATI 학교미술치료 지침서 4편(발달적 접근과 특성별 지침서)의 제8장 '아동·청소년의 가족관계에서 흔히 있을 수 있는 문제에 대한 개입'에서 기본적인 중재지침과 사례를 제시했으므로 참조하여 보완하기 바란다.

폭력가정의 아동 · 청소년 중재지침

가정폭력에 대한 논란은 지속적으로 우리의 기억을 자극하는 주변의 사건들을 접하면서 각 가정에서 세대를 거쳐 전달되고 이어져 오는 문제라는 생각을 흔히 하게 된다. 그러나 폭력에 노출된 아동 · 청소년이 성인이 되어서도 폭력적인 성인이 될 거라는 필연적 요인은 아니다. 이와 관련해 일부 학자들은 폭력의 악순환 문제에 대해 주장하고 또 다른 학자들은 개인의 사회적 유대관계가 폭력의 요인이 된다고 말하기도 한다. 각기 다른 견해의 차이에도 불구하고 중요한 것은 폭력에 지속적으로 노출된 아동 · 청소년은 일반적인 적응을 하지 못하거나 극단적인 일탈과 순응의 성격을 보이며 적응문제를 나타내는 경우가 흔히 있다. 가족에 대한 접근은 이론적 관점에 따라 문제를 보는 관점도 달라서 치료목표도 다소 차이가 있다. 이에 대한 이해는 **집단미술치료방법론 - 임상적 실제**(2007) 제11장의 '가족집단미술치료'에서 이론의 주요개념, 주요기법, 문제의 발생과정과 지속성, 치료목적, 변화요소, 변화과정, 치료사의 역할 등에 대해 간략하게 제시하고 있고, 제7장에서는 '폭력가정의 아동 · 청소년 집단미술치료'를 다루고 있으므로 참조하기 바란다.

자녀에게 폭력을 가하는 부모의 특성

- 어린 시절 학대 및 폭력경험이 있을 수 있다.
- 물질남용 및 물질중독이 있을 수 있다.
- 모성애가 없는 부모 개인의 제한성이 있을 수 있다.
- 자녀의 기능이 부모 자신의 기대에 미치지 못한다고 생각한다.
- 사회적으로 고립되어 있을 수 있다.
- 부모의 신체질환, 경제적 · 사회적 스트레스가 많다.
- 사망, 이혼, 재혼 등의 심각한 스트레스를 경험하고 있을 수 있다.
- 부모 자신이 권위주의적인 가족환경이나 폭력가정에서 성장했을 수 있다.
- 관계에서 일방적인 의사소통 방식이 주된 소통방식일 수 있다.
- 자녀의 까다로운 기질 및 사회적 반응의 결핍, 발달의 결함 등으로 기대에 미치지 못했을 수 있다.

부모면담의 질문지침

- 가족의 긍정적인 상호작용에 초점을 두고 중재한다.
- 부모 자녀 관계 수립이 초점이 된다.
- 치료사의 공감적 태도는 개인에 따라서는 부모에게 최초의 긍정적 경험이 될 수 있으므로 유

의한다.

- 개별면담으로 사건 확인에 초점을 둔다.
- 개방적인 질문을 사용한다.
- 사려 깊고 주의 깊게 반응한다.
- 감정적 반응을 확인할 수 있는 질문을 사용한다.
- 부모의 원가족과 과거력에 대해 확인한다.
- 폭력 가능성에 대한 질문은 개방형에서 구체화된 특정 질문으로 진행한다.
- 여지를 두고 더 탐색 가능한 질문으로 마무리한다.

아동·청소년 면담의 질문지침

- 신뢰관계가 우선이다.
- 진실한 태도와 공감적 내용을 담은 질문을 한다.
- 직접질문을 최소화하고 꼭 필요한 경우에만 사용한다.
- 감정에 대한 피드백을 한다.
- 신뢰하는 자세를 취한다.
- 부모를 옹호하는 태도는 금물이다.
- 신체폭력의 유무에 대한 관찰을 한다.

중재의 일차적 목표

- 심한 학대나 폭력의 경우 즉시 부모와 격리 조치한다.
- 폭력으로부터의 보호가 중재의 우선이다.

초기목표

- 우선 자녀보호에 초점을 둔다.
- 부모 자녀 간 상호필요성을 평가한다.
- 부모역할을 교육한다.
- 교사의 신고의무 관련정보를 제공한다.

장기목적을 위한 주제와 개입목표

- 가족구성원 개인, 부부 또는 가족심리치료를 지속한다.

- 안전한 보호지대를 제공하고 폭력을 종료한다.
- 공포, 수치감, 두려움, 우울 등의 감정을 해소한다.
- 자기가치감을 형성한다.
- 가족 내 의사소통을 향상시킨다.
- 자기존중과 타인존중감을 형성한다.

단기목표와 치료적 개입

초기

폭력에 대한 표현 유도하기

- 신뢰관계가 우선이다.
- 폭력 사실을 언어로 표현할 수 있도록 지지한다.
- 폭력에 대한 감정을 표현할 기회가 되도록 돕는다.

가해자를 용서한다는 표현 멈추기

- 폭력 사실에 대해 직면한다.
- 가해자를 비난해도 된다는 것에 직면시킨다.
- 폭력에 대한 감정을 표현하도록 지지한다.

중기

가해자의 학대에 대한 책임성 다루기

- 폭력이 가정에 미치는 영향을 다룬다.
- 폭력에 대한 책임서약과 처벌의 한계설정을 분명히 한다.
- 가해자 심리치료를 서면으로 서약한다.
- 평가에 의해 가해자 또는 피해자를 격리한다.

가해자의 폭력 패턴 다루기

- 가해자 본인과 가족 전체에 미치는 부정적 결과에 직면한다.
- 폭력을 유발하는 스트레스 요인을 다룬다.
- 가해자의 물질남용을 확인한다.

안전에 대한 권리 다루기

- 폭력에 대한 직면을 위해 가족치료가 필요하다.
- 폭력으로 인한 고통, 두려움, 분노에 대한 감정을 충분히 표현한다.

후기

폭력으로 인한 분노, 공격성 해소하고 감소시키기

- 가족치료를 통해 학대에 직면한다.
- 감정을 다루고 용서한다.
- 학대 상징을 표현하고 파괴하는 기회를 가진다.
- 아직 남은 감정을 표현하고 해석한다.

폭력의 결과로 온 우울과 위축행동 극복하기

- 가족으로부터 지지와 양육경험을 강화한다.
- 자기가치감을 강화한다.
- 피해자 지지집단에 참여한다.
- 피해로 인한 감정이 미친 영향을 다룬다.
- 감정해결과 긍정적 재경험을 위한 개별 심리치료가 필요하다.

타인신뢰 다루기

- 긍정관계 모델에 적용한 이야기치료를 적용한다.
- 전이, 핵심불안 등의 무의식 갈등을 해석한다.
- 자기가치감을 회복한다.

이혼가정의 아동·청소년 중재지침

부모의 이혼은 아동·청소년기에 있는 자녀에게 치명적인 좌절과 상실감을 안겨 주어 앞으로의 삶에 적응문제를 야기할 수 있다. 그러므로 아동·청소년을 만나는 치료사는 가족의 생애주기를 탐색하고 그 발달에 걸쳐 있는 대상의 중재에 대해 고려해야 한다. 따라서 여기에서는 이혼가정의 아동·청소년을 이해하고 치료계획을 위해 유의해야 할 지침을 소개하고자 한다. 이와 관련한 내용은 발달적 관점에서 소개한 KSATI 학교미술치료 지침서 4편의 제8장 4절의 내용을 참조하기 바란다.

부모 이혼에 대한 아동·청소년의 정서적 반응발달 단계

- 이혼사실에 대해 인정
- 죄책감
- 좌절경험
- 자기가치 상승욕구

부모 이혼에 대한 발달적 개입

이혼결정 과정에서의 개입

- 부모의 상황을 전달하고 방향을 제시한다.
- 부모의 대립적인 상황에서 아동·청소년을 어떻게 보호할 것인지에 대해 다룬다.
- 양육권과 관계유지 수준을 결정한다.
- 자녀의 욕구에 우선하여 공정하고 합리적인 경제적 해결대안을 찾는다.
- 자녀와 가족의 욕구에 적합한 주거배치를 계획한다.

이혼 전 부모 개입

결혼관계에 대한 표현
- 부부갈등 요인과 강도를 조사한다.
- 부부치료를 통해 욕구를 확인한다.

가족관계 촉진
- 부부싸움을 자제한다.
- 가족 상호작용을 도울 수 있는 활동을 제안한다.
- 자녀욕구가 우선되는 가족모임을 권유한다.

이혼 반응에 대한 부모의 자녀이해
- 이혼과 관련된 도서 읽기를 권유한다.
- 이혼에 대한 가족구성원의 솔직한 감정을 경청하도록 지지한다.
- 만족도 평가, 역할 바꾸기 및 가족가면 등을 적용하여 이혼에 의한 힘의 균형을 평가한다.
- 이중 구속이 있는지 평가하고 합의점을 찾도록 돕는다.

부모 이혼 전 자녀개입 : 개별보다는 가족치료접근

- 부모갈등에 대한 의견을 말할 기회를 제공한다.
- 부모 이혼에 대한 감정을 표현할 수 있는 기회를 제공한다.
- 경제적인 문제가 있는지 평가하고 합의점을 찾도록 돕는다.

부모의 이혼문제 등장과 함께 나타난 자녀의 일탈문제 다루기

- 위기반응에 대한 행동화에 대해 논의한다.
- 자녀일탈이 가족에 미치는 영향을 표현하고 대처한다.
- 자녀일탈이 심한 경우 개별치료를 권유한다.

이혼 후

- 부모의 자녀 관심을 지지하고 강화한다.
- 이혼 후의 감정을 자녀에게 전이하지 않도록 자기관찰 또는 중단하도록 돕는다.
- 부모와 자녀의 교사와의 관계를 유지하도록 지지한다.
- 자녀의 독립에 대한 적절한 속도를 조절하도록 안내한다.

이혼가정 아동·청소년 개입의 장기목적

아동·청소년

- 부모 이혼의 두려움을 극복하고 대처한다.
- 부모 재혼의 경우 추가된 가족에 협조하고 적응하도록 돕는다.
- 독립을 준비하도록 지지하고 안내한다.

부모

- 서로에 대한 존중과 규칙에 대한 지침을 마련한다.
- 갈등을 줄이고 자녀양육에 협력한다.

부모 이혼 후 나타날 수 있는 문제에 대한 단기목표와 치료적 개입

이혼부모의 자녀양육문제 협조체계 다루기

- 자녀의 일탈동기가 될 수 있는 적대감정을 다루기 위해 친부모들과의 공동모임을 갖는다.
- 친부모나 계부모를 공동상담에 초대한다.

- 부모의 이혼 배우자 비난을 중지한다.

부모의 이성파트너에 대한 감정 다루기

- 부모의 파트너와 자녀 간의 상호교류에 대한 자녀의 분노와 적대감정 표현을 허용한다.
- 치료과정에서 자유로운 표현을 위한 심리적 중간지대를 제공한다.
- 부모 이혼 중에 있는 자녀들의 지지집단에 의뢰한다.

재혼과 혼합가정의 아동·청소년 중재지침

부모의 결혼실패로 이혼했거나 사별가족의 경우 다른 한 부모가 재혼한 경우 혼합가정을 형성하게 된다. 새로운 가족관계에 대한 충분한 준비과정이 있었다면 정서적 친밀관계와 가족원의 현실적인 기대를 발전시킬 수 있지만 그렇지 못한 경우 대부분의 가족은 긴장과 마찰이 일어나기 마련이며 그로 인해 상실감과 부적응문제를 일으키게 된다. 아동·청소년 임상에서는 그러한 가족관계 환경에 노출된 경우를 흔히 접하게 되므로 치료사는 다양한 가족유형에 대한 이해가 있어야 적절한 중재계획을 세울 수 있다. 따라서 여기에서는 치료사들의 재혼과 혼합가정의 아동·청소년 중재에서 필요한 기본지침을 숙지하도록 돕는 데 초점을 두었다. 이와 관련하여 또 다른 측면의 도움요소는 KSATI 학교미술치료 지침서 4편의 제8장 5절의 내용과 집단미술치료방법론 II – 임상적 실제의 제11장을 참조하기 바란다.

부모의 재혼이 자녀에게 미치는 일반적인 심리적 영향

- 상실감을 갖게 된다.
- 친부모에 대한 죄책감을 가질 수 있다.
- 무력감과 통제능력을 상실할 수 있다.
- 형제자매 간의 갈등이 유발될 수 있다.
- 발달시기에 따른 각기 다른 특성의 정서반응이 등장한다.(예 : 학령기 전일 경우 퇴행행동이 주된 행동특성이며, 초등학교 시기의 경우 무력감으로부터 분노감정이 반사회적 행동으로 노출될 수 있다. 청소년의 경우는 성정체성 문제와 분리욕구 및 친부모가정으로의 복귀기대를 반영한 퇴행행동이 노출될 수 있다.)

재혼부모의 심리적 영향

- 재혼가정에 합류한 자녀에 대한 의무감에 대한 갈등이 있다.
- 재혼 전의 자녀가 부모에 비협조적일 때 가족응집력에 혼돈을 초래할 수 있으며 그로 인해 긴장감과 심리적 충돌이 일어날 수 있다.

재혼가정 개입의 장기목적

- 자녀는 새부모를 양육자로 받아들여 존중할 책임을 가진다.
- 부모는 양육자로서 합의된 융통성과 긍정적 관계발전의 책임성과 어려움을 수용한다.

재혼가정을 돕는 방법과 목표

자녀를 돕기 위한 기본원리

- 있는 그대로의 감정을 표현하도록 수용한다.
- 부모 이혼과는 별개로 자신은 중요하고 가치 있는 존재로서의 자존감을 갖도록 지지한다.
- 행동이 아닌 언어로 감정을 표현하도록 지지한다.
- 친부모를 양부모에게 의사전달자로 사용하지 않고 자발적으로 표현하도록 안내한다.
- 양부모는 없는 부모의 대신이 아님을 이해하도록 돕는다.
- 사춘기에 있는 자녀의 경우 가족 간에 일어날 수 있는 성적 문제 예방, 독립과 정체성 격려, 애정 없는 표현과 버릇없는 행동 등에 유의하여 중재지침을 제공한다.

재혼 초기단계의 부모개입 원리

- 새로운 가족이 자신을 좋아할 거라는 지나친 기대를 하지 않는다.
- 모든 것을 새로 시작한다는 개방적인 자세가 필요하다.
- 부부의 밀접한 관계와 가족 내 중심이 되어야 하는 부모의 자세가 무엇보다 중요하다.

부모로서의 양부모역할을 돕기 위한 기본원리

한순간에 부모가 될 수 없다는 것을 이해하기

- 좋은 관계의 시작은 유무형의 자원 제공이며, 추억의 공유라는 점을 이해할 필요가 있다.
- 익숙하지 않은 가족이 함께 시간을 공유하면서 정서적 관계가 형성되어 가는 과정은 시간을 필요로 한다.

- 부모의 호칭은 엄마 아빠가 가장 바람직하나 강요하지 않고 기다림이 필요하다.

부모역할은 자녀의 발달에 따라 달라질 수 있다는 논리 이해하기

- 어린자녀에게는 보호자로서의 부모역할이 중요하다.
- 청소년기 자녀에게는 친구역할이 가능하다.
- 재혼으로 이전과는 다른 부모역할을 할 수 있다.

계부모의 규칙, 강요, 훈육태도 평가하기

- 부모 자녀 사이에 솔직한 대화가 필요하다.
- 부모에 저항하려는 자녀의 감정을 탐색한다.
- 계부모의 훈육방식, 서로 다른 양육태도에 대한 부모갈등을 평가한다.

훈육보다는 신뢰관계 먼저 갖기

- 부모가 함께 규칙을 만들어 간다.
- 초기에는 친부모가 했던 규칙을 남겨 두는 것도 도움이 된다.
- 양부모의 권위가 수용되는 데는 2년 또는 그 이상의 기간이 필요하다.

감정양식은 6세 이전에 형성되므로 갑자기 바꿀 수 없다는 원리 이해하기

- 이전 부모의 비난은 금물이다.
- 자녀를 스파이로 사용하는 것은 금물이다.
- 친부모와 긍정적인 관계를 갖도록 도울 필요가 있다.
- 아동은 2년 정도면 가족감정을 형성할 수 있으나, 청소년은 5~7년 이상이 필요할 수 있다.

재혼가정의 자녀가 친부모를 만나는 것에 대해 안내하기

- 친부모와 긍정적인 관계는 정서적으로 도움이 된다.
- 친부모와의 만남 직후는 자신만의 시간과 공간이 필요할 수 있다.
- 자녀가 규칙을 위반했다 하더라도 친부모와의 만남을 제한하는 벌칙은 부정적인 영향을 미친다.

재혼가정 자녀양육의 견해 차이를 줄이기 위해 계획하고 실천하기

- 재혼부모의 부부치료에서 자녀 편애에 대한 감정과 불안정감을 표현하도록 지지한다.
- 재혼부모의 자녀에 대한 감정을 다루고 해결 대안을 찾는다.
- 해결 노력을 위한 배우자 지지가 필요하다.
- 자녀양육 갈등을 감소하기 위해 역할 바꾸기를 활용할 수 있다.
- 가족원의 행동변화를 다루고 변화에 대한 두려움을 표현하고 대안을 찾도록 안내한다.
- 자녀의 부모 조종 태도를 탐색하고 중단시킨다.

부모의 죽음(사고, 질병)과 관련한 상실에 대한 아동 · 청소년 중재지침

아동 · 청소년기에 당면하는 부모의 죽음은 충격적인 정신적 외상이며 발달적 심리적 부적응문제를 일으키게 하는 요인으로 작용할 수 있다. 특히 청소년기는 분리 독립에 대한 욕구가 크지만 감정이 이성보다 더욱 중요하게 작용하므로, 이들의 중요한 주요 체계의 죽음으로 인한 상실경험은 성인기로의 발달을 더욱 두렵게 만든다. 그러므로 가족의 죽음문제에 직면한 이들에 대한 심리치료적 접근은 이후의 적응과 성장에 필수적인 요소이다. 이에 대한 보완자료로서는 KSATI 학교미술치료 지침서 4편의 제8장 3절에 아동 · 청소년의 발달시기에 부모 죽음에 따른 반응과 특성을 소개했으므로 참조하기 바란다. 다음에서는 기초적인 이해를 돕기 위해 전반적인 부모 죽음에 직면한 아동 · 청소년의 이론적 지침을 제시하였다. 이 책에서 제공하고 있는 부모 죽음에 직면한 아동 · 청소년 프로그램에서는 다양한 이유로 인한 부모의 죽음 가운데 부모 질병과 관련하여 남은 자녀가 감당해야 하는 고통에 초점을 두고 프로그램을 제시하였다.

부모 죽음 이후 자녀개입의 장기목표

- 부모 죽음을 받아들이고 상실에 대한 충격과 외상을 극복한다.
- 수반되는 애도의 감정처리와 대처에 초점을 둔다.

단기목표와 개입

부모 죽음에 대한 감정을 표현하고 남은 가족에 대한 고인의 영향 다루기

- 부모 죽음과 관련한 여러 감정을 표현한다.
- 가족응집력과 앞으로의 계획을 다룬다.
- 부모가 생전에 자신에게 어떠한 영향을 미쳤는지 표현하고 마음에 담도록 안내한다.

- 슬픔을 표현하고 언어화하도록 안내한다.
- 내면적인 것뿐 아니라 경제적인 영향에 대한 가족의 원망을 다루고 대안을 계획한다.

죄책감과 부적절한 책임성 다루기

- 죽음과 관련한 상황을 구체적으로 나누고 죄책감을 구별한다.
- 사후세계에 대한 비합리적인 신념과 현실성을 탐색한다.
- 부모 죽음으로 인해 발생할 수 있는 위기에 대처한다.

가족 간의 부정적인 과잉보호 다루기

- 지나친 과잉보호가 있는지 탐색한다.
- 과잉보호가 삶에 미치는 영향을 탐색한다.
- 적절한 지지체계를 형성한다.

고인과의 감정을 분리하고 미해결문제 다루기

- 고인이 된 부모에 대한 감정을 표현하도록 격려한다.
- 부모에 대해 표현하고 용서해야 할 것이 있다면 화해하고 고인을 보내드린다.
- 부모와의 기억을 유지할 수 있는 행사, 즉 출판 또는 기부 등을 안내한다.

애도를 끝내고 적응준비 돕기

- 애도 이외의 사고 내용을 목록화한다.
- 점진적으로 더 이상 애도하지 않음을 당연히 받아들이도록 돕는다.
- 새로운 관계를 시작하도록 지지하고 수반되는 감정을 탐색한다.
- 적응을 위한 사회기술 프로그램에 참여하도록 안내한다.

프로그램의 기본원리

- 애도의 마음을 다룬다.
- 슬픔과 우울감정은 당연하며 충분한 감정표현이 필요하다. 부모가 떠남을 인정하고 받아들인다.
- 정서적인 측면에서 부모를 보내드리고 현실에서 자기 길을 만들어 간다.
- 만성적인 문제는 장기치료가 반드시 필요하다.

프로그램의 구성

회기	하위목표	주제 및 내용	준비물
1	주요감정 살펴보고 표현하기	나는 지금	다양한 감정의 가면모형, 비닐랩, 천사토, 다양한 오브제, 오공본드
2	자기감정 인정하고 돌보기	감정의 파노라마	도화지, 화선지, 물감, 스프레이, 사인펜, 가는 붓, 큰 붓, 스포이트
3	진정한 자기욕구 드러내기	감정의 그릇	흡수력이 좋은 종이, 물감, 붓, 크레파스, 파스텔
4	타인감정 수용하고 관심 갖기	나의 슬픔 I	수채화용 도화지, 물감, 붓
5	문제해결 방법 찾기	나의 슬픔 II	수채화용 8~16절지, 고무찰흙, 색종이, 물감, 스프레이, 다양한 형태로 자른 조각 종이, 지우개, 종이접시
6	함께 소통하고 대처하기	흔적 그리고 떠남	큰 덩어리 점토, 여분의 작은 점토, 나무 조각도, 회전판, 아크릴 물감, 붓
7	실패 수용하고 다시 시작하기	마음장례 치르고 일상의 삶으로	다양한 색의 천 주머니, 다양한 구슬과 오브제, 스티커, 글루건, 색종이, 펜, 크레파스
8	적절한 자기주장 하기	소중한 기억을 안고	인원수의 2배가 되는 색의 긴 천, 8절지, 크레파스

1회기 : 나는 지금

필요성 인식하기

부모가 이미 세상을 떠났거나 부모의 죽음에 직면한 아동·청소년이 첫 회기에 참여한 경우 대부분은 멍한 무력상태, 감당하기 힘들 정도로 슬프거나, 홀로 남겨진 느낌, 분노하거나, 우울상태일 것이다. 그러므로 이러한 대상을 만날 경우 안내자는 최대한 심리적 안정감에 우선 배려하고 비밀유지에 대해 더욱 강조할 필요가 있다. 이 프로그램은 부모를 잃은 아동·청소년에게 가족의 죽음으로 인한 상실감에 위안이 되고 자기를 두고 간 부모의 배반감에 대한 이완경험이 가능하며 함께할 쉼의 공간이자 특별한 장소가 될 수 있다는 기대를 가능하게 한다.

프로그램 시작하기

● 심리적 이완을 돕고 안전한 공간으로서의 환경 이해를 유도한다.
● 8주간의 프로그램 진행과정을 소개한다.
● 개인의 소개와 비밀보장을 강조한다.

유의사항

어떠한 감정도 모두 정상이라는 점을 강조하고 무엇이든 괜찮다는 수용적 자세로 시작한다.

진행과정

원하는 색종이를 자유롭게 선택하도록 한다.

- 선택한 색종이와 유사한 색을 가진 사람과 짝을 이룬다.
- 짝을 찾으면 두 사람만의 공간을 차지하고 서로에 대해 아는 시간을 갖는다(나이, 가족관계, 현재의 갈등, 감정, 기대, 참여 동기 등).
- 전체에 짝을 소개하는 방법으로 두 사람의 관계를 깊게 하고 전체가 아는 시간을 갖는다.
- 도화지에 색과 형태로 지금의 자기상태가 어떠한지 표현한다(이때 선택한 색종이를 사용할 수 있다).
- 표현한 지금의 자기상태와 강점에 대해 소개하고 공유한다(선택한 색종이를 사용했다면 특별히 그 색이 현재의 자기와 어떠한 관련성이 있는지 소개한다).

다루어야 할 내용

- 개인의 정보를 개방 가능한 부분까지 소개할 수 있도록 지지한다.
- 지금-여기가 안전한 보호공간으로서 개인공간을 마음에 담도록 지지한다.
- 소망욕구를 탐색하고 현실의 변화된 가족구조 인식을 다룬다.

자기보고식 현장기록에 포함할 수 있는 내용

- 첫 만남에 대한 느낌은 어떠한가?
- 각각의 색과 형태는 어떠한 현재 상태를 표현한 것인가?
- 특별히 두드러진 내용은 무엇인가?

2회기 : 감정의 파노라마

필요성 인식하기

부모의 죽음에 대면한 자신의 감정탐색에 초점을 둔 이 프로그램은 창작활동을 통해 감당하기 어려운 정서의 한계를 설정하고 감정을 조절할 수 있도록 도와준다. 시각적인 결과물을 제공하는 창작과정은 압도된 정서로부터 잠시 벗어나게 하고 감당하기 어려웠던 감정에 거리를 두고 나눌 수 있게 한다. 그러한 맥락에서 특히 이 프로그램에서 사용되는 현실적인 상황을 담은 사진은 갑자기 고립된 느낌으로 인해 혼란스러운 자기 상태를 스스로 탐색하는 데 도움을 준다. 충격으로 인해 지각능력이 제한적일 수 있는 상황에 있는 아동·청소년에게 실제 사진이 보여주는 현실성과 정확성의 특성이 현실경험을 자연스럽게 투사하고 은유적인 인식과정을 돕는다는 점에서 더욱 의미가 있다.

프로그램 시작하기

- 지난주의 첫 느낌으로부터 시작할 수 있다.
- 반복되는 자기감정에 대해 확인한다.

유의사항

왜곡된 정서반응에 적절한 중재와 지지가 필요할 수 있다.

진행과정

원하는 재질의 종이를 10장 정도 선택하도록 한다.

- 하나의 종이에 두서없이 떠오르는 무엇이든 기록하는 것으로 시작한다.
- 기록한 내용 중에서 유사한 감정을 담은 내용끼리 모아 분류한다.
- 분류된 내용별로 각 내용에 함축된 감정을 색과 형태로 표현하거나 관련된 이미지 사진을 찾아 붙일 수도 있다(이때 그림 수는 상관없이 원하는 만큼 표현하도록 한다).
- 어떠한 감정인지, 그 감정이 언제부터였는지, 직접적인 부모 죽음과 관련한 것인지, 이전의 감정과 관련되는지 등에 대해 소개하고 공유한다.

> **다루어야 할 내용**
> - 감정의 내용이 상황적으로 적절한지 탐색한다.
> - 최대한 공감적 경험을 할 수 있도록 반영환경을 제공한다.
> - 부모의 죽음이 일상생활에 미치는 영향을 다룬다.

자기보고식 현장기록에 포함할 수 있는 내용

- 지금의 주된 정서나 감정은 무엇과 관련되는가?
- 힘들 때 도움을 주는 사람은 누구인가?
- 현재 가장 염려되는 것은 무엇인가?
- 최근에 꾸는 꿈이 있는가? 어떠한 꿈인가?
- 수면문제, 신체적인 변화 또는 기타 다른 정서적 변화는 없는가?

3회기 : 감정의 그릇

필요성 인식하기

감정과 정서에 가장 민감하게 반응하는 곳이 우리의 몸일 뿐만 아니라 불안정한 정서를 감당해 내는 공간이자 환경으로서의 역할을 하는 것 또한 몸이다. 그래서 나는 대부분의 치료를 위한 워크숍 또는 교육접근의 워크숍에서 신체 윤곽을 정서의 용기로서 지면으로 옮겨 와 감정의 의식과 무의식의 느낌을 표현할 이미지에 접근하는 도구로 사용하곤 한다. 심층 워크숍의 방법적 주제로는 늘 어김없이 직접 신체를 100~120호 크기의 장지에 옮겨 윤곽을 그리고 신체의 모든 부분에서 느끼는 상실, 두려움, 상처, 슬픔, 기쁨, 행복, 만족, 불만족, 과제, 기대, 성공, 실패 등 경험 속의 감정을 표현하는 작업을 장시간에 걸쳐 진행한다(표현예술로 만나는 정신건강이야기, 2009, p. 78 인용, 그림 9-4 참조). 이러한 방법과는 다소 변형된 모습으로 진행하는 이 프로그램은 부모의 죽음과 관련하여 상실의 감정과 정서를 담기 위한 용기로서 신체 윤곽을 사용하고 비통한 마음으로부터 오는 신체반응인 다양한 장애징후, 즉 섭식, 수면, 다양한 부위의 신체통증, 탈수현상과 탈진 등의 결과에 대한 심리상태를 스스로 탐색하고 지각하는 기회를 갖게 할 것이다.

프로그램 시작하기

- 지난주의 느낌으로부터 시작할 수 있다.
- 실제 경험하는 신체반응과 고통에 대해 공유한다.

유의사항

치유에 대한 개인의 잠재능력을 인정하고 자발적인 선택을 하도록 지지하고 기다리는 자세가 필요하다.

진행과정

공간에 제한이 있다면 다양하게 준비된 작은 신체 윤곽을 탐색하고 각자가 원하는 신체 윤곽을 자유롭게 선택하도록 할 수도 있다.

- 짝을 이뤄 서로의 신체 윤곽을 본떠 주며, 정서적 안정과 몰입을 위해 사전 워밍업 동작을 사용할 수 있다.
- 원하는 신체 윤곽의 형태와 윤곽을 그릴 색을 짝에게 요청하고 교대로 본뜨기를 진행한다.
- 신체 윤곽 앞에 앉아 눈을 감고(또는 눈을 뜬 채로, 편한 방법 선택) 자신의 몸을 탐색한 후 신체 부위에서 느껴지는 반응을 느끼는 시간을 충분히 가지며(그 과정에서의 느낌을 수시로 기

록할 수 있음) 탐색과정을 진행한다.

● 색채와 형태 또는 오브제를 사용하여 신체 부분마다 반응하는 정서와 감정을 표현한다.

● 어떠한 감정이 신체에 어떻게 표현되었는지 소개하고 공유한다.

● 몸이 말하는 정서와 감정을 동작으로 표현하고 어떠한 느낌을 가졌는지 다시 기록하고 그림으로 표현한 후, 경험에 대해 서로 공유한다. 이 과정은 시간이 허락한다면 움직임과 그림 표현을 반복하고 언어화 또는 기록함으로써 결과적으로는 감정의 신체반응을 충분히 배출하는 기회가 될 수 있다.

다루어야 할 내용

- 감정의 강도와 수준을 탐색하도록 돕는다.
- 신체 이미지의 존중감을 강화한다.
- 상실과 관련한 감정이 신체에 미치는 영향을 다룬다.
- 개인이 지닌 잠재적인 치유능력을 지지하고 강화한다.

자기보고식 현장기록에 포함할 수 있는 내용

● 신체 이미지에 가장 많이 사용된 색은 무엇인가? 그것은 특정 의미가 있는가?

● 각 신체 부위에 표현한 색채와 형태는 무엇을 의미하는가?

● 가장 고통스러운 신체반응은 무엇인가?

● 신체반응의 결과는 상실과 관련된 정서와 감정의 무엇이라고 보는가?

● 감정의 변화속도가 있는가? 그것은 무엇인가?

4~5회기 : 나의 슬픔

필요성 인식하기

지난 회기에 이어지는 연속성의 작업으로 진행되는 이 프로그램은 상실로부터 오는 여러 정서와 감정 가운데, 특히 강하고 크게 느끼는 또는 주된 정서를 다루어 충분히 애도하고 그 감정으로부터 자유로워지는 경험을 하게 된다. 이와 관련된 작업은 **표현예술치료로 만나는 정신건강이야기**(2009) 제9장의 '가면작업'에 대한 내용과 제10장의 '되돌아보고 담아내기' 주제로 진행된 움직임 과정의 내용을 참조하기 바란다.

프로그램 시작하기

● 지난 회기의 느낌으로부터 시작할 수 있다.

- 오늘의 주제에 대한 설명과 지난 과정의 연관성에 대해 이해를 돕는다.

유의사항

지난 작업으로 인한 일상의 어려움이 없었는지 관심을 갖고 돌봄의 자세를 잊지 않아야 한다.

진행과정

두 개의 얼굴 본을 뜨게 된다는 설명과 석고붕대 사용과 본뜨기 방법의 유의사항을 충분히 설명한 후 시작한다.

4회기 진행과정

- 거울 앞에 앉아 있는 자기 모습을 탐색하며 떠오르는 느낌을 따라 본뜨기 작업을 시작한다. 이때 자신의 얼굴을 먼저 하든 고인이 된 부모의 얼굴을 먼저 하든 마음이 가는 방향으로 시작하면 된다(이때 하나의 본을 뜬 후에는 반드시 느낌을 기록한 후 다음 본뜨기로 진행한다).
- 두 개의 얼굴 본을 다 뜨면, 부모와 자기 중에 누구를 먼저 본뜨게 되었는지, 그것은 어떠한 느낌으로 시작되었는지, 본뜨는 과정과 후의 느낌은 어떠한지, 어떠한 생각을 하게 되었는지에 대해 느낌 등을 기록한 후 전체 느낌을 공유한다.

5회기 진행과정

- 4회기의 얼굴 본을 앞에 두고 탐색하며 관계와 감정의 느낌을 충분히 가진 후 그 느낌을 기록하고 그림으로 표현한다.
- 얼굴 본에 색과 형태 및 수정작업을 통해 감정을 표현하고 완성한다.
- 가면이 완성되면 먼저 만나고 싶은 가면으로부터 시작하여 충분한 시간을 갖고 무언의 대화를 통해 오는 느낌과 감정을 기록하고 다시 만나고 기록하고를 반복한다. 이때 유의해야 할 사항으로 충분한 경험을 가진 후에야 다음 가면으로 옮겨 가도록 안내한다.
- 개인 작업이 온전히 끝나면 경험에 대해 소개하고 공유한다.

다루어야 할 내용

- 깊이 내재해 있는 감정을 충분히 토해 내도록 지지한다.
- 고인과의 관계에서 해결되지 못한 감정을 표출하도록 지지한다.
- 가면 본뜨기의 경험에 있었던 정서에 대해 탐색한다.
- 완성과정에서 일어나는 특정 감정이 있었다면 반드시 다룬다.
- 내적 화해와 승화의 감정을 유도하고 지지한다.

자기보고식 현장기록에 포함할 수 있는 내용

- 특별히 올라오는 감정 또는 그 정서에 함축된 경험은 무엇인가?
- 망설여지고 진행하지 못한 어떠한 부분이 있었는가?
- 해결되지 못한 어떠한 관계경험이 떠올랐다면 그것은 무엇인가?
- 이 시점에서 하고 싶은 말이 있는가?

6회기 : 흔적 그리고 떠남

필요성 인식하기

5회기까지의 과정을 통해 고인에 대한 아픔을 다루었으므로 아동·청소년은 아마도 보다 안정적인 분위기를 느낄 수 있는 준비가 가능하므로, 이제는 떠나간 부모에 대한 인식을 보다 확고히 하고 상실의 감정을 구체화할 수 있는 시점에 있을 수 있다. 따라서 이 프로그램은 아동·청소년으로 하여금 어느 정도의 혼돈에서 벗어나 떠나간 부모와의 분리를 시작하는 것에 의미를 두고 돕게 되는 동시에 개별성을 가지고 자기의 방향을 찾도록 안내하게 된다. 이 회기의 작업은 몇 주간의 시간이 필요할 수 있으며 시간이 허락한다면 하루 종일 이 작업만을 진행할 수도 있다.

프로그램 시작하기

- 이미 부모는 떠나갔으며 '이제 남은 자기가 할 일이 무엇인가?'라는 스스로의 질문으로부터 시작할 수 있다.

유의사항

부모는 떠났지만 함께한 경험이 소중하며 사랑하는 존재이며 동시에 이미 고인이라는 맥락에서 강조하고 중재할 필요가 있다.

진행과정

한지 또는 화선지 중에 필요로 하는 재료를 탐색하는 시간을 충분히 제공하고 자유롭게 선택하도록 안내한다.

- 방법과 과정을 설명한다.
- 선택한 종이 중 한 장을 먼저 펼치고 명상 후 바로 기록할 수 있도록 필요한 재료를 가까이에 준비한 다음, 부모와의 경험을 회상하는 작업을 위해 간단한 명상 메시지를 전달한다.
- 눈을 뜨고 고인과 함께했던 삶을 회상하면서 떠오르는 느낌, 다양한 감정, 경험, 일, 사건, 여행, 좌절, 놀라움, 거절, 인정, 행복, 불행 등 무엇이든 무작위로 가능한 형용사로 단어를 기록

한다.

- 먼저 마음에 다가오는 기록부터 동그라미로 표기하면서, 하나의 단어에 대한 내용을 하나의 종이에 색과 형태로 표현하며, 기록한 대부분의 단어들이 그림으로 표현될 때까지 진행한다. 시간이 제한적이라면 특별히 다루고 싶은 내용에 동그라미로 표기하고 그 내용에 대해 몇 장의 그림으로 표현할 수 있다.
- 그림의 첫 장부터 마지막 장까지 순서대로 장마다 표현된 이미지에 대한 느낌을 그림 어느 공간에 기록한다.
- 마지막 장까지 기록이 끝나면 새로운 종이에 고인에게 보내는 글을 쓰고, 새로운 한 장에는 나에게 보내는 글을 쓴다.
- 고인과 나에게 보내는 글까지 완성되면 전체 느낌으로 표지를 만들고, 내용물의 맨 앞에 명상 후의 기록을 두고 이 후에 그린 그림의 순서대로 전체를 엮는다.
- 전체 과정에 대한 경험을 소개하고 공유한다.

다루어야 할 내용

- 관계 속의 다양한 감정을 탐색한다.
- 긍정적이든 부정적이든 특별히 기억에 남는 관계경험을 다루고, 주된 경험의 유형에 대해 탐색한다.
- 충분히 화해하고 사랑하는 사람을 떠나 보내는 의례에 초점을 둔다.
- 고인에 대한 존중과 가치와 애도의 마음을 다룬다.

자기보고식 현장기록에 포함할 수 있는 내용

- 작업 후의 느낌과 경험은 무엇인가?
- 표지 이미지의 내용은 무엇인가?
- 마지막 글을 쓴 후의 느낌은 무엇인가?
- 개인으로서의 자기 방향을 어떻게 정리했는가?

7회기 : 마음장례 치르고 일상의 삶으로

필요성 인식하기

이 프로그램은 3~5회기의 결과물인 신체 자화상과 가면을 사용하여 재확인하고 정리하는 기회로 진행된다. 신체에 머물러 있는 슬픔의 감정을 인식하는 동시에 자연스럽게 지나가게 하는 여정으로 이루어졌던 지난 과정을 통합적 맥락에서 재인식하고, 아직까지 남아 있는 슬픔에 대해 충분히 애도하지 못한 요소를 풀어내는 여정이 된다. 이러한 작업은 나의 많은 워크숍에서 참여 대상에 따라 유사하게 또는 변형된 모습으로 사용되었으며 참여자 대부분이 이 작업을 통해 마음의 밑바닥으로부터 올라오는 비탄의 감정을 풀어내는 경험을 하곤 한다.

프로그램 시작하기

● 시간이 지난 후에 보는 신체 자화상과 가면에 대한 느낌을 나누는 것에서부터 시작한다.

● 진행과정의 영상물이 있다면 전체를 돌아보는 여정으로 사용할 수 있다.

유의사항

특별히 의문이 있거나 마음에 풀리지 않는 부분이 있다면 충분히 나눌 수 있는 시간을 제공한다.

진행과정

작품을 펼치고 자유롭게 몸을 움직일 수 있는 여유 있는 공간이 필요하다.

● 진행순서와 방법에 대해 설명한 후, 자신의 신체 자화상과 가면을 탐색하는 시간을 가진 다음 지금까지의 여정을 시작과 마지막 또는 앞으로의 방향을 표기하여 그 과정의 길을 이미지로 표현한다.

● 한 사람씩 자신의 그림을 설명하고 길 그림의 과정을 몸으로 표현하는 시간을 가진다. 이때 시간적 여유가 있다면 한 사람씩 신체 자화상과 가면, 전체 여정에 대한 길 그림을 펼치고 전체 과정의 경험을 몸으로 표현하는 시간을 갖게 되지만, 시간이 제한적이라면 동시에 두 사람씩 짝을 이뤄 교대로 진행한다. 이 과정에 대한 유사한 방법은 표현예술로 만나는 정신건강이야기(2009) 제10장을 참조할 수 있다.

● 두 사람씩 짝을 이뤄 전체가 동시에 시작하는 경우, 여정을 마치고 돌아오는 짝을 위로와 환영하는 마음으로 안아서 맞이하고 도화지를 제공하여 여정의 느낌을 표현하도록 한 다음에 두 사람이 서로의 느낌을 나누는 시간을 갖도록 안내한다.

다루어야 할 내용

- 전체적인 경험을 다룬다.
- 최대한 공감적이고 반영적 경험이 되도록 지지적인 환경을 제공한다.
- 존재가치의 소중함을 인정하고 수용적 태도를 지지한다.
- 자존감을 강화한다.
- 자발적인 개인의 회복능력을 지지한다.

자기보고식 현장기록에 포함할 수 있는 내용

- 전체 느낌을 담은 그림의 내용은 무엇인가?
- 길의 여정을 경험한 후의 느낌은 무엇인가?
- 앞으로의 방향에 대해 어떻게 생각하고 있는가?
- 더 필요로 하는 도움요소가 있다면 그것은 무엇인가?

8회기 : 소중한 기억을 안고

필요성 인식하기

마지막 회기는 고인에 대한 사랑과 추억의 유품을 모아 담고 정리하는 시간으로서뿐 아니라 함께한 참여자들과의 작별을 고하는 과정으로서 프로그램이 제공된다. 이 과정은 고인이 된 부모가 참여자의 마음에 영원한 기억으로 간직되고 함께한 기억이 앞으로 향하는 길에 긍정적인 에너지로 영향을 미치게 될 것이다.

프로그램 시작하기

- 전체 과정에 대한 의문점이나 걱정 및 경험에 대해 나누는 것으로 시작한다.
- 재료탐색을 충분히 하는 것 또한 여정의 마무리를 위한 준비로 의미 있는 경험이 된다.

유의사항

전체의 마무리 여정으로 충분한 시간을 제공하고 기다리는 배려가 필요하며, 정서적인 분리에 대해 불안이 있는지 관찰하고 필요시에는 도움방법을 안내한다.

진행과정

원하는 크기와 형태의 상자와 작은 스크랩북을 자유롭게 선택하도록 한다.

- 그동안의 작품을 촬영하여 인화한 작품사진을 제공한다.
- 선택한 스크랩북에 한쪽은 사진을 한쪽은 느낌을 기록하는 방식으로 하여 펼치면 글과 사진이 동시에 보이도록 배치한다. 이때 스크랩북에 직접 기록하지 않고 별도의 메모지에 느낌을 기록하며 붙일 수 있다.
- 기록과 사진배치를 끝낸 후 느낌을 간략하게 소개한다.
- 스크랩북 작업과정의 전체 느낌을 따라 상자의 내부와 외부를 색과 다양한 오브제(고인에 대한 감정과 경험 및 소중한 물건 등이 들어갈 수 있음)를 사용하여 표현하고, 무엇을 표현했는지 또는 서로에 대한 느낌을 공유한다.

- 느낌을 교류한 후 서로에 대한 위로와 존중감을 담아 편지를 쓰고 각자의 상자에 담아 준다.
- 이 모든 과정이 끝나면 각자가 준비한 고인에 대한 기억과 관련된 물품이나 사진 등을 추가로 담을 수 있으며, 상자에 들어가는 중요한 내용으로 작품 스크랩북을 포함할 수 있다(이 상자는 집으로 가지고 간 후에도 계속 고인과 관련한 물건이나 편지 및 유품을 담을 수 있다).
- 이 모든 작업이 끝나면 참여자들은 마지막으로 조촐한 작별 파티에 참여하여 음식을 나누면서 더 필요한 이야기들로 채운다.

다루어야 할 내용

- 아직 남은 염려의 마음을 다루고 지지한다.
- 자존감을 강화한다.
- 개인의 잠재능력을 지지한다.
- 앞으로의 계획을 재확인한다.
- 반드시 종료 1주 이내에 개인면담을 약속하여 부족한 마무리와 확인 또는 개인에 따라서는 사후개입을 위한 의뢰를 약속한다.

자기보고식 현장기록에 포함할 수 있는 내용

- 현재의 감정은 어떠한가?
- 앞으로의 계획에서 도움이 필요한가? 구체적으로 그것은 무엇인가?
- 특별히 하고 싶은 이야기가 있는가? 그것은 무엇인가?
- 사후 개인면담 시간은 언제가 좋은가?
- 후속 작업을 원하는가? 원한다면 개별 또는 집단 중 어떠한 방식을 원하는가?

다문화 위기가정의 아동·청소년 중재지침

다문화 가정의 위기란 결혼이주, 새터민 가정, 외국인 근로자 가정, 외국인 이주가정 등 다양한 형태의 가정이 사회문화적 적응과정에 심각한 스트레스를 유발할 수 있으며, 결혼이주 가정의 경우 결혼과 자녀양육이라는 발달적 위기를 경험하는 것 외에 배우자 폭력 등의 특정 상황적 위기에 노출되기도 한다. 또한 이주노동자의 경우 직장에서의 폭력과 산업재해 등의 위기를 경험하기도 하며 그러한 이주가정의 자녀인 아동·청소년이 겪는 사회적 편견과 심리적 스트레스 또한 심각한 부적응문제를 초래하기도 한다. 특히 우리 사회의 새터민 가정의 아동·청소년은 입국과정의 충격사건이 심리적 상처와 외상 후 스트레스에 따른 심각한 정신문제를 유발할 수 있으며 아동·청소년기의 발달과 맞물려 좌절하고 성장 이후에도 장기적인 극복문제가 따

르기도 한다. 이에 대한 참조내용은 위기의 아동·청소년을 위한 학교미술치료 지침서(2010) 제6
장의 '다문화 가정 학생에 대한 학교미술치료 접근'에서 다문화 가정의 개념정리와 문제 및 학
교미술치료가 다문화 가정의 아동·청소년을 다뤄야 하는 이유와 방법 등에 대한 내용이 소
개되어 있으므로 참조하기 바란다. 여기에서는 새터민 가정의 아동·청소년에 초점을 두고
위기개입에 접근한 위기의 아동·청소년을 위한 학교미술치료 지침서(2010) 제6장의 프로그램을
최단기 개입인 8회기로 재구성하여 제공하였다. 구체적인 치료는 독자가 만나는 참여자의 상
황과 가능한 범주에서 장기계획으로 재편성하여 사용하기 바라며 다음의 프로그램은 난민가
정의 청소년에게 초점을 맞추었으므로 참여자의 연령과 상황에 따라 주제와 매체를 변형하여
사용할 필요가 있다.

프로그램의 기본원리

- 가능한 사전 개인면담과 사후 개인면담을 계획한다.
- 다른 문화권의 배경을 가지고 있다 해도 아동·청소년의 발달적 특성과 욕구는 유사하다는
  이해로부터 시작한다.
- 위기의 심각성과 참여자 개인의 기능에 합당한 개입이어야 한다.
- 만성적인 위기문제는 반드시 구체적인 장기치료로 개입되어야 한다.
- 치료는 자아정체감 형성과 회복에 초점을 둔다.
- 최단기로 이뤄지는 8회기 과정은 일차적인 갈등 확인 및 긍정적인 자기인식과 자원을 찾고 구
  체적인 계획을 세우는 6단계의 위기개입적 접근방법에 근거한다. (예 : 1단계/돌봄과 문제
  확인 : 1회기, 2단계/감정 및 욕구평가 : 2회기, 3단계/욕구 다루고 지원체계 연계 : 3~5회
  기, 4단계/대안 찾기 : 6회기, 5단계/계획 : 7회기, 6단계/계획 확인 및 참여유도 : 8회기)

프로그램의 구성

회기	하위목표	주제 및 내용	준비물
1	돌봄 환경 확인하고 갈등 구체화하기	돌아온 길에 찾은 둥지	무명끈, 한지(또는 도화지), 먹물, 붓, 크레파스, 다양한 스티커
2	감정 표현하고 스스로에 대한 지각평가하기	자서전적 외상기억	1m 이상의 긴 화선지, 붓, 먹, 물감, 다양한 색종이, 풀
3	당면한 문제의 갈등 구체적으로 탐색하기	어둠과 빛의 터널	도화지, 마커펜, 잡지의 다양한 이미지의 사진 또는 스티커, 풀, 크레파스

4	상황불안 인식하기	시간을 따라	다양한 잡지 사진, 도화지, 색종이, 풀, 가위, 크레파스, 물감
5	미래에 대한 불안을 인정하고 과거 스트레스 대처양식에 대한 변화욕구 강화하기	마음 틈새 그곳	흠집을 내어 고무찰흙을 채운 도화지, 색종이, 지우개, 다양한 오브제, 색 사인펜이나 마커펜, 물감, 스프레이
6	타인의 평가와 자기에 대한 긍정적인 특성 탐색하고 자원 활용하기	나만의 빛을 드러내고	정원에 있을 법한 다양한 재료, 자연물, 땅을 만들 쟁반이나 나무판, 가위, 도화지, 채색도구, 다양한 오브제
7	현실인식 및 가능한 역할과 자원 활용과 대안계획	견고한 토대로서의 삶의 방향	상자, 다양한 오브제, 각자가 간직하고 있는 소중한 물건, 채색도구, 풀, 가위, 색종이
8	자기의 잠재능력 인정하고 계획 재확인하기	중심에 나를 세우고	도화지, 채색도구, 특별한 상장(개인의 특성을 담은 내용으로 사전에 준비), 가족이 자녀에게 전하는 편지(사전에 준비), 아동·청소년이 가족에게 감사하는 편지(사전에 준비), 파티 준비

1회기 : 돌아온 길에 찾은 둥지

필요성 인식하기

첫 만남은 우선 안전 확보와 최대한 심리적 이완경험이 우선되어야 한다. 이 프로그램이 어떠한 것이며 무엇을 기대할 수 있을지를 전달하는 것뿐 아니라 다른 문화권에서 쉼의 공간이 될 수 있는 특별한 공간임을 전할 필요가 있다.

프로그램 시작하기

- 심리적 이완을 돕고 안전한 공간으로서의 공간이해를 유도한다.
- 프로그램의 진행과정을 소개한다.
- 자기 소개와 관계 형성에 초점을 둔다.

유의사항

통역자를 동반할 경우 사전에 통역자와 충분한 소통을 통해 안내자의 접근 방법과 진행과정의 전달에 무리가 없도록 준비한다.

진행과정

우선 환영 인사와 안내자에 대한 소개를 먼저 하고 진행의 시작에 대한 방법과 유의사항에 대해 안내한다.

- 서로에 대한 환영의 마음으로 안내자로부터 시계 방향으로 끈을 전달하고 마음이 가는 만큼 가위로 자르도록 한다.
- 자신의 끈 길이와 유사한 길이의 대상을 찾는다.
- 짝을 찾으면 두 사람만의 공간을 차지하고 서로에 대해 아는 시간을 갖는다(나이, 가족관계, 문화, 이주사유, 현재의 갈등, 감정, 기대, 참여 동기 등).
- 전체에 짝을 소개하는 방법으로 두 사람의 관계를 깊게 하고 전체가 서로를 환영하며 알아 가는 시간을 갖는다.
- 작업과정을 충분히 소개한 후, 한지(또는 도화지)에 시작점과 마지막 점을 사용하여 마지막 점의 지점에는 둥근 원의 형상으로 표현하도록 안내한다(이때 시작은 이주계획의 시작으로 표현하고 끝은 안전한 환경으로 정착한 곳으로 이미지화하도록 충분히 설명한다).
- 한지에 찍은 시작점으로부터 끈을 사용하여 마지막 지점인 원형의 공간까지를 향해, 이곳에 오기까지의 과정을 표현하고 각 과정의 경험을 색과 형태 또는 스티커로 보완한다.

다루어야 할 내용

- 개인 정보를 개방 가능한 부분까지 소개할 수 있도록 지지한다.
- 지금-여기가 안전한 보호공간으로서 개인공간을 마음에 담도록 지지한다.
- 소망욕구를 탐색하고 현실의 변화된 환경 인식에 근거한 목표를 다룬다.

자기보고식 현장기록에 포함할 수 있는 내용

- 짝과의 작업에서 느낀 것은 무엇인가?
- 작업에서 알게 되었거나 느낀 경험이 있다면 그것은 무엇인가?
- 현재 갈등하고 있는 것 또는 가장 힘든 것은 무엇인가?
- 앞으로의 소망은 무엇인가?
- 마지막 지점에 표현한 것은 무엇을 의미하는가?

2회기 : 자서전적 외상기억

필요성 인식하기

이주과정을 거치며 현재에 이른 자신의 감정탐색에 초점을 둔 이 프로그램은 심상기법을 적용하여 급성 및 만성 스트레스에 시달리는 이주과정의 고통정서에 초점을 둔다. 이는 외상기억의 부정적 이미지를 보다 더 강렬하고 통합적인 기억으로 조절하고 재구조화하는 경험을 제공하며, 신체와 지각요소의 통합을 가능하게 한다. 이 프로그램은 아동·청소년 및 가족에게 현 상태에 대해 적극적인 자기표현을 유도하고 현재 결과에 대한 심리상태를 스스로 탐색하고 지각하는 기회를 갖게 한다.

프로그램 시작하기

- 지난주의 첫 느낌에서부터 시작한다.
- 프로그램에 대한 궁금증이 있는지 이곳이 무엇을 위한 공간으로 이해하고 있는지 다시 한 번 확인한다.

유의사항

정서적인 반응을 관찰하고 적절한 중재가 필요할 수 있으므로 유의하여 관찰한다.

진행과정

다양한 재료를 탐색하는 시간을 충분히 제공한 후 시작한다.

- 이주과정 관련 감정과 기억의 경험을 회상하는 시간을 가진 후 서로 공유한다.
- 떠오르는 기억과 감정을 두서없이 기록한다.
- 긴 두루마리식의 한지를 펼치고, 한지의 중간지점을 기점으로 이주계획으로부터 현재까지의 감정의 흐름이 어떻게 진행해 왔는지 먹물을 사용하여 선으로 표현한다(선의 굴곡은 감정의 진행과정과 상황에 따라 오르내릴 것이다).
- 선의 굴곡과 어느 각 지점에 해당하는 감정을 물감과 색종이를 사용하여 표현하고 기록한다.
- 어떠한 감정과 경험을 표현했는지, 현재 상태는 어떠한지, 앞으로의 기대는 무엇인지 등에 대해 공유한다.

다루어야 할 내용

- 전반적인 감정의 내용이 적절한지 스스로 탐색하도록 지지한다.
- 상황적으로 적절한 감정인지 왜곡인지는 없는지 스스로 관찰하도록 돕는다.
- 최대한 공감적 경험을 할 수 있도록 반영적 환경을 제공한다.
- 신체화 반응이 없는지 확인하고 일상생활에 미치는 영향을 다룬다.

자기보고식 현장기록에 포함할 수 있는 내용

- 최근에 느끼는 주된 정서나 감정은 무엇인가? 그것은 언제부터 반복되는 경험인가?
- 일상에 불편을 느낄 정도의 신체반응이 있는가?

- 자신의 상태와 미래에 대해 어떠한 기대를 하고 있는가?
- 극복을 위해 도움받을 수 있는 곳 또는 사람이 있는가? 그는 누구인가?

3회기 : 어둠과 빛의 터널

필요성 인식하기

2회기의 심상기법을 사용한 창작활동은 단순히 마음에 그리는 유도심상법과는 다르게 이미지를 구체화하는 결과물로 의식화하게 한다. 즉, 유도심상을 사용한 창작은 인지과정의 결과로서 조정되고 상징화되므로 자서전적인 외상기억을 재해석하고 상징화된 능력으로 서술되어 통합하게 한다. 그러므로 외상을 경험한 이주민가정의 아동 · 청소년에게 정서와 갈등에 초점을 둔 이 프로그램 중간 지점의 접근은, 외상기억으로 인한 어둠요소인 신체요소의 흥분을 감소시키고 이완상태로 접근하게 하며 합리적인 자기대화 학습으로의 인지적 재구조화를 가능하게 하는 빛의 터널을 지나는 것과 같은 의미를 담고 있다.

프로그램 시작하기

- 지난 회기의 외상기억에 대한 감정과 기억에 대한 작업이 미친 영향에 대해 충분히 나누는 것에서부터 시작한다.
- 이주과정에서 일어난 사고 및 어려움과 관련된 감정과 기억 및 갈등을 함축한 문제에 대해 공유한다.

유의사항

혼돈으로 인한 어려움이 있었는지 현재도 지속하는 문제가 있는지 관찰한다.

진행과정

- 이주 이유 또는 과정의 사고에 대한 감정을 먼저 다룬 후, 최근에 당면한 문제가 무엇인지에 대해 충분히 나눈다.
- 선을 사용하여 마음 가는 대로 낙서하기를 20장 이상 충분히 한 후 각각의 연상되는 이미지를 찾는다.
- 찾은 이미지 중 원하는 만큼 색과 다양한 오브제를 사용하여 구체화한다.
- 구체적으로 상징화한 이미지가 자신의 외상경험과 어떠한 관련이 있는지 기록한 후 공유한다.

- 신체요소와 관련하여 어떠한 경험이 있었는지 탐색한다.
- 스트레스를 조성하는 상황을 관리할 수 있도록 자기대화 기술을 강화한다.
- 표현된 이미지에서 혼돈경험이 어떻게 표출되고 통제되는지 관찰하고 확인하도록 지지한다.
- 상징적으로 언어화된 결과물에서 새로운 의미를 찾도록 지지한다.

자기보고식 현장기록에 포함할 수 있는 내용

- 구체화한 이미지는 무엇인가?
- 찾은 이미지의 주된 공통성은 무엇인가?
- 작업 전과 후의 신체반응에 차이가 있는가?
- 지금의 전체적인 느낌은 무엇인가?

4회기 : 시간을 따라

필요성 인식하기

2~3회기 내용의 연속선상에서 외상경험을 시간순으로 표현하여 현실인식을 더욱 구체화하는 이 프로그램은, 이주과정의 외상기억을 마음속 깊이 뿌리 내리는 영속적 의미로서가 아니라 흘려보내는 과정으로서의 의미를 담는다. 그러므로 작업과정을 통해 흐르다 보면 어딘가에 정착하게 되고 그 정착한 곳이 지금-여기의 안전한 울타리였다는 것을 인식하게 하며 미래에 대한 기대욕구를 촉진한다.

프로그램 시작하기

이주과정의 사고 및 어려움 관련 감정과 기억 및 갈등을 함축한 문제를 다룬 후의 영향과 변화에 초점을 두고 갈등을 충분히 공유하는 것으로 시작한다.

유의사항

신체반응과 심리적 혼돈이 있는지 그 수준은 어느 정도인지 관찰하고 확인한다.

진행과정

- 지난 회기까지의 경험을 회상하는 시간을 갖는다.
- 잡지 사진을 어떻게 사용할 것인지에 대해 설명한 후 무엇이든 눈에 들어오는 이미지를 선택한다.
- 이주과정의 경험과 관련된 사진을 시간순으로 여러 장의 도화지를 사용하여 붙인다. 각 이미

지는 몇 가지 오브제와 채색을 사용하여 보완적인 표현을 한 다음 무엇을 표현했는지 기록한 후 공유한다.

> **다루어야 할 내용**
>
> - 각각의 표현과 기록은 이주과정의 외상경험에서 오는 상황불안과 적정 수준의 반응인지 다른 소인을 포함하고 있는지 스스로 탐색하고 인식하도록 안내하고 지지한다.
> - 경험의 왜곡성을 관찰하고 합리적 사고로의 방향을 안내한다.

자기보고식 현장기록에 포함할 수 있는 내용

- 작업 후의 느낌은 무엇인가?
- 외상불안의 변화는 어떠한 흐름의 연속으로 느껴지는가?
- 자신을 위해 지금 가능한 것은 무엇이라고 생각하는가?

5회기 : 마음 틈새 그곳

필요성 인식하기

4회기까지는 외상기억의 심상을 끌어내고 인식하는 데 의미를 두었다면 이후에 진행되는 이 프로그램의 주제는 미래의 기대욕구를 강화하는 데 초점을 둔다. 이주과정에서 긴장하고 상처 입은 마음의 진행과 지금 또는 프로그램 이후의 가능성에 동기를 강화하는 것으로 시작하여 자기의 존재가치를 인정하고 스스로 극복의 돌봄을 경험하게 한다는 데 의미를 둔다. 이 프로그램을 진행하는 안내자는, 모든 사람은 각자의 색이 있고 그 색이 타인과 다르다고 하여 그것이 부족함이나 문제가 아니라는 것과 나름의 상황에 따라 채울 수 있는 가능성을 가지고 있다는 것에 대해 전달할 수 있어야 한다. 따라서 안내자는 인간정신의 심리적 상처와 관련해 양극의 통합적 의미에 대해 이해하고 개인의 심리적 조화에 가까이 갈 수 있는 정서적 자세가 필요하다. 도움기법은 집단미술치료방법론 I─이론과 기법(2006) 제9장의 기법 42를 참조하기 바란다.

프로그램 시작하기

- 이전 회기의 경험과 관련하여 하고 싶은 이야기로 시작한다.
- 현재의 감정과 기대욕구를 다룬다.
- 참여자의 분위기와 필요에 따라서는 현재 가장 큰 갈등과 슬픔이 무엇인지 그 슬픔이 사라지는 상징적 워밍업을 시도할 수 있다.

유의사항

워밍업을 위한 동작은 상황적 필요에 의해서만 시도한다. 만약 시작된 그 동작의 경험이 강렬하고 깊이 경험된다면 중단하지 않고 그 자체로서의 프로그램을 본 작업으로 진행하고 구체화하여 그림으로 마무리할 수도 있다.

진행과정

미리 흠집을 내어 고무찰흙으로 채운 도화지를 제공하여 크기와 색상(흰색, 검은색)을 선택하도록 한다.

- 자신의 기억, 감정, 소망 등에 관해 기억나는 대로 기록하는 것으로 시작한다.
- 이주과정에서 긴장하고 상처 입은 마음을 흠집이 있는 도화지에 투사하고 표현한다.
- 상처와 슬픔 그리고 분노의 아픔 위에 손을 대고 숨을 쉴 때마다 슬픔에 닿는다고 상상하며 쓸어내리는 동작을 한 후 그 느낌을 공유한다.
- 첫 작업에 대한 느낌을 나누고 작업과정과 나눔 후의 느낌을 기록한다.
- 흠집이 없는 흰색 도화지에 현재의 느낌 또는 프로그램 이후의 가능성에 대한 미래의 소망과 기대를 표현한다.
- 무엇을 표현했는지에 대해 서로 공유한 후 나눔에서 느낀 경험을 다시 기록한다(시간이 허락한다면 기록과 그림을 반복적으로 진행할 수 있다).

다루어야 할 내용

- 미래의 불안과 갈등을 인정하되 새로운 도전의 가능성에 초점을 둔다.
- 변화 욕구를 지지한다.
- 스스로의 도전능력을 지지하고 자존감을 강화한다.
- 지원체계로서 집단 경험의 중요성을 강화한다.

자기보고식 현장기록에 포함할 수 있는 내용

- 첫 그림의 의미는 무엇인가?
- 두 번째 그림에 표현한 내용은 무엇인가?
- 아직 두려움이 있다면 그 감정을 지속시키는 상황은 무엇인가?
- 앞으로의 기대는 무엇인가?

6회기 : 나만의 빛을 드러내고

필요성 인식하기

후반부에 들어서면서 적극적으로 자기평가에 대한 자존감을 높이고 외부인식의 다양성과 자기만의 개성을 드러내는 힘을 강화하는 데 초점을 둔다. 따라서 이 프로그램은 자기만의 보석인 빛을 드러내고 자기능력을 인정하며 스스로의 성장을 위해 자신이 이미 가지고 있는 내적 자원을 탐색하고 활성화하도록 지지하며, 외부의 가능한 자원을 선택하고 활용하도록 돕는 데 의의가 있다.

프로그램 시작하기

- 지금까지의 경험과 관련해 하고 싶은 이야기로부터 시작한다.
- 표현된 이야기와 관련하여 모든 사람이 가진 개별성과 가치를 연결하여 지지적 분위기를 촉진한다.

유의사항

모든 사람은 존중받을 권리가 있음에 대해 강조할 필요가 있다.

진행과정

- 내적 자원으로서 정원에 의미를 두고 진행될 거라는 설명을 먼저 하여 진행과 방법에 대한 충분한 이해를 돕는다.
- 작은 쉼의 공간이자 둥지가 될 삶의 마음 정원에 자신의 기대와 욕구, 능력과 자질, 관심, 행동, 언어, 비밀을 간직할 수 있다고 상상하고, 다양한 재료를 사용하여 마음의 정원을 만든다.
- 작업이 끝나면 간직하고 싶고 일구고 싶은 자신의 정원에 영향을 미치는 타인의 평가, 즉 자신의 행동과 언어, 모습, 능력 등이 방해 또는 도움으로서 어떻게 삶에 영향을 미치는지 기록하고 상징적인 그림으로 표현한다.
- 자신의 정원을 온전히 일구기 위해 사용 가능한 자원이 무엇인지 우선 가능한 것부터 순서대로 기록한 후 공유한다. 시간과 공간이 허락한다면 외부에서 보는 자신에 대한 평가와 현실의 불안정 상황에 대한 표현을 움직임으로 드러내고, 앞으로 소망하는 자신의 둥지에 빛을 비추는 과정을 퍼포먼스로 진행한다면 더욱 구체적이고 직접적인 경험이 가능하다.

- 소망하는 삶에 영향을 미치는 방해요인을 다룬다.
- 타인의 평가에 대한 자기 감정과 내적 욕구와의 관련성을 탐색한다.
- 현재 가능한 자원을 찾고 충분히 활용할 수 있도록 지지한다.
- 내적 자원을 인정하고 활용하도록 용기를 복돋운다.
- 개별성을 인정하고 자존감을 강화한다.

자기보고식 현장기록에 포함할 수 있는 내용

- 정원에 표현한 것은 무엇인가?
- 자기만이 가진 소중한 자원은 무엇이라고 생각하는가?
- 타인의 평가는 무엇이며 그것에 대해 어떻게 생각하는가?
- 소중한 자기가치를 드러내기 위해 더 필요한 것은 무엇인가?

7회기 : 견고한 토대로서의 삶의 방향

필요성 인식하기

그동안의 과정을 통합하여 확인하고 미래계획을 세우는 데 초점을 둔 이 프로그램은 이주가정의 아동·청소년에게 소망하는 삶을 위해 자기를 보다 견고하게 세우는 기회가 될 것이다.

프로그램 시작하기

- 전 회기의 경험에 대해 나누고 싶은 이야기로부터 시작한다.
- 앞으로의 방향을 설정하는 데 의미를 둔 이번 프로그램의 의도를 전달한다.

유의사항

아직 인식하지 못한 문제가 있거나 아직 혼돈 상태에 있는지 관찰하고 필요하다면 개별적인 만남을 통해 마지막 회기를 준비시킨다.

진행과정

원하는 상자를 자유롭게 선택하도록 안내한다.

- 상자 안은 자신의 욕구, 원하는 삶에 대한 내용, 소중한 물건 등을 배치하도록 하고, 밖은 4면의 순서를 따라 현재 상황, 1달 후, 1년 후, 그 후의 기대하는 삶을 담은 내용을 표현하도록 방법을 설명하고 충분히 이해했는지 확인한다.

- 상자를 개인 앞에 두고 탐색한 후, 그동안의 과정을 회상하고 느낌을 가질 수 있는 준비를 위해 각자 차원에서의 명상시간을 갖는다.
- 다양한 오브제와 재료를 사용하여 상자 안과 밖을 상징적으로 또는 구체적인 이미지로 표현한다.
- 작업이 끝나면 자신의 상자를 충분히 탐색하고 어떠한 계획을 포함한 이미지인지, 미래계획이 현실성 있는지 탐색하고 구체적인 사용 가능한 자원이 무엇인지 등에 대해 기록하고 공유한다.

다루어야 할 내용

- 상자 안의 내용에 담긴 욕구와 기대를 다룬다.
- 미래계획에 현실감이 있는지 스스로 통찰하고 필요하다면 재계획을 세울 수 있도록 지지한다.
- 지나치게 빠른 계획이 있다면 서서히 진행하도록 중재한다.
- 개인의 능력과 가능성을 강화한다.

자기보고식 현장기록에 포함할 수 있는 내용
- 상자의 각 내용은 무엇인가?
- 소망과 현실의 차이점은 무엇인가?
- 현실적으로 성취하기 위해 더 필요로 하는 것이 있다면 그것은 무엇인가?
- 작업 후의 느낌과 지금 감정은 어떠한가?

8회기 : 중심에 나를 세우고

필요성 인식하기

마지막 회기에서는 자신의 잠재능력과 미래의 계획을 재확인하고 자기가 가진 특별한 개별성으로서의 가치를 수용하는 기회로 삼는다. 진정한 존재로서의 자기인정을 돋보이고 존중감을 강화하기 위해 특별한 파티를 계획하는 것도 매우 의미 있는 기회가 된다.

프로그램 시작하기
- 사전에 특별한 상장과 파티 준비가 되어 있어야 한다.
- 전체 과정을 되돌아보고 나누는 것으로부터 시작할 수 있다.
- 지지체계로서의 충분한 공감대가 형성되도록 지지할 필요가 있다.

유의사항

어느 누구도 자기만의 독특한 존재로서 존중되어야 하고 각자는 모두가 가능성과 능력을 가지고 있다는 전제하에 시작된다는 점을 잊지 않아야 한다.

진행과정

원하는 색과 크기의 도화지를 자유롭게 선택하도록 한다.

- 그동안의 자기과정을 다시 한 번 회상하는 시간을 갖는다.
- 도화지 중심(또는 원하는 위치에)에 현재의 자기라고 생각되는 이미지를 표현한 후 한쪽에 자신의 이름을 표기하여, 오른쪽에 있는 사람에게 전달한다.
- 전달받은 다른 사람의 그림 주변에 그 사람에 대한 느낌과 지지를 색과 형태로 표현한 후 다시 오른쪽의 옆 사람에게 전달하는 방식으로 전체에게 모두 돌아가고 그림이 자기에게로 돌아오면 중단한다. 이때 모두가 계속 더 채우기를 원하고 시간이 허락한다면 다시 한 번 돌아갈 수 있다.
- 자신의 작품이 돌아오면 전체적으로 살펴보고 보완하고 싶은 내용을 채워 완성하고 느낌을 기록한 후 제목을 붙인다.
- 무엇을 표현했는지 그리고 다른 사람이 표현해 준 것에 대한 느낌을 소개하고, 이해가 안 되는 부분은 표현해 준 사람의 이야기를 듣고 느낌을 서로 공유한다.
- 작업이 끝나면 가족이 참여한 가운데 상장 수여식을 행한다. 이때 가족이 자녀에게 주는 편지를 읽고 자녀가 답하는 시간을 제공하여 지지체계의 소중함을 느끼는 기회로 삼는다.
- 미리 준비된 작업과정과 작품을 담은 영상물을 보며 음식을 나누고 대화하며 자유시간을 가진 후 마무리한다.

다루어야 할 내용

- 개인의 잠재능력을 강조한다.
- 긍정적인 자기와 타인에 대한 이해를 강화한다.
- 지지체계의 중요성을 확인하고 감사한다.
- 삶의 중심으로서의 자기존중감에 초점을 둔다.

자기보고식 현장기록에 포함할 수 있는 내용

- 전체적인 프로그램 과정의 느낌은 무엇인가?
- 자신의 성장을 위해 더 필요한 요소가 있는가?

- 가장 도움이 되었던 부분은 무엇인가?
- 후속 프로그램을 원하는가?
- 사후 프로그램에 참여한다면 무엇에 초점을 두기 원하는가?
- 이 외에 하고 싶은 말이 있는가?

제 6 장

부모 자녀 관계를 위한 프로그램 지침

아 동·청소년의 정신건강을 위한 접근에서 아무리 강조해도 지나치지 않은 부분이 부모 자녀 관계이며 부모 자녀 관계의 향상은 회복의 지름길이자 성장과 성숙의 통로로서 중요한 요소이다. 이 장에서 제공되는 부모 자녀 프로그램의 과정은 치료사로부터 부모에게 전이된 중재기술이 다시 자녀에게 제공되며 더불어 자녀는 숨김 없이 자신의 생각과 느낌을 더 잘 표현하고 인식하게 한다. 따라서 부모는 자연스럽게 양육태도의 변화를 시도하는 자신감을 갖게 되며 그러한 양육태도의 변화시도는 긍정적 부모역할을 강화시켜 부모가 원하는 문제를 해결해 가게 하며, 더불어 자녀는 적절한 발달과제를 성취해 갈 수 있게 된다. 지금까지 흔히 사용되어 온 부모 자녀 프로그램은 주로 놀이치료영역에서 사용되어 왔으나 나의 임상에서는 오래전부터 미술 또는 표현예술접근의 단기 및 집중 또는 장기접근을 통해 부모와 자녀가 발달적으로 적절한 예술매체를 사용하여 특별한 경험을 하도록 안내해 왔다. 이 책을 처음 쓰고자 했을 때는 부모 자녀 프로그램을 포함하지 않았고 이후에 사례문헌으로 제시하려고 생각했었다. 그러다 우연히 G복지재단의 '우리가족 융합프로그램'을 돕기 위해 전문 영역 자문교수로 연구모임에 참여하고 프로그램을 구성하고 보니 이 책에 소개하는 것 또한 의미 있다고 생각되어 포함하게 되었다. 이 프로그램은 로저스 이론의 변형적 접근으로 구성되었으며 앞 장까지의 내용처럼 프로그램 과정을 구체화하지는 않았다. 이유는 앞에서 소개한 프로그램이 중복되거나 참고문헌으로 제시한 내용들로 연결되어 있으므로 구체적인 방법은 그러한 문헌들을 참조하기 바란다.

프로그램의 기본내용과 절차

가족이 함께하는 이 프로그램은 다양한 이론적 접근으로 가능하나 여기에서는 로저스의 인간중심이론(Rogers, 1980, 1957)에 근거하되 효과성을 위해 인지적 접근을 접목하였다. 프로그램의 주된 매체는 미술이며 동작, 소리, 동화 등을 부분적으로 적용한 표현예술치료방법으로 참여 대상의 특별한 제한을 두지 않고 보편적인 가족의 특성과 욕구에 초점을 두었으므로 필요에 의해 변형된 프로그램을 구성할 수 있을 것이다. 욕구가 있는 가족은 특별히 정신문제가 없는 한 누구든지 신청에 의해 참여 가능하고 사전 오리엔테이션을 거치게 된다.

프로그램 구성

전시회와 부모의 사전 · 사후면담 및 사전 · 사후평가를 포함하여 모든 과정은 미술을 주된 매체로 사용하면서 부분적으로 예술매체를 통합적으로 적용한 표현예술치료로 구성되었다. 총 48회기로 구성된 이 프로그램은 동기부여 및 사전평가단계, 초기단계, 중 · 초기와 중 · 후기단계, 후기단계, 사후평가 및 마무리단계 등의 6단계와 마지막 단계로서 종료 의례를 치르는 7단계의 과정으로 설정하였다. 사전사후평가는 동적 가족화 또는 가족체계 진단 등의 투사적 그림검사를 사용할 수 있다.

회기	단계	목표
1~4	동기부여 및 사전평가	프로그램에 대한 외적 틀 구성, 사전평가
5~14	초기	가족구성원 개인의 자기탐색과 인식에 초점
15~23	중 · 초기	가족 내 이슈에 대한 공감과 수용능력 강화에 초점
24~33	중 · 후기	가족구성원 개인의 자율성과 자아감 획득에 초점
34~43	후기	응집적 가족환경 재구성에 초점
44~46	사후평가 및 마무리	결과 확인하고 지지적 방향 설정에 초점
47	종료 의례	전시회
48		사후 부모면담

창작을 이용한 부모 자녀 프로그램의 이론적 원리

- 모든 인간은 본질적으로 창조적 능력이 있다.
- 창조과정 자체가 치유과정이다.
- 개인의 성장은 자기이해를 근거로 통찰을 통해 성취된다.
- 자기이해와 통찰은 정서적 탐색에 의해 가능해진다.
- 개인이 느끼는 정서는 에너지의 원천이다.
- 매체를 사용한 창작예술의 과정은 무의식을 자극하고 의식화한다.
- 미술/예술의 형태는 인간이 본질적으로 가진 창조성과 연결되어 있다.
- 살아가는 의미이자 내적인 힘은 다른 모든 존재 및 관계와 연결되어 있다.
- 개인이 추구하는 온전성은 자신을 돌아보는 내면여행을 떠남으로써 발견될 수 있으며 통합을 향하게 된다.

본 프로그램의 목표성취를 위해 치료사가 가져야 할 자세

- 비판 없는 자세로 임한다.
- 해석은 절대금물이다.
- 매체는 중요한 소통의 통로이자 의미이므로 소중히 준비되어야 한다.
- 가족이 표현하는 어려움은 문제가 아니라 환경에서 경험되는 갈등으로 야기된다는 기초이해로부터 근거한다.
- 가족은 계속 성장하는 과정에 있다는 사실을 근거로 접근한다.
- 가족이 자신의 욕구를 가족 관계와 사회적 관계와 조화를 이루도록 지지한다.
- 안내자의 역할은 부모 자녀의 공감적 경험을 위해 양쪽을 보호하는 중심적 중간 자세를 취해야 한다는 점을 기억한다.
- 사전, 사후(가능하다면 중간단계에 부모면담 적용)에 부모상담을 통해 공감적 부모역할을 재설정하고 안내할 수 있다.

프로그램에 적용된 로저스식의 이론접근이 부모에게 미치는 영향

- 긍정적 부모역할을 배울 수 있다.
- 자녀와의 새로운 관계기술을 학습할 수 있는 기회가 된다.
- 자녀존중의 방법을 배울 수 있다.
- 강압적인 힘을 사용하지 않고서도 통제능력을 발휘하고 한계설정을 할 수 있게 된다.

- 자녀를 독립적으로 안내할 수 있는 자신감을 갖게 된다.
- 가족변화의 주체가 된다.

부모상담 및 안내에서 치료사가 반드시 염두에 두어야 할 내용

- 부모가 자녀를 변화시키기 위해 지시하는 행동을 제한하고 자녀의 작품을 있는 그대로 받아들이도록 격려한다.
- 모든 감정을 그대로 표현할 수 있도록 지지한다.
- 자녀가 부모로부터 이해받았다는 느낌을 가질 수 있도록 지지적 자세로 임하도록 격려한다.
- 스스로 자신의 삶에 변화를 위해 노력할 수 있는 자녀의 능력을 인정하도록 지지한다.
- 자녀가 주도권을 갖고 창작활동에 참여하도록 부모의 지지적 자세를 격려한다.
- 인내심을 갖고 자녀를 지켜보도록 부모를 격려한다.
- 자녀에 대해 실수가 많아도 앞으로 가능한 삶의 경험들을 통해 자신을 책임질 수 있는 능력을 키워 갈 것이라는 믿음을 갖도록 지지한다.

로저스 관점의 프로그램 목표

- 자녀의 건강한 발달의 본질인 가족관계를 향상한다.
- 부모 자녀 간의 공감능력을 향상시킨다.
- 창작 활동을 통해 부모 자녀가 서로에 대한 관심을 확인하고 자존감을 갖는다.
- 이러한 경험을 통해 가족의 응집적 환경을 재구성하고 행복한 가정으로 재탄생하도록 돕는다.

프로그램에서 다루게 되는 기본적인 기법

- 부모가 보조자역할로서 수용되는 기법이 사용된다.
- 긍정적인 부모역할을 위한 공감적 기술이 제공된다.
- 특별한 가족만의 시간으로서 의미를 함축한 창작기법이 활용된다.
- 지지적 기법 외에 인지적 원리가 포함될 수 있다.
- 가족이 이미 가지고 있는 강점중심의 기법이 활용된다.

프로그램 내용 예시

회기	하위목표	주제 및 내용	준비물
1	부모 사전면담	부모면담으로 프로그램 참여 위한 필요조건 이해와 협력관계 계약	가족 특성 기록지, 참여 및 작품 활용 동의서
2	관계 및 안전 울타리 구성하기	양초에 소망 담아 불을 밝히고(양초에 자기 이미지와 프로그램에 대한 기대표현-소개, 프로그램 이해, 목표, 규칙 등 외적 틀을 구성함으로써 안전한 울타리 설정)	양초 1개(개인별), 화선지(양초를 감을 정도 크기), 물감, 전기다리미
3		동적 가족화로 가족구성원들의 내재화된 경험을 교류하고 가족 프로그램의 필요성 및 동기부여	8절지 1장(개인별), 크레파스
4		가족체계 진단으로 가족역동 확인하고 목표 재설정	2절지 또는 전지 1장(가족), 크레파스
5	심리적 공간 창조하고 내면 탐색하기	2명에서 전체로 가는 놀이적 난화로 무의식의 정서를 드러내고 내적 욕구 탐색 시작	A4 용지/8절지/4절지(가족이 필요로 하는 만큼 제공), 크레파스, 색지
6		사진 콜라주로 개인욕구와 감정표현	인물/풍경/동물/음식/잡동사니 등의 다양한 사진들, 검정 또는 흰색 4절지 도화지 1장(개인별), 풀, 가위, 크레파스
7		유연성 매체의 놀이적 경험으로 감정표출하고 선호 경향 이해	면도 크림, 핑거페인트, 8절 또는 검정 또는 흰색 4절 마분지 1장(개인별), 물휴지
8		나만의 상자 만들기를 통해 개별성 이해와 존중 경험	상자 1개, 다양한 오브제, 크레파스, 오공본드, 가위
9		내재화된 특정경험 의식화를 위해, 지금-여기에서 떠오르는 기억과 경험 및 감정 기록하고 시기와 정도를 선으로 표기하여 색과 형태표현	가로(60cm), 세로(30cm) 크기의 종이 1장(개인별), 붓펜, 마커펜, 크레파스
10		CD 케이스에 자궁에서부터 지금까지의 기억을 표현하고 억압요소와 긍정적 또는 부정적 내재화 요소 탐색 및 위로 경험	두꺼운 투명 CD 케이스 1개(개인별), 천사토, 색사인펜
11		10주 결과물의 색 변형을 사용하여 알게 된 것을 이야기하고 도화지에 표현함으로써 자신의 의도와 가족의 영향 이해	10주 결과물, 검정 또는 흰색 도화지 1장(개인별), 크레파스, 파스텔, 물감
12		등으로 마주한 반영경험 후 신체 본뜨고 자기 직면	조용한 음악, 전지 1장, 크레파스

(계속)

13	심리적 공간 창조하고 내면 탐색하기	신체화에 색과 형태를 사용하여 완성하는 과정을 통해 자기 돌봄과 존중, 가족 개인의 개별성 수용	다양한 스티커 및 오브제, 색지, 크레파스, 물감, 큰 붓, 풀, 가위
14		신체화를 벽에 걸고 자기와의 만남과 대화 후 느낌 그림으로 자기존중과 위로 및 '함께'라는 가족의식 강화	흰색 또는 검은색 8절지 1장(개인별), 크레파스, 파스텔, 물감
15	수용과 공감능력 향상시키기	집 평면도를 그리고 각 방에서 들리는 소리와 냄새 등의 가정에서 느끼는 특성 표현으로 가족환경 인식 구체화	4절지 1장(개인별), 색사인펜 또는 마커펜, 크레파스
16		가족의 역할, 문화, 반복되는 문제들, 여행 중 하나를 선택하고 관련된 이미지 표현하고 공유	4절지 1장(개인별), 다양한 잡지 사진, 풀, 가위, 색사인펜 또는 마커펜, 크레파스
17		나무의 성장과 다양한 상태를 가족의 삶과 연결하여 실제로 겪었거나 반복되거나 두려운 상황들로 확장하고 공유	어린 묘목/큰 열매가 있는 나무/부러지거나 죽어가는 나무 등 다양한 형태와 성장 속도를 가진 나무 그림, 나뭇가지/줄기/뿌리/잎 등의 나무 부분 사진, 8절/4절지 1장(개인별) 풀, 가위, 크레파스, 물감, 롤 화장지
18		가족 내 감정의 강약 파장 읽고 재확인과 돌봄	강약을 느끼게 하는 자연의 소리음악, 대비되는 다양한 색의 스카프나 천, 8절 도화지, 파스텔 또는 물감
19		틈새 메우기로 문제해결과 추구하는 방향 설정의 재기회	수채화용 8~16절지, 고무찰흙, 색지, 물감, 스프레이, 다양한 형태로 자른 조각종이, 지우개, 종이접시
20		공동 찰흙 작업을 통해 함께 소통하고 대안 찾아 내 안의 우리 가족의식 강화	큰 덩어리 점토, 여분의 작은 점토, 나무 조각도, 회전판, 아크릴물감, 붓
21		다리 작업으로 현재 자신의 상황과 위치 확인하고 가족이 세운 대안 구체화	상자, 테이프, 다양한 종이, 오공본드, 크레파스, 물감, 마커펜, 오브제 등
22		21주에 이어 구체적인 자아감 획득을 향해 그리고 성장을 위해 가지고 가야 할 것으로 대안 강화	마커펜, 다양한 오브제, 공작용 종이, 오공본드
23		계획이 원치 않았던 결과로 돌아온 것에 대한 재확인과 위로	16~8절 크기 여러 장의 한지, 먹물, 붓, 크레파스
24	자율성과 자아감 획득하기	실패 요인 찾고 지금 필요한 것 재설정	10장 이상의 16~8절 크기 한지, 18절 도화지, 먹물, 붓, 물감, 크레파스, 스프레이, 소금, 커피 등
25		마술상자 만들기로 문제해결 능력 강화하고 격려	상자, 상징적 해결도구를 위한 다양한 오브제, 풀, 가위, 잡지 사진, 색채 도구

(계속)

26	자율성과 자아감 획득하기	자기만의 드림캐쳐 만들기로 우려되는 염려 예방하고 자율성 강화	드림캐쳐 만들 재료
27		자기만의 소중한 물건을 모아 특별한 공간을 만들고 쉼과 계획 및 지지 공간으로 사용	드림캐쳐, 광목천, 잡지 사진, 아끼는 물건들
28		반복되는 일상의 자기확인을 통해 자기신뢰 재강화	도화지, 크레파스, 다양한 오브제, 풀, 가위
29		자화상으로 자존감 재확인	도화지, 잡지 사진, 미완성 문장 기록지, 볼펜, 크레파스
30		또 다른 경험의 자기발견으로 더욱 적극적인 자기방향 설정 공고화	도화지, 다양한 오브제, 풀, 크레파스
31		돌봄의 마법 주머니로 더욱 강력하고 지지적 수용능력 강화	다양한 색의 주머니, 스티커, 다양한 오브제, 본드, 볼펜, 색종이, 가위
32		몸으로 마음으로 함께 부딪히고 보호하는 놀이경험을 통해 튼튼한 지지체계 확인과 자기가치 강화	무지개 낙하산, 도화지, 크레파스, 음악(즐거운 음악, 그리움 또는 친구 관련 조용한 음악)
33		'진주가 된 가리비' 동화를 통해 고통을 이겨내는 자기능력에 대한 확신과 지지적 가족체계가 주는 보호막 강화	가리비, 천사토, 다양한 색의 구슬, 도화지, 크레파스
34	응집적 가족환경 재구성하고 담아내기	동작 만다라를 사용하여 가족 욕구와 지지체계로서의 가족 의미 재확인 및 응집력 강화	5미터 이상의 가족 수에 해당하는 색의 천, 강약을 느낄 수 있는 음악, 도화지 1장(개인별), 파스텔, 물감, 크레파스
35		소망의 병작업으로 삶의 중심에 나 세우기	투명한 병 1개(개인별), 색종이, 끈, 특별하게 생각하는 펜, 다양한 오브제
36		가족 정원에 우리 가족만의 고유성 담아 가족 울타리 공고화	4절지 크기의 나무판(가족), 정원과 관련된 잔디와 나무 등 다양한 오브제, 찰흙 또는 천사토 1개(가족), 핸디코트, 색모래
37		35~36회기 결과물을 사용한 담아내기로 튼튼한 가족 돌봄 내에서의 자기존중 경험	35~36회기의 결과물, 2회기의 결과물인 양초
38		원하는 자기 모습 또는 변화되고 싶은 모습으로 본뜨고 바느질	인형의 몸을 두를 천, 실과 바늘, 도화지, 크레파스, 물감
39		인형의 신체에 마음의 생명을 넣고 완성	솜, 실과 바늘, 도화지, 크레파스, 물감
40		인형의 옷과 장식 등 완성	인형 옷이 될 다양한 천, 실과 바늘, 장식 소품
41		인형 작업에서 경험된 자기 돌봄과 드러내고 싶은 자기 이미지를 담은 종이가면 제작	종이가면 모형 제공 또는 자기만의 가면 제작, 가면 제작을 위해 필요한 다양한 재료

(계속)

42	응집적 가족환경 재구성하고 담아 내기	41회기의 느낌으로 나만의 옷 만들기	옷이 될 수 있는 한지/철재류/장식물 등, 접착재, 실과 바늘
43		38~41회기의 결과물을 사용한 가족 무도회로 그동안의 경험 통합	좋아하는 음악(개인별), 도화지 1장, 크레파스
44	경험에 대한 결과 확인하고 마무리 하기	동적 가족화	8절지 1장(개인별), 크레파스
45		가족체계 진단	2절지 또는 전지 1장(가족), 크레파스
46		울타리와 공간 & 행복한 우리집	집을 조각내어 번호를 붙인 것, 크레파스, 조각 집이 들어갈 만한 크기의 접착 시트지
47	전시회	수료식 및 전시와 파티	필요 물품
48	부모 사후면담	더 필요한 도움 관련하여 안내	

2회기 프로그램 예시

필요성 인식하기

촛불은 자기 스스로를 태우며 심연의 정신세계에 이르게 하고 깊은 개인적 사유의 세계로 집중하게 하는 역할을 한다. 그러므로 인간의 정신적 심연을 다루는 문학과 철학에서는 촛불이 갖는 상징성에 접근하려는 표현을 흔히 볼 수 있다. 이러한 촛불이 갖는 정신적 요소는 오래전부터 한국인의 소망에 대한 기원과 관련한 정신적 사상과 많은 유사점을 공유하고 있으며, 그 불빛의 깊고 고요한 내밀성을 보는 개인을 사색에 잠기게 하고 철학적 명상으로 이끄는 역할을 한다. 치료활동에서 양초를 사용하는 것은 이러한 촛불의 특성을 근거로 가족의 정신적 사유활동을 사용함으로써 치유환경에 집중하고 안전한 울타리로서의 의미를 강조하기 위함이다. 이 첫 활동을 통해 가족은 촛불이 갖는 명상적 의미가 더해져 개별적 정체성의 본질에 더 가까이 다가갈 수 있는 욕구를 드러낼 수 있을 것이다. 그러므로 가족은 프로그램 참여에 대한 의미를 더욱 마음에 담을 수 있게 될 뿐 아니라 흥미 유발과 특별한 공간으로서의 상징적 의미를 이해하게 되며, 안내자의 입장에서는 가족의 분위기를 이해하는 기회로 삼을 수 있게 된다.

프로그램 시작하기

양초 작업을 시작하기 전에 안내자는 우선 함께하게 된 것에 대한 환영인사를 하고 자기소개와 가족의 참여에 대한 배경과 느낌을 나누는 것으로부터 시작하여 프로그램의 진행에 대한 간략한 소개를 안내할 수 있다.

진행과정

다양한 크기와 형태의 양초 중 자유롭게 선택하도록 한다.

- 자신을 표현한다면 어떠한 이미지로 표현할 수 있을지에 대해 생각하고, 그 이미지를 색과 형태로 화선지에 표현한다.
- 이미지를 표현한 화선지를 양초 표면에 두르고 다림질한다(이때 주의할 것은 뜨거운 다리미에 델 수 있으므로 주의를 주고 안내자가 시범을 보일 수도 있다).
- 마음에 안 들거나 그림을 보완하고 싶은 경우 새로운 화선지에 보완하고 싶은 그림을 그려 다시 덧대어 다림질을 하도록 안내한다.
- 양초가 완성되면 가족의 가운데에 모아 두고 어떠한 자기를 표현했는지 소개하며 느낌을 공유한다(이때 안내자는 가족의 단순한 개인소개에 제한하지 않고 가족원의 개별성을 볼 수 있도록 안내하며 이 프로그램 과정을 통해 개인의 독특성을 더욱 깊이 이해하는 기회가 되도록 지지한다).

다루어야 할 내용

- 프로그램 참여에 대한 동기강화와 개별성 수용에 일차적인 초점을 둔다.
- 흥미를 자극하고 '우리' 개념을 강조한다.
- 가족의 유사성과 차이점에 대한 왜곡인식이 있는지 관찰한다.
- 촛불을 밝힘으로써 가족의 작업 참여 약속과 기대 및 시작을 알리는 상징적 의미를 다룬다.

ㄱ

가면무도회 56
가족관계 촉진 170
가족 내 역할과 되풀이되는 일
　상의 문제 154
가족에 겹쳐진 나의 자화상
　150
가족이 함께한 내 안의 정원
　160
가족치료접근 171
가족 콜라주 142
가해자를 용서한다는 표현 멈
　추기 168
가해자의 폭력 패턴 다루기
　168
가해자의 학대에 대한 책임성
　다루기 168
감정의 강약 59
감정의 그릇 180
감정의 파노라마 178
감추어진 분노 96
거짓자기 149, 157
격동의 섬 94

공교육체계 진입준비 71
관계론 중심의 치료종결 기준
　7
관계맥락 65
교실 풍경 31
긍정과 부정 51
긍정적인 자기가치 106
긍정적인 자기계발 105
긍정적인 자기 이미지 105
긍정적 자기인식 75

ㄴ

나는 소중한 사람 103
나다운 내 모습 69
나만의 비밀 48
나만의 비밀지도 74
나 세우기 80
나와 우리를 위한 보물상자
　158
나의 성장배경과 감정의 흔적
　137
나의 신체 이미지 139
난화 72

내 안의 우리 65
내 안의 자화상 58
내적인 자기 56
내적 화해 182

ㄷ

다리 작업 75
다문화 위기가정 아동 · 청소
　년의 중재지침 187
다양한 오브제 탐색과 아픔
　35
단기개입 5
단기개입의 발달단계별 초점
　6
단기목표와 치료적 개입 168
단기치료 4
단기 프로그램 11
대상관계 접근 149
대상관계 정신분석 접근 135
대처능력 57
돌봄의 마법 주머니 109
돌아온 길에 찾은 둥지 189
동작 만다라 67

두려움을 유발하는 상황 93
또 다른 나 108

ㅁ

마술 수선 상자 102
마음장례 184
마음 틈새 194
만다라 그리기 118
모래 탐색과 나만의 동산 37
모성 돌봄 154
무인도 55
문제 상황에 대처하기 86
미래를 꿈꾸는 향나무 127
미래에 부여하고 싶은 가치
121

ㅂ

부모교육 프로그램 133
부모교육 프로그램의 구성
134
부모교육 프로그램의 모형
134
부모교육 프로그램 적용이론
134
부모 맘 드림캐처 146
부모면담의 질문지침 166
부모역할 139, 146
부모의 이성파트너에 대한 감
정 다루기 172
부모 자녀 관계 156
부모 자녀 관계를 위한 프로그
램 지침 201
부적절한 인지왜곡 94
부적절한 자기이해 107

부정적 사고와 갈등에 대한 습
관 90
부정적인 문제행동 92

ㅅ

상상 속의 세상 44
상실에 대한 아동ㆍ청소년 중
재지침 175
상황인식과 대처 91
생활 속 자연재료 탐색 32
선호경향과 갈등 47
성경적 부모역할 160
소망 담은 이야기 126
소망인형 141
소속감 강화 65
수용과 관심 98
신체 이미지 50
실패경험을 극복의 기회 99

ㅇ

아동ㆍ청소년 면담의 질문지
침 167
아동ㆍ청소년의 단기 프로그
램 3
안전에 대한 권리 다루기 169
양육 스트레스 152
양육 스트레스 검사 136
어둠과 빛의 터널 192
어려움에 직면했을 때의 감정
다루기 93
외상기억 137
외적인 자기 56
외적 틀 짜기 136
위로의 주머니 66

위축행동 극복하기 169
이혼가정의 아동ㆍ청소년 중
재지침 169
이혼부모의 자녀양육문제 협
조체계 다루기 171
이혼 전 부모개입 170
익숙한 거리 53
인형 만들기 79
일탈문제 다루기 171
일회성으로 진행되는 프로그
램 11

ㅈ

자기보고식 현장기록 88, 178
자기수용 43
자기중심적 욕구 147
자녀양육 스트레스 136
자녀양육 태도 153
자발적인 발견 47
자서전적 외상기억 190
자존감 57
자화상 107
잡동사니 속의 보석 41
적응적 사회생활 65
정서발달이론 153
종이류 탐색과 자유 38
좋은 친구 되고 우정 유지하기
111
중심에 나를 세우고 198
중심자기 68
중재의 일차적 목표 167
진로탐색 123
진주가 된 가리비 116
집단경험 65

집단 따돌림 문제 18

ㅊ

차이와 걸림돌의 조화 114
참자기 157, 159
창조활동 47
채색재료를 사용한 감정 탐색
　33
철재류 탐색과 사계절 40
최단기개입 9
최단기치료 8

ㅌ

타인수용 43

타인수용 능력 75
타인신뢰 다루기 169
통합적 성가정 159
통합적 자기 81

ㅍ

폭력가정의 아동 · 청소년 중
　재지침 166

ㅎ

학교생활 부적응 예방 프로그
　램 85
학교폭력 18
학급 중심 프로그램 18

학습습관과 학업 스트레스 관
　리 117
함께 참여하고 독특함 발견하
　기 42
합리적인 자녀관리 142
해방된 에너지의 흐름 144
행복한 자기효능감 102
혼합가정의 아동 · 청소년 중
　재지침 172
회상과 발견 60